KB071996

이기동 교수의

유학
오천 년

이기동 교수의

유학
오천 년

유학의 발원과 완성

이기동 지음

성균관대학교
출판부

유학 오천 년

나는 『유학 오천 년』(전5권)을 집필하면서 유학의 거대한 사상체계를 포괄적으로 이해함이 얼마나 중요한지 더욱 절감하게 되었다.

높은 산에서 출발하여 여러 갈래로 뻗어 있는 길고 긴 산맥에는 수많은 산이 있고, 그 산들에는 온갖 종류의 나무들이 있다. 각각의 산에 있는 나무들을 단편적으로 조사하기만 하면, 무한히 복잡하여 가닥을 잡을 수 없다. 같은 나무라 하더라도 산맥에 따라 다르고 산에 따라 다르므로, 산맥 전체에 흐르는 산의 윤곽을 모르면 각 산에 있는 나무들을 체계적으로 이해한다는 것은 불가능하다.

동아시아 대륙에서 출발한 유학은 중국·한국·일본·베트남이라는 산맥으로 뻗으면서 오천 년을 이어왔다. 유학사상은 수많은 산에 서식하고 있는 나무들과 같아서, 단편적인 연구를 통해서는 제 모습을 알기 어렵다. 먼저 각각의 유학사상이 소속되어 있는 유학의 산맥을 조망한 뒤에라야 유학의 산이 보이고, 그 산에 들어 있는 유학의 나무들이 제대로 보인다.

『유학 오천 년』이란 제목에서 알 수 있듯이, 유학은 공자에서 비롯된 것이 아니다. 먼 옛날 오천 년 전, 동아시아 대륙에서 시작된 사상이 이천오백 년 후 공자에게서 정리된 뒤에 중국·한국·일본·베트남으로 퍼져나갔다. 그러니 유학의 거대한 사상체계를 이해하기 위해서는 발원했을 당시의 원형을 이해하는 것이 중요하다. 놀랍게도 유학의 발원지는 화하족이 살던 지역이 아니라 동이족이 살던 지역이었다. 따라서 발원지의 사상적 특징을 이해하고, 공자에 의해 정리된 유학의 체계를 이해하면, 그 뒤에 여러 갈래로 뻗어나간 유학의 흐름을 일목요연하게 간파할 수 있다.

그러나 지금까지의 유학 연구에서는 유학의 발원지를 찾아내지 못했고, 발원지에서부터 이어지는 흐름을 제대로 정리하지 못했다. 그러다 보니 후대로 이어지는 유학사상들이 뒤엉켜 난해하게 되었다. 유학사상의 원형에서 강조하는 것은 하나인 본질과 그 본질이 내포하고 있는 마음과 기운과 몸의 세 요소이다. 유학사상의 원형은 공자와 맹자에게는 이어졌지만, 후대의 중국에서는 세 요소가 리(理)와 기(氣)의 두 요소로 정리됨으로써 많은 혼선이 생겼고, 태극(太極)과 음양(陰陽)을 둘러싼 이기논쟁은 아직도 논란거리가 되고 있다.

한국의 유학은 한국 고유의 사상과 중국에서 수입된 유학이 절묘하게 융합하여 하나의 체계로 흐름을 형성하여 흘러왔는데도, 후대의 학자들이 중국 유학을 기준으로 하여 무리하게 정리함으로써 많은 혼란이 일어났다. 화담 서경덕의 철학이 기(氣) 철학으로 호도되었고, 퇴계와 율곡의 이기설이 평면적인 분석을 통해 곡해되었다. 뿐만 아니라 오늘날의 학자들 다수가 조선 후기의 성리학을 주리(主理)·주기(主氣)로 나누어 정리함으로써 한국 유학을 난해하게 만들어버렸다. 일본 유학 연구도 문제가 많다. 일본 유학의 흐름이 주자학, 양명학, 고학으로 이어지는 것은 요지부동의 정설이 되어 있지만, 이 또한 잘못된 학설이다. 베트남의 유학 역시 베트남에 흐르는 유학의 산맥을 바탕으로 살펴보지 않으면 제대로 이해할 수 없다. 오직 '유학 오천 년'의 흐름 속에서 유학의 산맥과 산을 통해 조망해야 비로소 이러한 난관을 해소할 수 있다.

'유학 오천 년'은 한 편의 거대한 대하드라마라고 생각한다. 그것은 사상가들이 뿜어내는 개개의 사상들을 소재로 엮어낸 하나의 길고 긴 이야기로 구성되어 있다. 사상가들의 사상 하나하나는 결코 개별적으로 존재하지 않는다. 사상가들의 사상 하나하나는 유학이라는 산맥과 산을 이어가는 요소들이므로, 유학의 흐름 속에서 바라볼 때 드디어 그 역동적인 모습을 드러낸다.

　이 드라마는 오늘에 이르러 끝나는 것이 아니다. 미래의 역사는 과거의 역사를 이어 흐른다. 역사라는 드라마는 그 속에 살아가는 사람들이 엮어낸다. 미래의 역사 흐름은 과거의 흐름을 이어서 흐르는 것이지만, 흐름의 방향이 결정되어 있지는 않다. 미래의 역사 흐름은 오늘날을 사는 사람들의 노력에 따라 결정된다. 역사의 흐름을 제대로 이해하기 위해서는 역사 흐름의 밑바닥에 흐르는 철학사를 이해해야 한다. 철학의 흐름이 역사의 흐름을 견인하기 때문이다. 이것이 『유학 오천 년』이 철학의 흐름을 이해하는 데 주력한 이유다.

　지금의 역사 흐름은 서구 중심이다. 작은 시냇물의 흐름이 합류를 거듭하면서 거대한 강물의 흐름을 이루듯이, 과거 지구상의 작은 지역들에 흐르던 흐름이 합류를 거듭하다가 서구의 흐름에 합류하여 하나의 거대한 흐름이 되었다.

　철학의 흐름에 문제가 생기면 역사의 흐름이 정체되고, 역사의 흐름이 정체되면, 사람들의 마음이 피폐해지고 세상은 혼란해진다. 세상의 혼란은 새로운 철학이 합류하여 정체된 역사에 새로운 길을 열 때 해결된다. 로마 초기 혼란이 기독교 유입으로 해결되었고, 중국 위진남북조 혼란이 불교 유입으로 해결된 것이 그 예이다. 지금 한 줄기가 되어 흐르는 세계의 역사는 침체하기 시작했고, 사람들은 방향을 잃고 우왕좌왕하고 있다. 사람들의 마음이 계속 피폐해지고, 지구가 몸살을 앓고 있다. 이제 새로운 철학이 합류하지 않으면 정체된 세계의 역사가 돌파구를 찾을 수 없을 것이다. 이제 오천 년 전에 발원했던 유학이 원형을 회복하여 서구문화에 유입된다면, 지금 침체의 늪에 빠져들고 있는 서구 중심의 역사에 새로운 전기가 마련될 수 있을 것이다. 이를 위해서는 유학이 원형을 회복하여 오늘날의 실정에 맞는 새로운 철학으로 거듭나야 할 것이다. 이것이 유학이 짊어진 선결과제이다. 유학이 맞이한 선결과제를 해결하기 위해서 이 책이 조그만 역할이라도 할 수 있기를 기대한다.

　『유학 오천 년』 집필에 도움을 주신 분들이 많다. 학생 시절부터 많이 이끌어주신 은사 성락훈 선생님, 류승국 선생님과 안병주 선생님, 일본의 타카하시 스스무 선생님께 감사드리고, 오랜 기간 아낌없이 뒷바라지해주신 재일교포 형님, 이완기·모문자 내

외분께도 고마움을 표한다. 자료를 보내주신 조남욱 선배님, 친구 천인석 님, 허광호 님, 후배 최영성 님, 이상익 님, 정혜선 님, 호밀밭출판과 류영진 님, 소명출판과 김성범 님, 제자 엄석인 박사, 이은영 박사, 유현주 박사, 심순옥 박사, 이공찬 박사에게도 고마움을 표한다. 결혼한 뒤 대학의 교수직을 그만두고 오직 남편 뒷바라지에만 전념해온 아내 이정숙 님에게는 늘 미안한 마음이 앞선다. 이 지면을 통해 다시 한 번 감사드린다.

　이 저술은 하서학술재단과 동아꿈나무재단의 지원으로 이뤄졌으며, 특히 하서학술재단의 김재억 감사님은 기획 단계부터 탈고에 이르기까지 세심하게 협의해주셨다. 재단의 여러분과 김 감사님께 감사드린다.

2022년 여름, 오륜동 우거에서

이기동 씀

목차

1. 이 책은 다섯 권으로 구성된 『유학 오천 년』 가운데 제1권으로, '유학의 발원과 완성'을 다룬다. '중국 유학의 전개'는 제2권에서, '한국 유학의 형성과 전개'는 제3 · 4권에서, '일본과 베트남의 유학'은 제5권에서 각각 다룬다.
2. 인용문 가운데 중략한 사항은 (…)로 표기했다.

유학의 발원지와 유학의 원형

제1부

■

유학의 정의와 유래

유학을 완성한 자는 공자이다. 유학을 영어로 'Confucianism'으로 번역한 것도 그런 의미이다. 그러나 엄밀히 말하면 유학은 공자에 의해 만들어진 것이 아니라, 이전부터 전해오던 사상이 공자에 의해 정리된 것이다.[1]

공자의 유학사상은 공자가 요 임금과 순 임금으로부터 시작하여 우 임금, 탕 임금을 거쳐, 문왕·무왕·주공에 이르면서 계승 발전해온 사상을 집대성하여 하나의 체계로 정리한 것이다.[2]

공자 사상의 출발점인 요순사상의 핵심은 중용사상이다. 이를 증명할 수 있는 내용이 『논어』에 나온다.

요가 말했다. "아! 그대 순이여. 하늘이 주신 천자의 자리가 너의 몸에 있다. 진실로 중(中)을 잡아라. 사해가 곤궁해지면 천록

---

1. 『논어』에서 공자는 "옛것을 이어받았고 새로운 것을 만들어내지는 않았다. 옛것을 믿고 좋아하였으니 나 스스로를 가만히 노팽에게 비유해본다(子曰 述而不作 信而好古 竊比於我老彭)"라고 술회한 적이 있다.
2. 『중용』 제30장에는 "仲尼 祖述堯舜 憲章文武"라는 말이 있다. 이에서 보면 공자가 정리한 사상체계는 요순에서부터 문왕과 무왕에 이르기까지의 전통사상에 해당한다.

이 영원히 끝날 것이다." 순이 또한 이를 우에게 명했다.[3]

요순사상의 핵심이 중용사상이고, 요순으로부터 전해오던 사상을 집대성한 공자의 핵심사상 역시 중용사상이다. 중용이란 양극단으로 갈라지는 상반된 두 요소를 하나로 조화시키는 것이다. 모든 것에는 두 요소가 있다. 전후와 좌우가 있고, 동서와 남북이 있으며, 내외가 있고 상하가 있다. 이 두 요소가 각각의 방향으로 나아가 분열하는 것을 지양하고 하나로 조화되게 하는 것이 중용이다.

사람의 두 요소에는 몸과 마음이 있다. 이 중에서 몸을 챙기는 것에 치우치면 몸이 비대해지는 대신 마음이 빈약해지고, 마음을 챙기는 것에 치우치면 마음이 넉넉해지는 대신 몸이 파리해지므로, 둘 다 중용이 아니다. 중용이란 몸과 마음을 골고루 챙겨서 건전한 마음을 가지고 건강한 몸으로 사는 것이다. 공자가 추구하는 바람직한 삶은 중용이다. 따라서 유학사상을 한마디 말로 정의하자면 중용사상이라 할 수 있다.

공자는 사람의 유형을 몸 챙기는 것에 치우치는 사람과 마음 챙기는 것에 치우치는 사람의 두 유형으로 나누어, 지자(知者)와 인자(仁者)로 설명한 적이 있다.

지자는 물을 좋아하고 인자는 산을 좋아한다. 지자는 잘 움직

---

3. 堯曰咨爾舜 天之曆數在爾躬 允執其中 四海困窮 天祿永終 舜亦以命禹(『論語』堯曰).

이고 인자는 조용하게 있다. 지자는 즐거움을 추구하고 인자는 오래 산다.[4]

지상에 자라고 있는 두 그루의 대나무가 지하에서 하나의 뿌리로 연결된 경우가 있다. 이 경우 지하에 있는 뿌리를 잘 모르면 지상에 있는 줄기와 잎을 중시하게 되지만, 지하에 있는 뿌리를 알면 뿌리를 더 중시하게 된다. 지상의 줄기와 잎을 기준으로 보면 대나무는 두 그루가 되지만, 지하의 뿌리를 중시하면 한 그루가 된다. 사람의 몸과 마음의 관계도 이와 같다. 몸이 지상에 있는 줄기와 잎에 해당한다면, 마음은 지하에 있는 뿌리에 해당한다. 사람의 마음은 깊은 곳에서 하나로 연결되어 있으므로, 마음 챙기는 것에 민감한 사람은 사람들을 하나로 이어져 있는 존재로 보지만, 몸 챙기는 것을 중시하는 사람은 사람들을 독립된 개체로 보기 때문에 삶의 방식이 반대된다. 몸 챙기는 것을 중시하는 사람은 몸에 필요한 물질을 중시한다. 몸에 필요한 물질은 물가에 많으므로 물가에서 살기를 선호한다. 물가에 살면 농사짓기가 편하고, 물고기를 잡아먹을 수도 있으며, 교통도 편리하다. 그러나 마음 챙기는 데 민감한 사람은 이와 다르다. 사람들이 모두 하나의 마음으로 연결되어 있다는 생각이 잠재해 있으므로, 남과 경쟁하기보다는 어울려서 함께 사는 것을 선호한다. 함께 옹기종기 모여서 변함없이 살아갈 수 있는 곳은 산골짜기이므로, 마음 챙기는 데 민감한 사람들은 산을 좋아한다.

---

4. 知者樂水 仁者樂山 知者動 仁者靜 知者樂 仁者壽(『論語』 雍也).

몸 챙기는 데 민감한 사람과 마음 챙기는 데 치중하는 사람을 공자는 지자와 인자로 분류했다. 지자의 판단으로 보면, 사람들은 각각 남남이다. 남남끼리 사는 삶은 경쟁이고 투쟁이다. 남과의 경쟁에서 이기기 위해서는 많은 정보와 지식을 가져야 한다. 부지런히 돌아다니며 정보를 얻어야 하고, 많은 책을 읽어 지식을 쌓아야 한다. 지지가 잘 움직이는 것은 이 때문이다. 인자가 중시하는 것은 모두가 다 같이 가지고 있는 한마음이다. 한마음을 알기 위해서는 수양을 해야 한다. 수양의 적극적인 방법 중에 조용히 앉아서 마음을 들여다보는 명상법이 있다. 인자가 고요함을 좋아하는 것은 이 때문이다. 남을 이기려는 생각이 없으면 정보나 지식의 습득에 관심이 적어지므로 돌아다니는 것을 좋아하지 않는다. 인자가 밖으로 나다니는 경우는 정보나 지식을 얻기 위함이 아니라, 새장 같은 규격화된 사회에서 벗어나고 싶은 정서에 기인한다.

마음보다 몸을 중시하는 지자는 죽음을 피할 수 없다. 사람이 죽음을 피할 수 없다면, 죽기 전에 후회하지 않을 수 있도록 즐겁게 사는 것을 추구한다. 죽기 전에 먹어봐야 할 음식, 죽기 전에 가봐야 할 관광명소 등등을 설정하여 하나하나 체험하는 즐거움을 추구하기도 하고, 평소의 삶 속에서도 될 수 있으면 즐기는 삶을 택한다. 지자가 즐거움을 추구하는 것은 이 때문이다. 인자는 그렇지 않다. 인자는 사람들이 남이 아니라는 정서를 가지고 있으므로, 치열하게 경쟁하지 않고, 긴장하지도 않는다. 심지어 죽음을 초월하는 영생의 개념도 가지고 있다. 이로 인해 인자는 낙천적이다. 그러하므로 장수하는 사람이 많다.

지자에게도 장단점이 있고, 인자에게도 장단점이 있다. 공자는 지자의 장단점과 인자의 장단점에 관해 다음과 같이 설명한다.

> 번지가 지혜로운 것[知]에 관해 묻자, 공자께서 대답하셨다. "백
> 성들을 의로운 사람이 되게 하는 데 힘쓰고 귀신을 공경하여
> 멀리한다면 지혜로운 것이라 할 수 있다." 어진 마음[인]에 관해
> 묻자, 다음과 같이 대답하셨다. "인자의 유형에 속하는 사람이
> 어려운 것을 먼저하고 얻는 것을 나중에 한다면 그것을 어진
> 마음[仁]이라 할 수 있다."[5]

지자의 장점은 지혜로움이고, 인자의 장점은 어진 마음이다. 어
진 마음이 한마음이고, 하늘마음이다. 지자의 단점을 제거하면
지자의 장점이 드러나고, 인자의 단점을 제거하면 인자의 장점이
드러난다. 공자는 번지가 지혜로움에 관해 물었을 때, 지자의 단
점을 제거한 것으로 답하고, 어진 마음에 관해 물었을 때는 인자
의 단점을 제거한 것으로 답했다. 지자는 사람의 관계를 남남의
관계로 보기 때문에, 한마음이라는 것을 알기 어렵고, 남에게 한
마음으로 대하기가 어렵다. 그래서 지자는 의로운 마음을 갖기 어
렵다. 의로운 마음이란 한마음에서 나타나는 마음이다. 한마음으
로 살지 못할 때 나타나는 부끄러운 마음이 의로운 마음이고, 못
살게 구는 사람을 미워하는 마음이 의로운 마음이다. 지자는 남
남끼리 경쟁하면서 살기 때문에 의로운 마음을 갖기 어렵다. 몸

---

5. 樊遲問知 子曰 務民之義 敬鬼神而遠之 可謂知矣 問仁 曰仁者 先難而後獲
   可謂仁矣(『論語』雍也).

을 중심으로 판단하면 사람은 죽음에서 벗어날 수 없으므로, 지자는 죽음으로 끝나는 인생에 허망함을 느껴서, 지푸라기라도 잡는 심정으로 죽은 뒤에라도 귀신이 되어 삶이 이어지기를 희망한다. 그래서 지자는 귀신을 믿고 섬기는 일이 많다. 의리가 없고, 귀신을 많이 섬기는 이 두 가지가 지자의 단점이므로, 이 두 가지 단점을 없애고 나면 남는 것이 지혜로움이다.

인자는 사람을 모두 하나로 이어져 있다고 판단하므로, 남과 나를 하나로 본다. 인자의 마음에는 '너=나'라는 등식이 성립한다. 인자가 '너=나'라는 등식을 잘못 적용하면, '너의 것'은 '나의 것'이고 '나의 것'은 '나의 것'이라는 자기중심적인 판단을 하기 쉽다. 힘든 일은 남이 하고, 몫은 내가 먼저 챙기려고도 한다. 인자의 이런 단점을 제거하면, 너의 아픔을 나의 아픔으로 여겨서 함께 아파하고, 너의 슬픔을 나의 슬픔으로 여겨서 함께 슬퍼한다. 인자에게는 남을 나처럼 여기고 사랑하는 따뜻한 마음이 있다. 인자가 어려운 일은 남에게 시키고, 챙기는 것을 내가 먼저 하려는 마음을 극복하면 따뜻한 마음이 남는데, 그 따뜻한 마음이 한마음이다.

지자에게도 장단점이 있고, 인자에게도 장단점이 있으므로, 지혜로움을 가진 사람이 지자이고, 어진 마음을 가진 사람이 인자라는 뜻이 아니다. 지자와 인자는 사람을 두 유형으로 나누어 설명한 것이다. 모든 사람은 공자가 분류한 지자의 유형과 인자의 유형으로 분류할 수 있다.

지자의 유형에 속하는 사람은 남과 나를 남남으로 여기고, 인자의 유형에 속하는 사람은 남과 나를 하나로 여긴다. 인자의 유형에 속하는 사람이 남과 나를 남남으로 여길 때에는 남과 나를 하나로 여기는 마음이 사라지는 것이 아니라, 의식의 밑바닥으로 잠재한다.

지자의 삶의 방식과 인자의 삶의 방식은 반대이다. 남을 나와 완전히 다른 사람으로 본다면, 남이 나에게 무슨 해를 끼칠지 예측 불가능하므로, 사람을 만나는 것이 두렵고 불안하다. 모르는 사람과 한방에서 잠자게 되면, 불안해서 마음 편하게 잘 수가 없다. 편안하게 잘 수 있는 가장 좋은 방법은 남을 죽이고 혼자 자는 것이다. 따라서 지자에게는 남을 죽이고 혼자 살려는 정서가 잠복해 있다. 지자가 인간의 본성을 악하다고 하는 성악설을 만들어내는 이유가 여기에 있다.

함께 한방에서 잠자도 마음 편히 잘 수 있는 사람은 가족이므로, 지자는 사람들과 어울릴 때, 가족관계처럼 만들려는 습성이 있다. 함께 어울리는 사람 중에서 부모 역할 하는 사람을 일본어로 '오야붕(親分)'이라 하고, 자녀 역할 하는 사람을 '코붕(子分)'[6]이라 한다. 오야붕이란 부모 역할을 한다는 의미이고, 코붕이란 자녀 역할을 한다는 의미이다.

지자가 남을 죽이고 혼자 살지 못하고, 인간관계를 부모와 자녀의 관계로 만들지도 못하면, 몹시 불안해진다. 이런 상황에서 지자가 불안을 해소하기 위해 만들어내는 최고의 방법이 규칙과 법을 만들어 지키는 것이다. 지자는 규칙과 법을 지키는 사람에

---

6. '코붕'은 일본어지만, 자녀 역할을 하는 사람을 코붕이라는 말 외에 다른 데서 찾기 어려우므로 그냥 일본어를 쓰기로 한다.

대해서는 안심하지만, 규칙과 법을 어기는 사람을 보면 남을 죽이고 혼자 살려고 하는 사람으로 보이므로 용납하기 어렵다.

인자의 삶은 이와 반대다. 인자의 정서에는 불안 심리가 없다. 남과 내가 하나이므로, 사람들과 어울릴 때 남과 함께 하려는 정서가 있다. 인자는 남과 헤어지는 것을 감내하기 어렵다. 인자는 자기보다 약한 사람을 코붕으로 삼기보다 오히려 동정한다. 인자의 사회에서 남들과 함께하지도 못하고, 약자를 동정하지도 않아 사회가 혼란해지면, 이를 해결하는 최고의 방법은 하나로 연결된 원래의 모습을 회복하는 것이다.

마음을 지하에 있는 나무의 뿌리와 같은 것으로 이해하면, 몸은 지상에 있는 나무의 보이는 부분과 같은 것으로 이해할 수 있다. 지자와 인자의 삶을 나무를 가꾸는 것으로 비유하면, 지자의 삶은 잎과 줄기와 가지를 주로 가꾸는 것에 비유할 수 있고, 인자의 삶은 나무의 뿌리를 주로 가꾸는 것에 비유할 수 있다.

나무를 가장 잘 가꾸는 것은 뿌리를 튼튼하게 가꾸고 잎과 줄기와 가지를 온전하게 가꾸는 것이다. 그렇게 하는 것은 인자의 삶과 지자의 삶을 온전하게 겸비하는 것이다. 공자는 그러한 삶을 중용적 삶으로 정의한다. 중용적 삶은 인자의 유형에 속하는 사람이 인자의 장점을 완전하게 회복하면서 동시에 지자의 장점을 완전하게 터득하거나, 지자의 유형에 속하는 사람이 지자의 장점을 완전하게 터득하면서 동시에 인자의 장점을 완전하게 회복하는 것을 말한다. 인자의 유형에 속하는 사람은 아무래도 인자의 삶에 치우치고, 지자의 유형에 속하는 사람은 지자의 유형에 치우치기 때문에 중용적 삶은 참으로 어렵다.

공자는 중용을 실현하는 것이 얼마나 어려운지 칼날에 비유하여 설명한 적이 있다.

> 천하 국가를 균등하게 다스릴 수 있고, 작록도 사양할 수 있고, 시퍼런 칼날도 딛고 설 수 있지만, 중용을 실현하는 것은 불가능하다.[7]

중용이란 몸과 마음을 어느 한쪽에 치우치지 않고 온전하게 챙기는 것을 말한다. 중용적 삶을 위해서는 한마음을 완전히 회복해야 하고, 몸 전체를 하나도 손상하지 않고 온전하게 유지해야 한다. 중용이란 서로 다른 두 요소가 어느 한쪽으로 치우치지 않고 온전하게 조화 통일하는 것이다. 너와 나, 사회와 나, 기업과 기업, 노동자와 사용자, 국가와 국가 등의 두 요소가 온전하게 조화 통일하는 것도 중용이다.

중용은 인자의 장점과 지자의 장점을 평면적으로 붙여 놓은 것이 아니다. 모든 것에는 근본과 말단이 있고, 챙기는 것에는 처음에 해야 할 것과 나중에 해야 할 것이 있으므로, 먼저 해야 할 것과 나중에 해야 할 것을 잘 알아야 제대로 할 수 있다.[8]

나무를 가꿀 때는 뿌리를 먼저 가꾸고, 다음으로 줄기와 가지와 잎을 가꾸어야 한다. 하지만 벌레가 와서 잎과 줄기를 갉아 먹고 있

---

7. 子曰 天下國家 可均也 爵祿 可辭也 白刃 可蹈也 中庸 不可能也(『中庸章句』 제9장).
8. 物有本末 事有終始 知所先後 則近道矣(『大學章句』 經1章).

을 경우에는 먼저 벌레를 잡아야 하는데, 그것은 특수한 경우에 속한다. 대개는 뿌리를 먼저 가꾸고 잎과 줄기와 가지는 나중에 가꾼다. 마음과 몸 챙기는 것도 그렇다. 마음과 몸 중에는 마음이 몸보다 더 중요하므로, 마음 챙기는 것에 비중을 더 두어야 하지만, 굶어서 배가 고플 때는 몸부터 먼저 챙겨야 한다. 그렇다고 해서 몸 챙기는 데만 주력하면 안 된다. 몸을 대충 챙긴 뒤에는 바로 마음 챙기는 것에 집중해야 한다. 공자는 다음과 같이 말한다.

> 선비가 도에 뜻을 두고서도 나쁜 옷이나 나쁜 음식을 부끄러워하면 더불어 말을 섞을 가치가 없다.[9]

지자는 몸을 챙기는 데 필요한, 의식주 등의 물질, 사회의 안정, 규칙과 예절과 법질서 등을 강조하지만, 이는 마음 챙기는 것보다 더 중요한 것은 아니다. 마음을 잘 챙기면 몸도 챙겨지지만, 몸을 잘 챙긴다고 해서 마음이 챙겨지는 것은 아니다. 이는 뿌리를 잘 가꾸면 줄기와 가지와 잎이 잘 가꾸어지지만, 줄기와 가지와 잎을 잘 가꾼다고 해서 뿌리가 잘 가꾸어지는 것이 아닌 것과 같다.

인자의 목표가 충족되면 저절로 지자의 목표가 충족되지만, 지자의 목표가 충족된다고 해서 저절로 인자의 목표가 충족되는 것은 아니다. 한마음이 회복되면 사회와 국가가 평화로워지지만, 한마음을 회복하지 못한 상태에서 사회와 국가를 평화롭게 만드는 것은 불가능하다.

---

9. 士志於道 而恥惡衣惡食者 未足與議也(『論語』里仁篇).

다른 것을 잘 살피면 하늘마음을 알게 되고, 하늘마음을 알게 되면 뜻이 성실해지고, 뜻이 성실해지면, 마음이 바르게 되고, 마음이 바르게 되면 몸이 닦여지고, 몸이 닦여지면 집이 화목해지고, 집이 화목해지면, 나라가 다스려지며, 나라가 다스려지면 세상이 평화로워진다.[10]

한마음을 회복하지 않은 상태에서 국가와 국가가 평화조약을 맺는 까닭은 싸워서 이길 자신이 없기 때문이므로, 평화조약을 맺었다 하더라도 싸워서 이길 자신이 있으면 평화조약을 지키지 않을 수 있지만, 한마음을 회복하면 세상이 저절로 평화로워진다.

중용을 실현하는 방법은 지자와 인자의 경우 같지는 않다. 인자는 원래의 목표를 향해 충실히 노력하여 한마음을 회복하면 저절로 세계를 평화롭게 하는 데까지 도달할 수 있지만, 지자는 자신의 목표를 완성하여 의식주를 충족하고, 세상을 안정시키고, 규칙과 법을 완비하더라도 한마음을 회복하는 데까지 도달하기 어렵다. 지자는 자신의 목표를 대충 충족한 뒤 바로 목표를 수정하여 인자의 목표를 자신의 목표로 삼아야 한다. 치인(治人)을 목표로 삼은 사람은 수기(修己)를 할 수 없지만, 수기를 목표로 삼은 사람은 저절로 치인을 할 수 있게 된다. 그렇다고 해서 인자에게 지자의 삶의 방법이 무의미한 것은 아니다. 인자도 한마음을 회복하기 전까지는 지자의 삶의 방법을 참고해야 하고, 한마음을 회복

---

10. 物格而后知至 知至而后意誠 意誠而后心正 心正而后身修 身修而后家齊 家齊而后國治 國治而后天下平(『大學章句』經1章).

하고 난 뒤에도 지자의 삶의 방법을 참고하면 훨씬 빨리 중용을 실현할 수 있다.

공자의 목표는 중용을 실현하는 것이고, 중용을 실현하는 것은 마음과 몸을 온전하게 사는 것이다.

중용을 실현하는 사람이 훌륭한 사람이다. 훌륭한 사람을 공자는 군자로 지칭한다. 사람들을 훌륭한 사람과 그렇지 못한 사람으로 분류하면, 훌륭한 사람이 군자이고, 그렇지 못한 사람이 소인이다. 군자의 범주에 속하는 사람 중에는 성인·대인·현인·군자가 있다. 성인은 중용을 완전하게 실현하는 사람이지만, 살아 있는 사람에게는 좀처럼 쓰지 않는 호칭이므로, 살아 있는 사람 중에서 완전한 사람을 대인이라 한다. 현인은 완전한 사람에 가까운 사람을 말하고, 군자는 중용을 실현하는 사람을 폭넓게 지칭하는 말이다. 공자 생존 시에도 공자의 제자들은 공자에 대해서 예외적으로 성인이란 호칭을 사용한 것으로 보인다.

『맹자』에는 공자를 성인으로 간주하는 설명이 나온다.

> 공자께서 말씀하셨다. "성인의 일은 내가 할 수 없다. 나는 배우기를 싫어하지 않고 가르치기를 게을리 하지 않는다." 자공이 말했다. "배우기를 싫어하지 않음은 지혜로운 것이고 가르치기를 게을리 하지 않음은 어진 마음이니, 어진 마음을 가지시고 또 지혜로우시니, 선생님께서는 이미 성인이시다."[11]

---

11. 孔子曰 '聖則吾不能, 我學不厭而教不倦也' 子貢曰 '學不厭, 智也 教不倦, 仁也°仁且智, 夫子旣聖矣'(『孟子』公孫丑章句 上).

『효경』「개종명의장(開宗明義章)」

공자와 맹자의 교육목표는 사람들을 군자가 되도록 인도하는 데 있다. 군자는 인자의 장점과 지자의 장점을 겸비한 사람이다. 인자의 장점은 한마음의 삶을 사는 데 있고, 지자의 장점은 예를 실천하는 데 있다. 한마음이 없는 예나, 예로 나타나지 않는 한마음은 중용이 될 수 없고, 중용을 실천하지 못하면 군자가 되지 못한다. 군자는 한마음으로 예를 지키며 사는 사람으로 정의할 수 있다. 『논어』에 다음과 같은 공자의 말씀이 있다.

> 바탕에 치우쳐 외관으로 드러내지 못하면 촌스럽고, 외관에 치우쳐 바탕이 빈약해지면 호화스럽다. 바탕과 외관이 어우러져야 군자다.[12]

인자의 유형에 속하는 사람은 한마음 회복에 주력하다가 외부로 드러나는 행동이 촌스러울 수 있고, 지자의 유형에 속하는 사람은 외부로 드러나는 행동의 교양미에 치중하다가 한마음을 회복하지 못한다. 그런데 여기에 주의할 점이 있다. 한마음을 회복하는 내면적인 문제와 외부의 행동으로 드러나는 외면적인 교양미가 별개가 아니다. 한마음이 외부로 드러난 것이 예이고, 예의 바탕에 있는 마음이 한마음이다. 한마음이 없는 예는 껍데기일 뿐, 참다운 예가 아니지만, 예로 드러나지 않은 한마음은 여전히 한마음이다. 따라서 예와 한마음의 비중이 같은 것이 아니다. 예보다 한마음이 훨씬 더 중요하다. 그러므로 예모를 갖추기보다는

---

12. 子曰 質勝文則野 文勝質則史 文質 彬彬然後 君子(『論語』 雍也).

한마음을 얻는 것이 먼저이다. 한마음을 가지고 있지 않은 사람의 예는 예가 아니고, 예술은 예술이 아니다.

사람이 되어 한마음을 가지지 않으면 예를 어떻게 할 수 있으며, 사람이 되어 한마음이 되지 않으면 음악을 어떻게 할 수 있겠는가![13]

'예를 해야 한다. 예를 해야 한다'라고 하니, 예물로 쓰는 옥돌과 비단을 말하는 것이겠는가! '음악을 해야 한다. 음악을 해야 한다'라고 하니, 종 두드리고 북 치는 것을 말하는 것이겠는가![14]

옛 선비들의 예절과 음악은 촌스러울 정도로 순박했지만. 지금 선비들의 예절과 음악은 군자인 체하여 호화스럽다. 내가 만약 예절과 음악을 쓴다면 옛 선비들의 것을 따르겠다.[15]

공자 사상의 핵심은 중용이지만, 공자의 중용은 인자의 장점과 지자의 장점을 평면적으로 결합한 것이 아니다. 한마음이 없으면서 예를 잘 지키는 것보다는, 한마음을 가지고 살면서 예를 잘못 지키는 것이 차라리 낫다. 한마음을 가진 사람은 조금만 노력하면 곧 예를 지킬 수 있게 되지만, 예를 잘 지키는 사람은 조금 노력하

---

13. 人而不仁 如禮何 人而不仁 如樂何(『論語』雍也).
14. 子曰禮云禮云 玉帛云乎哉 樂云樂云 鐘鼓云乎哉(『論語』陽貨).
15. 子曰 先進 於禮樂 野人也 後進 於禮樂 君子也 如用之則吾從先進(『論語』先進).

는 것으로는 한마음을 회복할 수 없다. 예를 잘 지키는 사람이 한마음을 회복하기 위해서는 예를 지키는 노력을 대충하고, 한마음 회복을 위해 전력투구해야 한다. 이에서 보면, 군자는 지자의 유형과 연결되는 것이 아니라, 인자의 유형과 연결된다.

인자의 유형에 속하는 사람들은 어느 지역에 사는 누구를 지칭하는 것일까? 이를 풀기 위해 인(仁)이라는 글자의 뜻부터 살펴보기로 하자. 인(仁)은 이(夷)와 통용되는 글자였고, 이(夷)는 동방에 살고 있었던 사람을 지칭하는 호칭이었다. 『이아(爾雅)』라는 책에는 네 변방에 살고 있던 사람들을 다음과 같이 지칭하고 있다.

구이(九夷)·팔적(八狄)·칠융(七戎)·육만(六蠻)을 사해라 한다.[16]

고대 중국에서는 동방에 살고 있었던 사람을 이(夷)라 부르고, 남방에 살고 있었던 사람을 만(蠻)이라 부르고, 북방에 살고 있었던 사람을 적(狄)이라 부르고, 서방에 살고 있었던 사람을 융(戎)이라 했다.

일본의 『대한화사전(大漢和辭典)』에는 설문통훈정성(『說文通訓定聲』)을 참조하여, 이(夷)의 수십 개의 뜻 중에서 첫 번째로 설명한 것이 인(仁)이다. 고대에는 이(夷)와 인(仁)이 동의어로 쓰였다. 이(夷)라는 글자 대신 인(仁)이라 써도 되고, 인(仁)이라는 글자 대신 이(夷)라 써도 되었다는 뜻이다. 이에서 보면 공자의 인(仁)은 이(夷)와 밀접한 관련이 있음을 알 수 있다. 이(夷)는 크다는 의미의 대

---

16. 九夷·八狄·七戎·六蠻 謂之四海(『爾雅』 釋地).

(大)와 활이라는 의미의 궁(弓)이 합쳐진 글자이므로, 키가 크면서 활을 잘 쏘는 사람, 즉 '키 큰 활잡이'란 뜻이다. 이(夷)에 대한 설명으로는 다음과 같은 여러 기록이 전해지고 있다.

갓을 쓰고 칼을 차고, 짐승을 먹이고 큰 호랑이 두 마리를 옆에 있게 한다. 그 사람들은 양보하기를 좋아하고 다투지 않는다.[17]

납월에 하늘에 제사 지내는 큰 모임을 하는데, 연일 먹고 마시며 노래하고 춤을 추었다. 이름을 영고(迎鼓)라고 했다.[18]

나라에 있을 때 옷은 흰색을 숭상했다.[19]

상(喪)을 입을 때는 남녀가 다 흰옷을 입었다.[20]

전쟁이 있으면 또한 하늘에 제사지냈다. 그리고 소를 잡아서 그 발굽으로 길흉을 점쳤다.[21]

왕제에 이르기를, 동방을 이(夷)라 부른다고 했다. 이(夷)란 하나로 연결된 뿌리이므로 어질면서 삶을 좋아한다는 뜻이 된다. 만물이 땅속에 있는 하나의 뿌리에서 생겨나므로 천성이 부드

---

17. 衣冠帶劍 食獸使二大虎在旁 其人好讓不爭(『山海經』 大荒東經條).
18. 以臘月祭天大會 連日飮食歌舞 名曰迎鼓(『後漢書』 夫餘國條).
19. 在國 衣尙白(『三國志』 魏志 東夷傳 夫餘條).
20. 居喪 男女皆純白(『三國志』 魏志 東夷傳 夫餘條).
21. 有軍事亦祭天 殺牛以蹄占其吉凶(『後漢書』 夫餘條).

럽고 순하다. 그래서 도(道)로써 다스리기 쉽다. 동쪽으로 가면 군자들이 죽지 않고 사는 나라에 이른다.[22]

활을 잘 쏘았으니, 사람을 쏘기만 하면 모두 명중한다.[23]

삼베를 만들었고, 누에를 쳐서 비단을 만들었다. 새벽에 별자리를 보고 그해의 풍흉을 예측하였으며, 주옥을 보배로 삼지 않았다. 늘 시월의 절기에 하늘에 제사 지내며, 밤낮으로 음주와 가무를 했는데, 이름을 무천(舞天)이라 했다. 또 호랑이에게 제사 지내면서 신으로 여겼다.[24]

늘 오월 파종이 끝나면, 귀신에게 제사 지내고 무리를 지어 노래하고 춤추며 술을 마시는데, 밤낮을 쉬지 않았다. 그 춤은 수십 인이 함께 일어나 서로 뒤를 따르면서 땅을 밟으며 몸을 굽히기도 하고 위를 보며 펴기도 하는데, 손발이 서로 응하는 것이 마치 목탁을 가지고 춤을 추는 탁무(鐸舞) 같기도 했다. 시월 농사가 끝날 때도 또한 그렇게 했다.[25]

---

22. 有王制云東方曰夷 夷者柢也 言仁而好生 萬物柢地而出 故天性柔順 易以道御 至有君子不死之國(『後漢書』東夷列傳).
23. 善射 射人皆入(『三國志』魏書 東夷傳 挹婁條).
24. 有麻布 蠶桑作綿 曉候星宿 豫知年歲豊約 不以珠玉爲寶 常用十月節祭天 晝夜飮酒歌舞 名之爲舞天 又祭虎以爲神(『三國志』魏書 東夷傳 濊條).
25. 常以五月下種訖 祭鬼神 羣聚歌舞 飮酒晝夜無休 其舞 數十人俱起相隨 踏地低昂 手足相應 節奏有似鐸舞 十月農功畢 亦復如之(『三國志』魏書 東夷傳 韓條).

동이족에 관한 위의 기록들을 종합하면, 동이족의 특징은 다투기 싫어하는 것, 제사를 많이 지내는 것, 음주 가무를 좋아하는 것, 흰색을 숭상하는 것, 하늘을 받드는 것, 활을 잘 쏘는 것, 순박한 것, 호랑이를 산신으로 섬기는 것 등이다. 이는 오늘날 우리 한국인들의 습성이나 마음과 일치한다.

지금까지의 논의를 종합하면 공자가 말한 인(仁)은 동이족의 마음에서 단점을 제거하고 남는 따뜻한 마음, 즉, '남을 나처럼 아끼고 사랑하는 마음'임을 알 수 있다. 그리고 공자가 말한 인자(仁者)는 바로 동이족을 지칭하는 말로 이해할 수 있다.

이(夷)는 '큰 사람이 활을 가지고 있는 글자의 모양'에서 보면, '활을 잘 쏘는 사람'이란 뜻이고, 인(仁)은 '두 사람이 함께 있는 글자의 모양'에서 보면, '혼자 있지 않은 사람'이란 뜻이다. 둘이서 함께 있다는 것은 혼자 있지 않음을 말하므로, 셋일 수도 있고 넷일 수도 있다. 아니면 그보다 훨씬 더 많은 사람이 함께 있을 수도 있다. 이(夷)와 인(仁)의 의미인 '활을 잘 쏘며, 혼자 있지 않은 사람'[26]을 우리는 오늘날의 한국인의 모습에서 찾을 수 있다. 이러한 한국인의 특성으로 볼 때, 과거 동이족들 역시 활을 잘 쏘며, 혼자 있기 싫어했던 사람이었을 것으로 추측할 수 있다. 이러한 관점에서 볼 때, '활을 잘 쏘는 사람'이란 뜻의 이(夷)와 '혼자 있지 않은 사람'이란 뜻의 인(仁)이 같은 뜻으로 쓰였다는 말이 비로소 이해가 된다. 말하자면, '활을 잘 쏘는 사람'도 동이족의 별명이고, '혼

---

26. 한국인이 혼자 잘 다니지 않는 것에 대해서는, 졸저 『곰이 성공하는 나라』(동인서원, 2005)에 자세하게 설명했다.

자 잘 다니지 않는 사람'도 동이족의 별명이기 때문에, 이(夷)를 인(仁)이라고 해도 되고, 인(仁)을 이(夷)라고 해도 되는 것이다.

이상의 논의에서 본다면 인(仁者)에서 연역해낸 공자 인(仁)사상의 연원은 바로 한국인의 조상인 이족(夷族)에게서 유래하는 것임을 알 수 있다.

인(仁)은 이(夷)와 통용되는 것 외에 인(人)과도 통용된다.[27] 고대에는 인(人)은 동쪽에 살고 있었던 사람이고,[28] 민(民)은 서쪽에 살던 사람이었으나, 후대에는 인(人)이 귀족이라는 뜻으로 변하고, 민(民)이 서민이라는 뜻으로 바뀌었다가, 다시 인(人)은 모든 사람을 지칭하게 되었고, 민은 백성이란 뜻으로 쓰이게 되었다. 동쪽을 지칭하는 인방(人方)은 나중에 인방(寅方)으로 바뀌었다.

이렇게 정리하고 보면 비로소 모든 의문이 풀린다. 동방에 살았던 사람에 대한 호칭은 인(人)이었다. 그 인(人)들이 키가 크고 활을 잘 쏘았으므로 '키 큰 활잡이'란 별명이 붙었고, 또 혼자서 있지 않고 무리 지어 함께 있으므로 인(仁)이라는 별명이 붙은 것이다. 이렇게 정리하고 보면, 인자의 유형에 속하는 사람이란 원래 동쪽에 살고 있었던 이족이었던 것이다.

공자 사상의 중심은 중용사상이고 중용사상의 핵심은 인(仁)이다. 인의 마음을 회복하도록 사람들을 인도하는 것이 공자의 목적이었다. 그것은 하늘의 뜻이고 공자의 사명이었다. 공자가 정치

---

27. 『맹자』에 '仁也者人也'(『孟子』盡心章句下)라는 말이 나오고, 『이아』에 '東至日所出爲大平 大平之人仁'(『爾雅』釋地)라는 말이 나온다.
28. 은나라 때 갑골문에는 동방 및 동북방을 인방(人方)으로 칭한 것이 여러 번 나온다.

에 관여하려 했던 것도 바로 그 때문이었다. 공자가 위나라에 갔을 때, 위나라의 실권자인 왕손가가 "안방의 귀신에게 잘 보이기보다는 부엌 귀신에게 잘 보이는 것이 낫다고 했는데 무슨 뜻입니까?"[29] 하고 물은 적이 있다. 위의 질문은 공자가 위나라에서 벼슬하기 위해서는 위나라의 임금에게 잘 보이기보다 실세인 자기에게 잘 보이는 것이 나을 것이라는 의미로 회유한 것이었다. 그러나 이에 대한 공자의 답변은 달랐다. 공자는 "그렇지 않다. 하늘에 죄를 얻으면 빌 곳이 없다"[30]라고 말했다. 이에서 보면 공자가 벼슬에 뜻이 있었던 것은 하늘의 뜻을 실천하기 위해서이지, 벼슬 자체에 목적이 있었던 것은 아니었다.

그런데 공자의 노력은 바로 결실하지 못했다. 아무리 노력을 해도 도가 잘 펼쳐지지 않아 허탈해질 때도 있었다. 이 허탈한 심정을 공자는 다음과 같이 표현한 바 있다.

도가 행해지지 않는구나. 뗏목을 타고 바다에 떠버릴까 보다.[31]

뜻을 이룰 수 없을 때 떠나버리고 싶은 심정은 누구에게나 있는 공통된 것이다. 공자도 어딘가 떠나버리고 싶었을 것이다. 공자가 떠나려면 서남쪽의 히말라야의 산도 있고, 남쪽의 밀림도 있는데, 왜 하필이면 동쪽에 있는 바다였을까? 우리는 공자의 다음

---

29. 王孫賈問曰與其媚於奧 寧媚於竈 何謂也(『論語』八佾篇).
30. 不然 獲罪於天 無所禱也(『論語』八佾篇).
31. 子曰 道不行 乘桴浮于海(『論語』公冶長篇).

의 말을 참고할 때 그 이유를 쉽게 짐작할 수 있다.

> 공자께서 구이(九夷)에 가서 살고자 하셨다. 이를 안 어떤 사람
> 이 물었다. "거기는 누추한 곳인데, 어떻게 하시렵니까?" 공자께
> 서 말씀하셨다. "그곳에는 군자들이 살고 있으니, 어찌 누추함
> 이 있겠는가!"[32]

이 문장에 대해서는 다양한 해석들이 있다. 구이(九夷)는 아홉
이족이란 뜻이 아니라, 여러 부족으로 나누어져 살던 동이족으
로 해석하는 것이 좋다. 기원전 3897년에서부터 환웅천왕이 다스
리던 신시가 있었고, 단군이 다스리던 단군조선이 있었으나, 공자
가 생존했던 춘추시대에는 이미 흩어져서 동이족들이 여러 부족
으로 나뉘어 살고 있었기 때문에 구이라는 호칭으로 불리고 있었
다. 적호(翟灝)는 『사서고이(四書考異)』에서 『산해경(山海經)』의 '해외
의 동방에 군자의 나라가 있으니 그 나라 사람들은 다 옷을 입고,
갓을 쓰고, 칼을 차며, 사양하기 좋아하여 다투지 아니한다'라는
말을 인용하여, 군자를 동이인(東夷人)으로 해석했다. 유보남(劉寶
楠)은 『논어정의(論語正義)』에서 "공자가 구이에서 살고 싶다고 하
셨을 때의 이(夷)와 공자가 뗏목을 타고 떠나고 싶다고 하셨을 때
의 목적지가 모두 조선을 지칭한다"라고 했다. 이에서 본다면, 『산
해경』에서 지칭한 것처럼, 우리 민족은 오랜 옛적부터 군자로 살
아온 것임을 알 수 있다.

---

32. 子欲居九夷 或曰陋 如之何 子曰君子居之 何陋之有(『論語』子罕篇).

공자가 군자들이 사는 동이족의 마을에 가서 살고 싶어 한 구이의 지역은 인자의 유형에 속하는 군자들이 인의 마음을 가지고 사는 곳이다. 공자의 목표는 사람들에게 인의 마음을 회복하게 하는 것이고, 군자가 되도록 가르치는 것이었다. 공자가 목표로 삼았던 군자와 인(仁)은 추상명사가 아니었다. 군자는 구이에 사는 사람이었고, 인은 구이에 사는 군자들의 마음이었다. 이에서 보면, 구이들이 사는 지역이 공자 사상의 발원지이고, 구이들의 인의 마음이 공자 사상의 핵심으로 자리 잡은 것임을 알 수 있다. 공자 사상의 핵심이 인이라는 점에서 본다면, 공자의 마음의 고향은 바로 군자들이 사는 구이 지방이 된다.

공자의 마음의 고향인 구이는 예로부터 일컬어져 왔던 '군자국'임에 틀림없다. '군자국'은 과연 어디일까? 류승국 교수의 논증에 따르면, '군자국'은 한반도 서북부 구월산 일대로 판명된다.[33] '군자국'이 한반도 서북부의 구월산 일대라면 공자가 뗏목을 타고 바다에 뜨고 싶다고 한 말과도 잘 조응이 된다.[34] 신용하 교수는 『단군조선 문명의 사회사』[35]에서 단군조선 문화의 발원을 남한강 유역과 금강 상류 지역으로 보았다. 만이천 년 전에 빙하기의 혹독한 추위 때문에 북위 40도 이북 지역 사람들이 전멸하고, 비교적 따뜻한 남한강 유역의 동굴과 금강 상류의 동굴에서 추위를

---

33. 류승국 교수는 자신의 박사학위 논문 『儒學思想 形成의 淵源的 探究』에서 군자국을 구월산 근처의 한반도 서북부에 있었던 나라, 즉 단군조선임을 논증한 바 있다.
34. 劉寶楠의 『論語正義』에는 '子欲居九夷'와 '乘桴浮海'를 모두 '朝鮮'을 지칭하는 것이라 했다.
35. 신용하, 『단군조선 문명의 사회사』(지식산업사, 2018).

피하고 살아남은 사람들이 한국 민족이라고 주장한다. 그의 주장에 따르면 기후가 따뜻해진 뒤에 한국 민족은 동굴에서 나와 북상하여 압록강 유역에서 단군조선이 자리 잡았고 그 뒤 다시 북상하여 오늘날 중국의 동북지방으로 진출했다. 두 연구자의 학설을 참고하면, 공자가 그토록 가고 싶어 했던 구이는 한강 유역에서 평양과 오늘날 중국의 동북에 이르는 지역으로 추론할 수 있으므로, 그곳이 공자 사상의 발원지가 된다. 그렇다면 공자의 사상을 이해하기 위해서는 먼저 발원지의 사상을 이해하는 데서 출발하지 않으면 안 된다.

제2부

■

옛 이족의 '한마음사상'

옛 동북아 지역에 단군이 기원전 2333년에 개국한 조선이라는 나라가 있었다. 『삼성기전(三聖紀全)』에 따르면, 조선은 그 이전의 조상들이 살고 있었던 신시에서 이주해서 성립한 나라로 알려져 있다. 신시의 통치자는 환웅이었는데, 환웅의 건국연대는 대략 기원전 3897년쯤 된다. 환웅의 신시 이전에는 환인이 통치했던 환국이 있었다. 『삼성기전』에 따르면, 환국은 7세를 거치면서 일곱 분의 환인이 통치했는데, 건국연대에 대해서는 정확하게 알 수 없다고 기록하고 있다. 단군조선 이전과 이후의 내용은 『천부경(天符經)』과 『삼일신고(三一神誥)』, 『단군세기(檀君世紀)』, 『태백일사(太白逸史)』를 위시한 그 이후의 역사서들에 들어 있는데, 이 책들은 모두 『환단고기(桓檀古記)』라는 책에 실려 있다. 위의 책들에 기록되어 있는 사상의 내용을 보면, 고대 이족(夷族)의 사상과 철학을 다음과 같이 정리할 수 있다. 『천부경』은 환국시대 때부터 전해 내려오는 것이고, 『삼일신고』는 환웅의 훈시이기 때문에 옛 이족들의 사상은 그 연원이 매우 오래다. 이족의 사상 중에서 가장 큰 특징은 모든 존재의 본질이 하나라는 것을 끝까지 잊지 않고 지키는 것에서 찾을 수 있다.

제1장
존재의 본질

제1절 하나인 본질

단군조선시대 이전부터 조선에 살던 한국인들에 따르면, 모든 존재의 본질은 하나이다. 호수에 얼어 있는 모든 얼음의 본질이 호수에 빈틈없이 가득한 물이듯, 만물의 본질은 빈틈없이 우주에 가득하다. 호수의 물이 나눌 수 없는 하나이듯이, 만물의 본질 또한 나눌 수 없는 하나이므로, 이족의 옛 경전인 『천부경』에서는 만물의 본질을 하나[一]로 설명한다. 모든 사람의 몸이 하나이고 마음도 하나이다. 사람뿐만 아니라 모든 존재의 몸과 마음 역시 하나이다. 한국인들은 지금도 부부를 일심동체(一心同體)라고 말한다. 결혼이란 남녀가 만나서 일심동체가 되는 것이 아니라, 일심동체인 원래의 모습을 부부를 통해 확인하는 것이다. 『천부경』의 설명을 중심으로 하나인 본질을 살펴보면 다음과 같다.

제1항 하나인 본질은 시작되어도 시작됨이 없다

존재의 본질인 참 존재는 하나이다. 후대에 태허·태극·도·혼돈·자연 등으로 표현되는 본질이 모두 하나[一]를 표현한 말들이다. 물이 얼면 얼음이라는 형체 있는 물체가 되지만, 근본적으로는 여전히 물이기 때문에, 본질을 잊어버리지 않고 본질에서 판단한다면 물이 얼어 얼음이 되었다 하더라도 얼음이 된 것이 아니라 여전히 물이다. 존재의 본질도 이렇게 이해할 수 있다. 하나에서 모든 것이 나오지만, 본질에서 판단하면 아무리 많은 것이 나와도 나온 것이 없다.

제2항 천지인은 여전히 하나이다

하나인 본질에서 하늘이 먼저 생기고, 다음에 땅이 생기고, 그 다음에 사람이 생긴다. 하늘과 땅이 생긴 뒤에는 하늘의 요소와 땅의 요소가 결합하여 만물이 생긴다. 『천부경』에서는 만물을 대표해서 사람이 생긴 것으로 표현했다.

　하늘이 처음으로 생긴 것을 천일(天一)로 표현하지 않고 천일일(天一一)로 표현했다. 하늘이 생겼어도 본질에서 보면 생긴 것이 아니라 여전히 하나이기 때문에 천일(天一)로 표현한 것이다. 천일일(天一一)이란 하늘이라고 하는 여전히 하나인 것이 처음으로 생겼다는 뜻이다. 땅도 그렇고 사람도 그렇다. 땅이 생겼어도 여전히 하나이기 때문에 땅 하나가 두 번째로 생겼다고 했고[地一二], 사람이 생겼어도 여전히 하나이기 때문에 사람 하나가 세 번째로 생겼다고 했다.

제3항 사람은 여전히 하나다

사람은 자기가 하늘과 땅 사이에 작은 존재로 살고 있다고 착각하기 쉽지만, 사실은 여전히 하나인 본질 그 자체로 존재하고 있다. 이를 인중천지일(人中天地一)로 표현했다. 직역하면 '사람이 천지 사이에 있지만, 하나이다.'

　나는 우주의 주인공이다. 내가 우주 그 자체이고 우주 그 자체가 나이다. 나는 여전히 하나 그 자체이다. 나만이 그러한 것이 아니라 사람이 다 그러하고, 사람만이 그러한 것이 아니라 만물이 다 그러하다.

제4항 하나인 본질은 마침이 없다

형체로 존재하는 모든 것은 생겼다가 없어졌다가 하는 것으로 보인다. 사람 역시 생로병사의 과정을 거치는 것으로 보인다. 그러나 그렇게 보는 것은 본질을 잊어버렸기 때문이다. 본질을 잊지 않고 본질에서 판단한다면 형체로 보이는 모든 것이 여전히 본질이므로 마침이 없고, 사람 또한 본질에서 벗어나 있지 않으므로 생로병사의 과정을 거치지 않는다. 그 이유는 여전히 하나이기 때문이다. 그래서 『천부경』에서는 마지막 글자를 하나[一]로 끝을 맺었다.

제2절 천인일체

하늘도 하늘이 되었지만, 여전히 하나이고, 사람도 사람이 되었지만, 여전히 하나이므로 하늘과 사람은 하나이다. 한국의 고대인들은 하늘과 사람을 하나로 보는 천인일체사상을 가지고 있었다. 『삼일신고』에서는 하늘의 세 요소를, 낳고 싶은 마음인 성(性)과 낳는 작용을 하는 명(命) 및 만물을 만드는 물질의 바탕인 정(精)으로 설명한다.

성(性)이란 글자는 '산다', '낳는다' 등의 뜻을 가진 생(生)과 마음이라는 뜻의 심(忄)을 합한 것으로 '살고 싶은 마음', '살리고 싶은 마음', '낳고 싶은 마음' 등의 뜻이다. 하늘은 만물을 만들어내는 창조주이다. 하늘은 형체를 가지거나 소리와 냄새를 가진 존재가 아니지만, 하늘마음으로 만물을 만들어낸다.[36] 하늘을 자연의 생명력이라 해도 되고, 우주의 생명력이라 해도 되며, 자연의 이치로 이해해도 된다. 우리는 '자연의 이치에 의해 만들어졌다'라는 말을 하는 것은 쉽게 이해된다. 이 문장을 긍정문으로 바꾸면 '자연의 이치가 우리를 만들었다'라는 말이 된다. 자연의 이치가 바로 하늘이다.

하늘이 만물을 만드는 구체적인 작용이 명(命)이다. 명이란 명령한다는 말이다. 장군이 병사들에게 명령하듯, 하늘은 만물에 목숨을 유지하도록 명령한다. 하늘의 명령은 말로 전달되는 것이 아니라, 느낌으로 전달된다. 배고픈 느낌이 드는 것은 밥 먹도록 지시하는 하늘의 명령이고, 피곤한 느낌이 드는 것은 쉬도록 지시하는 하늘의 명령이다. 밥을 먹고 난 뒤에는 몸에 기운이 돌아 소화를 한다. 기운은 생명을 유지하는 원동력이다. 기운은 하늘의 명과 연결되어 있다. 기운이 멈추어 몸이 죽는 것을 명줄이 끊어졌다고 표현한다. 자율신경을 통해 기가 몸에서 운행하는 것은 인간의 의지와 무관하므로, 자연현상으로 이해할 수도 있고, 하늘의 뜻으로 이해할 수도 있다. 하늘의 뜻이 자연이다.

하늘이 만물을 만들 때 사용하는 재료가 정(精)이다. 정은 우주

---

36. 빛이 밝아 우주를 비추시고, 빈틈없이 작용하여 만물을 낳으시며 영원히 존재하면서 오래도록 살피시며, 언제나 흐뭇하고 즐거우셨다. 지극한 기운을 타고 움직이시며 절묘하게 자연과 합치되시어, 드러냄이 없으면서 드러나시고, 의도함이 없으면서 움직이시며, 말을 함이 없으면서 모든 것을 이루셨다(『삼성기전』).

공간에 빈틈없이 존재하는 물질의 본질이다. 그 재료 중에서 맑고 밝고 가벼운 것은 위로 올라가 하늘이 되고, 탁하고 어둡고 무거운 것은 내려와 땅이 된다. 그 재료가 눈에 보이지 않는 채 빈틈없이 존재하다가 여건에 따라 부분적으로 뭉쳐진 것이 물체이다. 하늘의 세 요소를 신령한 세 요소라는 뜻에서 삼신(三神)이라 부른다. 삼신은 신이 셋이 아니라, 천신 하나의 세 요소이다.[37] 하늘에는 두 가지가 있다. 창조주로서의 하늘이 있고, 물질로서의 푸른 하늘이 있다. 창조주로서의 하늘은 마음과 명령과 정(精)을 사용하여 만물을 창조하고 유지한다.

하늘과 사람은 일심동체이기 때문에 하늘의 세 요소가 그대로 사람의 세 요소로 된다. 하늘의 성이 사람의 마음[心]이고, 하늘의 명이 사람의 기운[氣]이며, 하늘의 정(精)이 사람의 몸[身]이다.

하늘의 성이 선하므로 사람의 마음 역시 선하고, 하늘의 명이 맑으므로 사람의 기 또한 맑으며, 하늘의 정(精)이 두터우므로 사람의 몸 또한 두텁다.

하늘의 성이 사람의 마음이므로 사람의 마음은 모두 하늘마음이고 한마음이다. 한국인들은 지금도 한마음이라는 말을 많이 쓰는데, 한마음을 한자로 바꾸면 일심(一心)이 된다. 일심이라는 말은 한자문화권의 사람들이 다 쓰지만, 내용이 같지는 않다. 한국인들이 쓰는 한마음은 본래의 마음이란 뜻이다. 그러나 다른 나라 사람들이 쓰는 일심(一心)이라는 의미는 다른

---

37. 三神의 내용에 관한 설명은 『환단고기』에 여러 번 나오기 때문에 일일이 증거로 삼을 필요가 없다.

점이 있다. 공간적 개념으로는 원래 사람들의 마음이 다르므로, 합의를 통해 일치된 의견을 말하고, 시간적 개념으로는 처음에 작심한 마음이 바뀌지 않고 지속되는 마음을 말하므로, 본래적인 마음이 아니라, 인위적인 마음이다.

제3절 만물일체

사람과 하늘이 하나이듯, 만물 또한 하늘과 하나이며, 하늘과 하나이므로 모두가 하나이다. 모든 것은 하나에서 시작된 것이지만, 그 하나에서 벗어나지 않으므로 여전히 하나이다. 만물이 하나라는 증거는 만물이 존재하는 양상에서도 나타난다. 만물이 눈에 보이는 형체로만 보면 각각 독립된 개체로 보이지만, 하나로 연결하는 연결고리를 가지고 있다.

『천부경』에는 다음과 같은 설명이 있다.

> 운행은 3개씩 묶은 것이 4배수로 순환하면서, 다섯 요소의 일곱 수로 고리를 이룬다[運三四成環五七].

자연의 운행은 3개씩 묶은 것이 4배수로 순환하는 12진법이다. 일 년의 순환을 보면 석 달씩 묶은 것이 4배수로 순환한다. 말하자면, 석 달씩 묶은 계절이 네 번 지나야 한 해가 되는 것이다. 사계절이 순환하는 것을 만물을 살리기 위한 하늘의 뜻으로 이해해도 되고, 자연의 흐름으로 이해해도 된다. 꽃 피는 봄만 있으면 열매를 맺을 수 없고, 열매 맺는 여름만 있으면 열매가 익을 수 없다. 열매 익는 가을만 있으면 종자가 될 열매를 고를 수 없다. 추운 겨울은 다음 해에 싹을 틔울 충실한 열매를 고르는 기간이다.

다섯 요소의 일곱 수로 고리를 이룬다는 것은 개체가 하나로 이어지는 방식을 말한 것이다. 달걀이 닭이 되므로 달걀과 닭은 둘이 아니라 하나지만, 외형적으로는 완전히 다른 둘로 보이므로, 달걀과 닭 사이에는 하나가 될 수 있는 연결고리가 있어야 한다. 그 연결고리가 바로 달걀 속에서 부화하고 있는 달걀 속의 닭이다. 달걀 속의 닭은 달걀이면서 닭이고 닭이면서 달걀이다. 부모와 자녀의 연결고리도 그렇다. 부모와 자녀는 하나이다. 어머니의 뱃속에 들어 있을 때의 아이는 어머니와 아이를 연결하는 연결고리 역할을 하는 기간이다. 어머니 뱃속에 있을 때의 어머니와 아이는 둘이면서 하나이고 하나이면서 둘이다. 한국에서는 전통적으로 뱃속에 있을 때의 아이를 아이로 인정하기 때문에 어머니 배에서 나오는 순간 이미 한 살이 된다. 어머니 뱃속에서 수태하도록 하는 것은 아버지의 역할이고 수태된 이후 뱃속에서 기르는 것은 어머니의 역할이다. '아버님 날 낳으시고 어머님 날 기르시니'라는 말이 그래서 성립한다.

연결고리를 만들 때의 기간은 오행을 결합하여 완성하는 기간이다. 달걀 속에 있을 때의 병아리가 부화할 때까지의 기간은 몸을 이루는 요소인 오행이 결합하여 하나의 몸으로 완성되는 기간이다. 그 기간에 수·화·목·금·토의 성분이 결합하면서 살·뼈·피·신경 등과 오장육부의 모양을 갖추어간다. 다섯 요소가 완전히 결합하여 모양을 갖출 때까지의 기간이 7이다. 닭은 달걀 속에서 21일(7×3)일 동안 오행의 결합을 진행하고, 오리는 알 속에서 28(7×4)일 동안 오행의 결합을 진행하며, 사람은 어머니 뱃속에서 280(7×40)일 동안 오행의 결합을 진행한다. 이처럼 모든 생명체는 다섯 요소가 결합하는 기간이 7이다. 생명체들은 7이라는 기간을 통해 연결고리를 이루며 생명을 이어간다.

제2장
본질적 존재의 작용방식

『천부경』에서는 모든 존재의 본질을 세 요소로 파악한 다음 각각의 작용에 따라 제3의 요소가 만들어지는 과정을 하늘과 땅과 사람으로 나누어 다음과 같이 설명하고 있다.

제1절 하늘의 작용

천이삼(天二三)

하늘 둘로 세 번째 요소를 만든다. 하늘은 두 모습으로 존재하면서 두 모습으로 작용한다. 하늘은 하나이고, 우주 자체이지만, 그러나 그것이 유지하는 것은 뜨거운 모습도 있고, 차가운 모습도 있다. 강력한 모습도 있고, 부드러운 모습도 있다. 따뜻한 모습도 있고 쌀쌀한 모습도 있다. 건조한 모습도 있고 축축한 모습도 있다. 하늘은 두 가지로 움직이고, 두 가지로 작용한다. 팽창하다가 다시 축소하고, 밝아지다가 어두워지며, 가벼워지다가 무거워진다. 이러한 하늘의 움직임과 모습이 음양이다. 팽창하고, 밝아지고, 가벼워지는 것은 양이고, 축소하고, 어두워지고, 무거워지는 것은 음이다. 이러한 모습의 하늘을 둘로 표현했다. 하늘은 두 모습과 두 작용으로 제3의 존재들을 만들어낸다. 끊임없이 팽창하고 축소하면서 맑은 하늘도 만들고 흐린 하늘도 만든다. 뜨거운 하늘도 만들고 차가운 하늘도 만든다. 건조한 하늘도 만들고 축축한 하늘도 만든다. 강력한 하늘도 만들고 부드러운 하늘도 만든다. 이런 작용을 통해 새로운 별을 마구 만들어낸다. 그래서 '하늘 둘로 세 번째 요소를 만든다'라고 했다.

하늘의 마음도 그렇다. 하늘의 마음은 물체를 만들고 싶어 하는 마음과 없애고 싶어 하는 마음을 가지고 있다. 봄과 여름은 하늘이 만물을 만들고 싶어 하는 계절이고, 가을과 겨울은 하늘이 만물을 없애고 싶어 하는 계절이다.

'하늘 하나'라는 말은 존재의 본질을 표현한 것이고, '하늘 둘'이란 말은 존재하는 모습과 작용을 표현한 것이다. 하늘 둘이 셋이 된다고 했을 때의 셋은 하늘이 만들어내는 모든 것을 말한다.

제2절 땅의 작용

지이삼(地二三)

땅 둘로 세 번째 요소를 만든다. 땅은 본래 하나이지만, 유지하는 방식은 강유(剛柔)이다. 땅은 강과 유의 두 모습을 하면서 강의 작용과 유의 작용을 한다. 땅이 따뜻해지는 것은 강이고 차가워지는 것은 유이다. 딱딱하게 굳어지는 것은 강이고, 부들부들하게 부드러워지는 것은 유이다. 땅에는 딱딱한 육지가 있고 물렁물렁한 바다가 있다. 육지와 바다가 만나 산을 만들고, 계곡을 만들며, 섬을 만들고 심연을 만든다. 따뜻해지는 것과 추워지는 것이 만나 바람을 만들고 구름을 만든다. 화산을 만들고 지진을 만들며, 천둥을 만들고 번개를 만든다. 이런 요소들이 땅의 강유의 작용으로 만들어낸 세 번째 요소이다. 세 번째 요소는 땅이 만들어낸 모든 것을 지칭한다. 세 번째 요소는 땅 둘로 만들어낸 모든 것이다. 이를 '땅 둘로 제3의 요소를 만든다'라고 했다.

땅의 마음도 그렇다. 땅의 마음 역시 물체를 만들고 싶어 하는 마음과 없애고 싶어 하는 마음을 가지고 있다. 봄과 여름은 만물을 만들고 싶어 하는 하늘마음과 땅의 마음이 합작하여 끌고 가는 계절이고, 가을과 겨울은 만물을 없애고 싶어 하는 하늘마음과 땅의 마음이 합작해서 끌고 가는 계절이다. 하늘과 땅은 봄과 여름을 만들어 만물을 만들고, 가을과 겨울을 만들어 만물을 죽인다. 땅은 살리고 싶어 하는 마음으로 산도 만들고, 계곡도 만들며, 섬도 만들고 심연도 만들지만, 죽이고 싶어 하는 마음으로 산도 없애고, 계곡도 없애며, 섬도 없애고 심연도 없앤다.

'땅 하나'라는 말은 존재의 본질을 표현한 것이고, '땅 둘'이라는 말은 존재하는 모습을 표현한 것이다. 땅 둘로 세 번째 요소를 만든다고 했을 때의 셋은 땅이 만들어내는 모든 것이다.

제3절 사람의 작용

인이삼(人二三)

사람 둘로 세 번째 요소를 만든다. 사람은 근본적으로 하늘이고, 우주이면서 동시에 사람이다. 사람은 마음과 몸의 두 요소를 가지고 살아간다. 그러면서도 또 남녀로서 존재한다. 마음에도 사랑하는 마음과 미워하는 마음이 있고 몸에도 남성적인 몸이 있고 여성적인 몸이 있다.

몸과 마음이 없는 사람이 없고, 남녀가 아닌 사람이 없다. 사람은 남자와 여자로 나누어지지만, 남자에게도 몸과 마음이 있고, 여자에게도 몸과 마음이 있다. 남자 혼자서도 온전한 사람이고 온전한 하늘이며, 여자 혼자서도 온전한 사람이고 온전한 하늘이다. 그러기 위해서는 남자에게도 여자의 요소가 있어야 하고, 여자에게도 남자의 요소가 있어야 한다. 그래서 남자의 마음속에도 여자의 마음이 있고, 여자의 마음속에도 남자의 마음이 있다. 사람은 몸과 마음이라는 두 요소를 가지고 살고, 또 남자와 여자로 살아간다. 이러한 사람의 두 요소를 표현하여 사람 둘이라 했다. 사람 둘은 몸과 마음이고, 남자와 여자다. 마음의 두 작용이기도 하고 몸의 두 상태이기도 하다. 사람 하나라고 할 때의 사람은 사람의 본질을 표현한 것이고, 사람 둘이라고 했을 때의 사람은 현상을 표현한 것이다. 남자와 여자는 서로 대립하기도 하지만, 기본적으로는 자녀를 낳기 위해서 끊임없이 서로를 원한다. 몸도 원하고 마음도 원한다. 남녀가 있으면 자녀가 생긴다. 사람 둘로 제3의 요소를 만드는 것이다. 자녀는 하나만 있는 것이 아니라 여럿이다.

여럿이지만, 자녀라는 하나의 범주 속에 넣었다. 남자 여자 자녀가 바로 가정을 구성하는 아버지 어머니 자녀다. 가정이 모여 사회가 되고 사회가 모여 나라가 되고 세상이 된다. 사람들이 살아가는 기본 방식은 모두 남자 여자 자녀의 구도로 계속 이어지는 것이다.

자녀는 그냥 자녀로만 존재하지 않는다. 자녀가 또 자녀를 낳고, 그 자녀가 또 자녀를 낳아 무궁히 이어진다. 그러므로 여기서 말하는 3은 무수한 3이고 무궁히 이어지는 3이다.

만물의 존재 방식도 사람과 마찬가지다. 동물의 존재 방식도 그렇고, 식물의 존재 방식도 그렇다. 이 모든 것을 '사람 둘로 세 번째 요소를 만든다'라고 했다.

만물이 생겨나서 성장한 뒤 소멸해가는 과정은 하늘과 땅과 사람 모두의 합작에 의한 것이다. 잡초의 꽃 한 송이가 피려고 해도 하늘과 땅과 사람이 총동원되어야 한다. 하늘이 나서서 태양을 돌게 하고 밤낮이 교차하게 하며 사계절이 순환하도록 해야 한다. 구름을 만들어 비를 내려야 하고, 해와 달과 별이 쉬지 않고 비춰야 한다. 땅이 물을 공급해야 하고, 흙으로 보듬어 씨를 싹틔우고 자라게 하며, 소쩍새도 옆에서 울어주어야 한다. 이처럼 이름 없는 잡초의 꽃 하나를 피우기 위해서도 하늘과 땅과 사람의 세 요소가 총동원해야 겨우 피울 수 있다. 하늘과 땅과 사람이 원래 하나이므로 하늘의 일과 땅의 일과 사람의 일이 별개로 진행되는 것은 아니다. 모두 하나로 어우러져 진행된다.

제3장
사람과 만물의 차이

제1절 사람의 탄생

사람은 하늘과 땅의 요소로 태어나지만, 하늘과 땅의 작용이 하나이기 때문에 하늘의 뜻으로 태어나는 것으로 설명해도 무방하다. 하늘의 세 요소 중에서 성(性)은 사람을 낳고 싶은 마음이고, 명(命)은 태어날 수 있도록 작용하는 것이며, 정(精)은 사람의 몸을 만드는 재료이다. 하늘의 마음과 하늘의 작용이 독립적으로 존재하는 것이 아니다.[38] 마음이 움직이면 마음을 따라 행동으로 옮기는 후속적인 작용이 따른다. 그것이 성과 명의 관계이다.

하늘의 마음과 명과 정을 받을 때 온전하게 받는 것과 치우치게 받는 것에는 차이가 있다. 『삼일신고』에서는 사람이 하늘의 세 요소를 받을 때 온전한 것을 받았다고 했다.[39]

지상의 모든 물에 하늘의 달 하나가 떠 있어도 물의 상태에 따라 비치는 것은 다 다르다. 맑고 잔잔한 물에서는 하늘의 달이 온전하게 드러나지만, 출렁이는 물에서는 달이 출렁거리게 비치고, 탁한 물에서는 탁하게 비친다. 만물이 하늘의 요소를 받아 생겨

---

38. 『삼일신고』에서는 '성이 명과 떨어져 있지 않고 명과 성이 떨어져 있지 않다[性不離命 命不離性]'라고 해서 성과 명이 독립적으로 존재하는 것이 아님을 밝히고 있다.
39. 『삼일신고』에서는 '人物 同受三眞 曰性命精 人全之 物偏之'이라 했다. 사람과 만물이 함께 하늘의 세 요소인 성과 명과 정을 받았는데, 사람은 온전히 받았고 만물은 치우치게 받았다는 뜻이다.

날 때도 그렇다. 하늘의 요소를 가장 온전하게 받아서 태어나는 것이 사람이다.

제2절 만물의 생성

만물은 하늘의 세 요소 중에서 치우친 것을 받았기 때문에 온전한 모습을 갖추지 못하고 있다. 하늘의 요소를 받을 때 치우치는 것은 정(精)에 기인한다. 도자기를 만드는 흙에 고운 것과 엉성한 것이 있듯이 하늘의 정(精)에도 고운 것과 엉성한 것이 있다. 고운 것을 받아서 태어나면 고운 물체가 되고, 엉성한 것을 받아서 태어나면 엉성한 것이 된다. 또 정을 받을 때 오행을 골고루 받으면 온전한 것이 되지만, 치우치게 받으면 치우친 것이 된다. 오행은 물질의 재료인 수·화·목·금·토이다. 수·화·목·금·토의 재료는 온전한 것도 있고 엉성한 것도 있다. 또 수·화·목·금·토 가운데 골고루 섞인 것을 받으면 조화롭게 되는데, 어느 하나를 치우치게 많이 받으면 한쪽으로 치우친다. 예를 들면 식물은 목 성분을 지나치게 많이 받은 것이고, 광물은 금 성분을 지나치게 많이 받은 것이며, 물은 수 성분을 지나치게 많이 받은 것이고, 흙은 토 성분을 지나치게 많이 받은 것이며, 공기나 불은 화 성분을 지나치게 많이 받은 것이다. 사람들은 골고루 받았기 때문에 감각기관이 골고루 발달해 있지만, 동물 중에 시각·청각·후각·미각·촉각 중에서 어느 하나가 지나치게 발달한 대신 다른 것이 상대적으로 뒤떨어지는 것은 오행을 치우치게 받았기 때문이다.

제4장
사람의 타락과 불행

제1절 타락의 원인

사람이 하늘의 성(性)과 명(命)과 정(精)을 받아 심(心)과 기(氣)와 신(身)의 세 요소를 갖추게 되었는데, 이때 사람이 망령되어 잘못된 세 요소가 심과 기와 신에 뿌리를 내린다. 하늘의 성은 착하므로 사람의 마음도 원래는 착하지만, 사람이 망령되어 악한 마음이 뿌리를 내리고, 하늘의 명은 맑으므로 사람의 기도 원래는 맑지만, 망령되어 탁한 마음이 뿌리를 내리며, 하늘의 정은 두터우므로 사람의 몸도 원래는 두텁지만, 사람이 망령되어 박한 몸이 뿌리를 내린다.

제1항 악한 마음

『삼일신고』에서는 사람이 망령되어 악한 마음이 뿌리를 내린다고 설명했지만, 망령된 것이 어떤 것인지 자세한 설명이 없다. 고려 말에 양촌 권근 선생은 「천인심성합일지도(天人心性合一之圖)」를 그렸는데, 그 그림의 내용으로 보아, 한국 고대의 천인일체사상에 바탕을 둔 것이 확실하다. 「천인심성합일지도」에는 하늘의 요소가 사람의 형체를 닮은 그림 속에 들어 있다. 천일일체사상이 바탕이 되지 않고서는 그런 그림이 그려질 수 없다.

　양촌의 「천인심성합일지도」에는 사람에게 악한 마음이 들어오는 계기를 사람의 뜻[意]으로 설명했다. 뜻은 의지나 생각을 말한다. 하늘마음은 사람을 살리는 방향으로 인도한다. 밥 먹을 때 밥을 먹도록 유도하는 하늘은 배고픈 느낌이 들게 만든다. 자야 할 때가 되면 하늘은 졸리는 느낌이 들게 만든다. 그런데 그때 사람이 자지 않는 것은, 자지 않아야 '내 것'을 챙기는 데 유리하다는 생각이 개입하기 때문이다. 자고 싶은 마음이 하늘에서 주어진 첫 번째 마음인 데 비해 자기 싫은 마음은 두 번째 마음이다. 두 번째를 뜻하는 글자가 아(亞)이고, 마음이 심(心)이므로 두 번째 마음이 악(惡)이다. 말하자면 졸릴 때 자지 않는 것이 악이고, 배고플 때 먹지 않는 것이 악이며, 배부른데도 계속 먹는 것이 악이다. 졸릴 때 안 자는 것이 악이 되었으므로, 자는 것이 선이 되었다. 악이 생기기 전의 사람의 마음은 자연의 마음이었지만, 악이 생기고 난 뒤에 자연의 마음이 악의 상대개념이 되므로, 선으로 정의된다. 악한 마음은 '내 것'만을 챙기려는 탐욕이다. 망령된 사람이란 하늘의 마음을 그대로 간직하지 못하고 '내 것' 챙기려는 생각 때문에 악해진 사람을 말한다.

제2항 탁한 기

사람의 기운은 하늘의 명이므로 본래 맑게 움직이지만, 망령된 사람은 맑은 기를 유지하지 못하고 탁하게 만든다. 기가 탁해지는 원인에는 두 가지가 있다. 첫째는 마음의 문제이다. 기는 마음을 싣고 있으므로 선한 마음을 가진 기는 맑음을 유지하지만, 악한 마음을 가진 기는 탁해진다. 둘째는 기 자체를 맑게 유지하지 못하기 때문이다. 악한 마음은 '내 것' 챙기기 위한 탐욕이다. 기를 맑게 유지하기 위해서는 맑은 공기를 마시고 청정한 음식을 먹어야 하지만, 탐욕이 많은 사람은 탐욕을 채울 수 있는 돈과 권력 등이 많은 곳에 모인다. 그런 곳에는 공기가 탁하고 음식이 청정하지 못하다. 그런 곳에 살면 기가 탁해진다. 탐욕이 많은 사람은 탐욕을 채우기 위해 조급해진다. 조급한 사람은 공기를 천천히 느긋하게 들여 마시지 못하고 헐떡거리므로 기를 맑게 하지 못한다. 방에 공기가 탁해지면 창문을 활짝 열어, 방 깊숙한 곳까지 환기가 되도록 공기를 골고루 순환시켜야 한다. 사람의 몸을 방에 비유한다면 창문은 코에 해당한다. 코를 통해 밖의 공기를 몸 깊숙이까지 천천히 느긋하게 들여 마셔야 기가 맑아진다. 그러나 탐욕이 많은 사람은 조급하여 그렇게 하지 못한다. 이 두 가지가 몸의 기를 탁하게 하는 요인이다.

제3항 경박한 몸

사람은 하늘의 몸을 타고 났기 때문에 본래 중후하다. 하지만 경거망동하는 사람은 본래의 몸을 유지하지 못하고 경박하게 만든다. 몸이 경박하게 되는 데는 세 가지 요인이 있다.

첫째, 몸은 마음을 담고 있으므로 마음에 따라 달라진다. 선한 마음을 가지고 있는 사람의 몸은 중후하게 유지되지만, 악한 마음을 가진 사람의 몸은 중후하게 유지되지 않고 경박해진다.

둘째, 몸은 기를 싣고 있으므로 맑은 기를 가진 사람의 몸은 중후하게 유지되지만, 탁한 기를 가진 사람의 몸은 경박해진다.

셋째는 몸 자체의 관리에 의한 것이다. 몸을 따뜻하게 유지해야 하며, 맑고 정갈한 음식을 먹어야 하며, 편식하지 말고 골고루 먹어야 하며, 부끄럽지 않은 음식을 먹어야 하고, 과식하지 않아야 하며, 몸가짐을 품위 있게 가져야 한다. 탐욕 많은 사람은 자주 과식하고, 음식을 먹을 때도 게걸스럽게 먹으며, 편식을 많이 한다. 몸가짐을 품위 있게 유지하지 못하고 난폭하게 움직이기 때문에 몸을 중후하게 유지하지 못한다.

제2절 불행의 내용

불행의 원인은 악한 마음으로 살고, 탁한 기운으로 살며, 경박한 몸으로 사는 데 기인한다. 『삼일신고』에서는 선한 마음을 가진 사람은 복을 받지만, 악한 마음을 가진 사람은 재앙을 받으며, 맑은 기운으로 사는 사람은 장수하지만, 탁한 기운으로 사는 사람은 요절하며, 중후한 몸으로 사는 사람은 귀한 몸이 되지만, 경박한 몸으로 사는 사람은 천한 몸이 된다고 했다.[40] 행복은 선한 마음을 가지고 맑은 기운으로 귀하게 사는 것이고, 불행은 악한 마음을 가지고 탁한 기운으로 천하게 사는 것이다.

참된 세 요소와 망령된 세 요소가 대립하면서 느낌과 숨과 접촉에서 세 갈래의 다른 길을 만들어낸다. 그리고 이 셋이 열여덟 가지의 다른 것을 만들어낸다. 느낌에는 기쁨, 두려움, 슬픔, 화남, 탐욕, 싫음이 있고, 숨에는 향기로운 숨결, 썩은 숨결, 찬 숨결, 더운 숨결, 마른 숨결, 습한 숨결이 있으며, 접촉에는 소리, 빛, 냄새,

---

40. 心依性 有善惡 善福惡禍 氣依命 有淸濁 淸壽濁夭 身依精 有厚薄 厚貴薄賤 (『三一神誥』).

맛, 탐스러움, 촉감이 있다.[41] 선한 마음과 악한 마음이 교차하여 온갖 감정들을 만들어내고, 맑은 기와 탁한 기가 교차하여 갖가지 숨결을 만들어내며, 중후한 몸과 경박한 몸이 교차하여 갖가지 몸의 촉감을 만들어낸다. 밝지 못한 사람들은 선악과 청탁과 후박을 뒤섞어 열여덟 가지 다른 길을 좇아 마음대로 달리다가 나고 자라고 늙고 병들고 죽는 고통에 빠진다.[42] 이런 불행을 벗어나는 방법은 현명한 판단을 하여 본래의 선한 마음과 맑은 기와 중후한 몸을 회복하는 것뿐이다.

제5장
참된 인간 회복

참된 사람은 진실한 삶을 사는 사람이고 망령된 사람은 헛된 삶을 사는 사람이다. 참된 사람은 행복한 사람이다. 이에 비해 망령된 사람은 불행한 사람이다. 참된 사람은 한마음으로 서로 사랑하면서 영원한 생명을 사는 사람이고, 맑은 기운으로 장수하는 사람이며, 중후한 몸으로 귀하게 사는 사람이다. 이와 반대로 망령된 사람은 탐욕으로 서로 경쟁하면서 사멸하는 삶을 사는 사람이고, 탁한 기운으로 요절하는 사람이며, 경박한 몸으로 천하게

---

41. 眞妄對作三途 曰感息觸 轉成十八境 感 喜懼哀怒貪厭 息 芬寒熱震濕 觸 聲色臭味淫抵(『三一神誥』).
42. 衆 善惡淸濁厚薄相雜 從境途任走 墮生長肖病歿苦(『三一神誥』).

사는 사람이다.

사람은 본래 모두 선한 마음과 맑은 기운과 귀한 몸을 타고났으므로, 현재 악한 마음으로 탁한 기운이 되어 천한 몸으로 살아서 불행해진 사람은 본래의 모습을 회복하여 행복해지도록 노력해야 한다. 이런 노력을 『삼일신고』에서는 망령됨을 고쳐서 참됨으로 나아가야 한다는 뜻으로 개망즉진(改妄卽眞)이라 했다.

제1절 참된 인간 회복의 구체적 방법

제1항 착한 마음 회복 방법

사람이 행복하게 되는 노력 중에 가장 중시해야 할 것은 착한 마음 회복이다. 착한 마음을 회복해야 복을 받는다. 착한 마음을 회복하는 방법 중에는 고개를 내미는 악한 마음을 부숴버리는 강력한 방법이 있다. 단군조선시대에는 악한 마음을 제거하기 위해 「어아가」라는 노래를 지어 행사를 할 때마다 불렀다. 함께 노래를 부르면 마음을 바로잡는데 큰 효과가 있다. 「어아가」를 소개하면 다음과 같다.

어아어아
우리들의 할아버지 크나큰 은덕
배달나라 우리 모두
천년만년 영원토록 잊지를 말자
어아어아

착한 마음 큰활 되고 악한 마음 과녁 되네

백백천천 우리 모두 큰 활줄로 하나 되어

착한 마음 곧은 화살 한마음 한뜻

어아어아

백백천천 우리 모두 큰활처럼 하나 되어

수많은 과녁을 쏘아 부수자

끓고 있는 물 같은 착한 마음속

한 덩어리 눈 뭉치라 악한 마음은

어아어아

백백천천 우리 모두 큰 활이 되어

굳게 뭉친 한마음 배달나라 영광

천년만년 이어갈 크나큰 그 은덕

우리들의 할아버지 우리 할아버지(『檀君世紀』 2세 단군 조)

착한 본래 마음을 회복하는 중요한 방법 중에 효도가 있다.

너희는 부모로 말미암아 태어났고 부모는 하늘에서 내려왔으므로, 오직 너희 부모를 잘 공경해야 하늘을 잘 공경할 수 있고 온 나라를 잘 다스릴 수 있으리니, 그 요체는 오직 충성과 효도이다.[43]

부모에게 효도하는 사람은 형제와 하나가 될 수 있다. 형제와 하나가 되는 사람은 삼촌과 하나가 되고, 사촌과 하나가 된다. 이렇게 퍼져나가면 모든 사람과 하나가 될 수 있다. 부모는 생명의 원천이다. 그 원천을 거슬러 올라가면 하늘에 닿는다. 그러므로 부모에게 효도하는 사람은 하늘을 공경하게 된다. 부모에게 효도하고 하늘을 공경하면 모든 사람과 하나가 된다. 모든 사람과 하나가 되어야 온 나라를 다스릴 수 있다.

우리 조상들은 제천행사를 계속했다. 제천행사를 통해 하늘과 하나가 되면 모든 사람과 한 몸이 되고 한마음이 된다.

한마음을 회복하는 방법 중에는 탐욕이 생기는 원인을 차단하는 방법이 있다. 탐욕은 내 것 챙기는 계산에서 나오기 때문에 내 것 챙기는 계산을 하지 않도록 마음을 하나에 집중하면 한마음을 회복할 수 있다. 기를 맑게 하는 호흡법이 또한 한마음을 회복하는 데 효과가 있다.

『삼일신고』에서는 한마음 회복 방법으로 지감(止感)을 제시했다. 지감이란 감정을 멈추는 것을 말한다. 사람의 탐욕은 쉬지 않고 채워달라고 보채기 때문에 탐욕을 없애기 전에는 마음이 고요해질 날이 없다. 오직 탐욕을 없애고 한마음을 회복해야 비로소 마음이 고요해진다. 탐욕을 없애는 방법 중에는 탐욕에서 나오는 느낌을 멈추는 것이 있다. 탐욕에서 나오는 느낌을 멈추는 방법 중에는 탐욕이 생기기 전의 상태로 몰입하는 것이 중요하다. 그 구체적인 방법들은 오늘날의 명상법에 많이 들어 있다.

─────────

43. 爾生由親 親降自天 惟敬爾親 乃克敬天 以及于邦國 是乃忠孝(『檀君世紀』 시조 단군왕검 훈시).

제2항 맑은 기 회복 방법

『삼일신고』에서는 기를 맑게 하는 방법으로 조식(調息)을 제시한다. 조식은 태식에 연원을 두고 있다. 태식은 태아의 호흡이다. 태아는 어머니 뱃속에서 가늘고 길게 호흡을 한다. 한국의 선인들은 지금까지도 조식을 전통적인 수련법으로 지켜오고 있다. 호수에 가라앉아 있는 항아리 속에는 호수의 물이 들어 있다. 항아리 속에 있는 물과 호수 전체의 물은 하나다. 호수 전체의 물은 맑고 에너지가 충만하므로 항아리 속에 들어 있는 물도 맑고 에너지가 충만하다. 그런데 항아리가 자기 안에 들어 있는 물을 완전히 '내 것'으로 만들기 위해 항아리의 뚜껑을 닫으면 문제가 생긴다. 항아리 속의 물은 호수 전체의 물과 격리되어 썩기 시작한다. 사람의 몸도 그렇다. 몸속의 기는 우주에 가득한 호연지기였다. 그런데 사람의 마음이 '내 것'을 챙기는 탐욕으로 바뀌면, 항아리의 뚜껑을 닫는 것처럼, 몸을 닫아버리기 때문에, 몸 안의 기운이 탁한 기운으로 바뀐다. 외부의 기와 몸 안의 기를 연결하는 뚜껑은 코다. 사람은 코를 통한 호흡으로 몸 내부의 공기와 외부의 공기를 소통한다. 탐욕이 생기기 전이나 후나 코는 변하지 않지만, 코를 통한 호흡 방법은 바뀐다. 탐욕이 생기기 전에는 호흡이 고르고 길었지만, 탐욕이 생긴 뒤에는 코의 호흡이 불규칙하게 헐떡거리고 짧아져 온몸에 골고루 전달되지 못한다. 몸의 기가 탁해진 원인은 바로 이 때문이다. 이를 해결하는 방법은 다시 호흡을 고르고 길게 하면 되는데, 그 훈련법이 조식(調息)이다.

호흡은 숨을 내쉬고 들이쉬는 것이다. 숨을 내쉴 때 코를 통해 나가는 공기의 양을 일정하게 유지하고, 들이쉴 때도 코를 통해

들어오는 공기의 양을 일정하게 유지하는 것이 골자다. 숨의 양을 일정하게 유지하면 몸이 들썩거리는 것을 막을 수 있다. 숨의 양을 일정하게 유지하는 데 집중하면 차츰 숨의 길이가 길어진다. 숨의 길이가 길어질수록 호흡을 통해 들어간 바깥공기가 온몸 구석구석까지 퍼져서 호연지기가 온몸에 가득하게 된다.

제3항 중후한 몸 회복 방법

중후한 몸을 회복하는 데는 세 가지 방법이 있다. 첫째 몸에 들어 있는 악한 마음을 없애고 선한 마음을 회복하는 것이다. 선한 마음을 가지면 몸이 중후해지고 악한 마음을 가지면 몸이 경박해지기 때문이다. 중후한 몸을 회복하기 위한 두 번째 방법은 몸 안의 기를 맑은 기로 바꾸는 것이다. 맑은 기가 몸 안에서 운행하면 중후한 몸이 되고 탁한 기가 몸 안에서 운행하면 경박한 몸이 되기 때문이다. 세 번째 방법은 몸 자체를 중후하게 유지하는 것이다.

몸을 중후하게 유지하기 위해서는 맑은 공기와 맑은 물을 마시며, 음식을 잘 섭취해야 한다. 또한 몸을 중후하게 유지하기 위한 중요한 방법 중에 열을 유지하는 것이 있다. 『삼일신고』에서는 생명체를 유지하는 데 기본적으로 열이 필요함을 다음과 같이 설명한다.

천신이 모든 것에 생기를 불어넣고 햇빛으로 달구고 열로써 색을 내니, 걸어 다니는 동물, 날아다니는 새, 허물 벗는 곤충, 헤엄치는 물고기, 땅에서 자라는 식물 등이 모두 번식하게 되었다.[44]

열을 유지하기 위해서는 여러 가지 방법이 있다. 우선 옷을 따뜻하게 입어야 한다. 옷을 입는 목적은 열을 보존하기 위해서다. 밤에 잠을 자는 동안에도 열을 빼앗기지 않도록 잠옷을 잘 입어야 한다. 과식하지 않아야 하고 운동을 꾸준히 해야 한다.

음식을 정갈하게 먹되 골고루 먹어야 한다. 마음을 잘 보존하여 사람들과 다투지 않아야 하고, 몸가짐을 정중히 간직하여 경솔한 마음이 생기지 않도록 해야 한다.

선한 마음과 맑은 기와 중후한 몸을 동시에 회복하는 방법 중에 동굴에 들어가 수련하는 것이 있다. 『환단고기』에는 21일간 동굴에 들어가 수련해야 한다는 말이 여러 번 나온다. 동굴에 들어간다는 것은 수련하기 위해 세상을 벗어나는 것을 말한다. 세상에서 벗어나야 탐욕이 생기는 것을 막을 수 있다. 조용히 마음을 들여다보고 탐욕이 작동하는 것이 보이면 그 탐욕을 사정없이 제거하는 노력을 하고, 조식을 하여 기를 맑게 하며, 공기 좋고 물 맑은 데 가서 맑은 공기와 맑은 물을 마시며, 몸에 맞는 음식을 먹으면서 몸을 중후하게 하는 집중 훈련을 하는 것이 효과적이다.

---

44. 神呵氣包底 煦日色熱 行翥化游栽物 繁殖(『三一神誥』).

제6장
완성자의 삶

완성자란 한마음을 회복하여 착하게 살고, 맑은 기를 회복하여 맑게 살며, 두터운 몸을 회복하여 귀하게 사는 행복한 사람을 말한다. 완성된 사람은 개인적으로 행복한 삶을 살고, 사회적으로 타인을 행복한 사람이 되도록 인도하는 삶을 산다.

제1절 개인적 실천

제1항 성과 경

『태백일사』[45]의 「환국본기」에 '환국오훈'으로 성신불위(誠信不僞), 경근불태(敬勤不怠), 효순불위(孝順不僞), 염의불음(廉義不淫), 겸화불투(謙和不鬪)의 다섯 교훈이 기록되어 있다. 성실하고 미덥게 하여 거짓되지 않을 것, 경건하고 부지런하여 게으르지 않을 것, 효도하고 순종하여 거짓되지 않을 것, 염치와 예의를 지키며 음란하지 않을 것, 겸손하고 화합하여 다투지 않을 것의 다섯 가지다.

'환국오훈' 중에 앞의 두 항목은 성(誠)과 경(敬)에 관한 것이다. 성실하고 미더운 마음은 하늘마음의 표현이다. 하늘이 하는 일은 지극히 성실하여 쉬는 법이 없고, 지극히 미더워 어긋남이 없다. 완성자의 삶 또한 이와 같아야 한다. 하늘마음이 탐욕으로 바

---

45. 『태백일사』는 『환단고기』에 수록되어 있다.

뛰는 것은 이익을 얻기 위한 계산 때문이므로, 이익을 얻기 위한 계산을 하지 않아야 하늘마음을 유지할 수 있다. 이익을 추구하는 계산을 하지 않는 방법 중에 마음을 경건하게 간직하는 것이 있다. 게으름을 부리지 않고 계속 경건함을 유지하면 하늘마음이 왜곡되지 않고 유지된다.

제2항 효도와 사랑

'환국오훈'의 두 번째까지는 개인이 하늘마음을 유지하는 방법에 관한 것이고, 세 번째부터는 인간관계에서 하늘마음을 유지하는 방법에 관한 것이다. 인간관계 중에서 원초적인 관계는 가정 안에서 이루어진다. 가정에서의 인간관계는 부모와 자녀의 관계·형제관계·부부관계이다. 사람이 태어나면서 가장 먼저 만나게 되는 것은 부모이다. 부모가 자녀에게 대하는 마음은 하늘마음이므로 부모에게 효도하여 부모와 하나 되면 하늘마음을 유지할 수 있다. 부모에게 효도하면 저절로 형제와 하나가 되므로 형제 사이에 우애 있게 지내라는 말을 하지 않아도 된다. 부모와의 관계 외에 중요한 것이 부부관계이다. 부부관계에서 하늘마음을 유지하기란 쉽지 않다. 부부관계에서 예의를 지키고 맑고 투명하게 하며, 음란하지 않아야 하늘마음이 지켜진다.

제3항 화합

'환국오훈'의 다섯 번째 훈계는 화합이다. 하늘마음을 가진 사람은 사람을 대할 때 남으로 여기지 않는다. 하늘마음을 가진 사람은 사람을 하늘로 여기기 때문에 사람을 존중하고 자기를 겸손하게 낮춘다. 남과 화합하는 방법 중에 남을 존중하고 자기를 낮추는 것보다 더 좋은 것이 없다. 겸손과 화합이 인간관계를 하늘마음으로 유지하는 좋은 방법이다.

제4항 맑은 기와 두터운 몸 유지

완성된 사람은 조식 수련을 계속하여 기를 맑게 유지하고, 몸을 잘 간추려 두터운 몸을 유지한다. 일반인은 기를 맑게 하고 몸을 두텁게 유지하기 위해 끊임없이 노력해야 하지만, 완성된 사람은 저절로 그렇게 된다.

아무리 완성된 사람이라 하더라도 외적의 침입을 받아 나라가 망하면 선한 몸과 맑은 기와 두터운 몸을 유지할 수 없다. 나라를 지키는 것 또한 그만큼 중요하다. 『태백일사』에는 다음과 같은 말이 있다.

> 부지런히 힘써서 전쟁터에서 용감해라. 전쟁터는 나라의 존망이 결정되는 곳이다. 나라가 없으면 임금과 아비가 전락하여 허수아비가 되고, 주권이 확립되지 않으면 처자가 몰락하여 남의 노비가 된다. 일을 처리하고 남을 대하는 일이 모두 우리의 도이고, 세상에 널리 퍼뜨려 가르침을 전하는 것 또한 우리의 일이다. 나라 없이 살고 주권 없이 생존하는 것보다는 차라리 나라를 보존하고 죽으며, 주권을 확립하고 삶을 마치는 것이 낫지 않겠느냐?[46]

제2절 정치적 실천

제1항 정치의 목표

정치의 목표는 망령되어 불행해진 사람들에게 참된 삶을 회복하여 행복해지도록 유도하는 것이다. 『삼성기전(三聖紀全)』에 다음과 같은 말이 있다.

> 세상에 있으면서 사람들에게 참된 모습을 회복하게 하여 널리 인간 세상을 유익하게 했다.[47]

고대 한국인들은 정치를 말할 대 정(政)이라는 글자 대신, 리(理)라는 글자를 썼다. 리(理)는 옥의 무늬이다. 옥의 무늬는 헝클어짐이 없이 질서정연하고 찬란하다. 이 세상도 본래는 하늘의 뜻에 따라 만들어진 질서정연한 낙원이었다. 그런 낙원을 사람이 망령되어 서로 갈등하고 다투면서 지옥으로 만들었다. 사람이 지옥에서 사는 것은 불행하다. 원래의 세상을 회복하여 행복하게 살아야 한다. 지옥을 천국으로 만드는 것은 이 세상을 본래의 모습으로 되돌리는 것이다. 옥에 진흙이 묻으면 본래의 찬란하고 질서정연한 무늬가 사라지고 더러운 모습으로 바뀌지만, 진흙을 닦아내기만 하면 옥의 무늬는 되살아난다. 세상도 마찬가지다. 세상은

---

46. 勉爾勇于戰陣 戰陣者 存亡之所決也 國不存 則君父貶爲木偶 主不立 則妻子沒爲人奴也 應事接物 皆莫非吾道也 售世傳敎 亦莫非吾事也 與其無國而生 無主而存 寧若有國而死 有主而終乎(『太白逸史』).
47. 在世理化 弘益人間(『三聖紀全』).

짐승으로 되어버린 사람들에 의해 지옥으로 바뀐 것처럼 보이지만, 짐승처럼 되어버린 사람들을 참된 사람으로 회복시키기만 하면 세상은 다시 천국의 모습을 드러낸다. 정치란 본래의 세상을 회복하도록 이끄는 것이므로 정(政)이란 말 대신, 리(理)라는 말을 써서 재세이화(在世理化)라 했다. 화(化)는 질적으로 바꾸는 것이므로, 양적으로 바꾸는 변(變)과는 차이가 있다. 몸무게가 준다든가 재산이 불어난다든가 하는 것처럼 양적으로 바뀌는 것은 변이지만, 산 사람이 죽는다든가, 알이 부화하여 새가 되는 것처럼, 질적으로 바뀌는 것은 화(化)이다. 지옥을 천국으로 만드는 것은 물론 화이다. 짐승처럼 된 사람을 참된 사람으로 만들어 이 세상을 천국으로 만드는 것이 이화(理化)이다. 이화하여 이 세상을 천국으로 만들면 이 세상이 홍익인간이 된다. 홍익인간이란 이 세상 사람들이 모두 좋아하는 세상이고, 불만을 가진 사람이 하나도 없는 세상이다.

제2항 정치가의 자격

정치란 짐승으로 되어버린 이 세상 사람들을 참된 사람으로 되돌아가게 하는 것이므로, 아무나 할 수 있는 것이 아니다. 짐승처럼 되어버린 사람이 남을 참된 인간으로 인도할 수는 없다. 그러므로 참된 사람으로 거듭난 사람이 아니면 정치를 할 수 있는 자격이 없다. 『단군세기』의 〈시조 단군 조〉에는 다음과 같은 말이 있다.

하늘의 법은 언제나 하나이고 사람의 마음은 오직 같을 뿐이니, 자기 속에 있는 마음을 잘 붙잡아서 다른 사람의 마음을 헤아리도록 하라. 다른 사람의 마음이 하늘마음으로 바뀌면 또한 하늘의 법에 합치되리니, 그렇게 되면 만방을 다스릴 수 있을 것이다.[48]

하늘의 마음을 따라 한마음으로 사는 사람이라야 다른 사람을 한마음이 되도록 깨우칠 수 있고, 세상을 천국으로 만들 수 있다. 한마음을 가진 사람은 하늘같은 사람이다. 하늘같은 사람에게는 모든 것이 하늘처럼 보인다. 비록 돼지를 보더라도 하늘처럼 보고 하늘을 받들 듯이 할 수 있다. 그러므로 하늘같은 사람은 이 세상이 하늘같은 사람들이 사는 천국으로 보이기 때문에 굳이 나서려고 하지 않는다. 그러나 이와 반대로 돼지 같은 사람에게는 하늘같은 사람도 돼지처럼 보이기 때문에, 자기가 돼지인 줄을 모른 채, 돼지 같은 사람들을 바로잡겠다고 나선다.[49]

참된 사람이 되는 것은 탐욕을 깨는 데서 출발한다. 탐욕을 끝까지 깨면 '깨끝'이 된다. 깨끗하다는 말은 탐욕을 끝까지 깨서 '깨끝'하게 되었다는 말이다. 탐욕은 '내 것' 챙기는 사심에서 나온다. 내 것 챙기는 사심이 아름이다. 아름은 없애야 한다. 사심을 덜 없애면 '덜없다'가 되고 다 없애면 '다없다'가 된다. '다없다'가

---

48. 天範恒一 人心 惟同 推己秉心 以及人心 人心惟化 亦合天範 乃用御于萬邦 (『檀君世紀』 시조단군 조).
49. 돼지의 비유를 드는 것은 돼지에게 미안하지만, 태조 이성계와 무학대사의 대화에서 이미 널리 알려진 이야기이기 때문에 비유로 설명하기 좋은 예이다. 그런 점에서 돼지를 예로 든 것이므로 다른 의도가 없었음을 밝힌다.

'답다'이므로 아름이 다 없어진 것이 '아름답다'이다. 사심을 다 없앤 사람이 아름다운 사람이고, 깨끗한 사람이다. 탐욕을 다 없애서 사심이 없어진 사람이 정치를 하면 깨끗한 정치를 하고 아름다운 정치를 하지만, 덜 없앤 사람이 정치를 하면 더러운 정치를 한다. 탐욕을 하나도 없애지 못한 사람이 정치를 하면 악마의 정치를 한다.[50]

제3항 정치가의 추대 방식

정치를 함에 가장 중요한 것은 정치할 사람을 정하는 방식이다. 정치할 자격이 있는 사람을 정하면 성공하지만, 그렇지 않으면 실패한다.

단군조선시대 때, 단군을 추대하는 방법 중에 화백제도가 있었다. 『태백일사』에는 다음과 같은 말이 있다.

정치를 펴는 데는 화백보다 앞서는 것이 없고, 덕으로 다스리는 것은 책화보다 더 좋은 것이 없다. 세상에 있으면서 진리로 인도하는 방법은 모두 하늘의 원리를 본받으며, 거짓되지 않고, 땅의 성질을 따르면서 게으르지 않으며, 사람의 실정에 맞추어 어기지 않는 것이다. 천하의 공론이 어찌 한 사람이라도 다를 수 있겠는가![51]

---

50. 이 부분은 은사 류승국 선생님께서 해주신 말씀을 참고로 해서 정리한 것이다.
51. 發政 莫先於和白 治德 莫善於責禍 在世理化之道 悉準於天符而不僞 取於 地轉而不怠 合於人情而不違也 則天下之公論 有何一人異哉(『太白逸史』).

『태백일사』에서는 정치가를 추대하는 방법으로 화백제도보다 더 좋은 것이 없다고 단언한다. 화백제도란 원로 지식인이 모여 화백회의라는 회의체를 구성하고, 화백회의를 통해 만장일치제로 정치 담당자를 추대하는 제도이다. 화백회의에 참여하는 구성원들이 한마음을 가지고 있기만 하면, 최고의 적임자를 추대할 수 있을 것이다.

제4항 정치의 방식

정치 담당자를 추대하는 것 다음으로 중요한 것은 정치의 내용을 아는 것이다. 정치할 자격이 있는 사람이 정치를 담당하더라도 정치의 내용이나 방법을 알아야 정치에 임할 수 있다. 정치의 방법은 갑자기 만들어지는 것이 아니라, 오랜 역사를 통해 다져온 것이므로, 기존의 방법들을 섭렵할 필요가 있다.

적임자가 정치를 담당하게 되었을 때 제일 중요한 것이 인사(人事)이다. 적임자를 찾아 적재적소에 임명하기만 하면, 일어나는 모든 문제를 실무담당자가 처리할 것이므로, 최고 정치 책임자는 하는 일이 없어진다. 하는 일이 없는 정치를 하는 것이 최고 지도자의 정치 방법이다. 『삼성기전』에서는 다음과 같은 말이 기록되어 있다.

> 단군은 단정하고 공손하게 있으면서 무위의 정치를 하여 가만히 앉아 세상을 안정시켰다. 심오하고 묘한 경지로 득도하여 접하는 여러 생명을 참된 모습으로 바꾸었다.[52]

단군이 무위의 정치를 할 수 있었던 것은 정치를 담당하는 부서의 책임자들이 일을 잘 처리하기 때문이었다. 『태백일사』에서는 신시시대의 일 처리 방식으로 오사에 대한 기록이 있고, 단군조선시대에는 오행 육정이 있었던 것으로 기록하고 있다.

우가주곡(牛加主穀), 마가주명(馬加主命), 구가주형(狗加主刑), 저가주병(猪加主病), 양가주선악(羊加主善惡)의 다섯 가지 일이니, 우가가 곡식을 담당하고, 마가가 천명을 담당하고, 구가가 형벌을 담당하고, 저가가 질병을 담당하고, 양가가 선악을 담당한다.[53]

각 부처의 담당자들이 각자의 일을 가장 잘 처리하면, 정치의 최고 담당자는 할 일이 없다. 할 일이 없어도 된다고 해서 아무나 할 수 있는 것은 아니다. 각 부처의 담당자를 알아보고 임명할 수 있는 능력이 있어야 하고, 또 여러 생명을 접하여 참된 모습으로 바꿀 수 있는 덕이 있어야 한다. 덕이 있는 사람은 가만히 있기만 해도 주위의 사람들이 바뀐다. 그런 덕이 있는 사람이 최고의 자리에 있어야 무위의 정치가 가능하다.

---

52. 檀君端拱無爲 坐定世界 玄妙得道 接化羣生(『三聖紀全』).
53. 牛加主穀 馬加主命 狗加主刑 猪加主病 羊加主善惡(『太白逸史』「환국본기」).

제3절 교육적 실천

제1항 교육의 목표

정치의 목표처럼 교육의 목표 역시 사람들을 참된 사람으로 인도하는 데 있다. 정치는 교육 외에 경제와 국방까지 해결해야 하지만, 교육은 가르침을 통해 참된 사람이 되도록 인도하는 것에 집중한다. 『삼성기전』에는 환국의 말기에 환인이 환웅을 지상에 내려보내면서 훈계한 내용이 나온다.

환국의 말기에 안파견이 아래를 내려다보며 "삼위산과 태백산 언저리가 모두 홍익인간을 할 수 있으니, 누구를 보낼까?" 하고 묻자, 오가들이 모두 말했다. "서자에 환웅이 있는데, 용감하고 어진 마음과 지혜를 겸했으며, 일찍이 세상을 바꾸어 널리 세상을 이롭게 하는 데 뜻을 가졌으므로, 태백산 언저리에 보내 다스리게 할 만합니다. 이에 천부인 세 종류를 주고 인하여 칙령을 내려 말하기를, "지금 사람과 만물을 만드는 일이 이미 완성된 것 같으니, 그대는 노고를 아끼지 말고, 무리 삼천을 이끌고 가서, 나라를 열고 가르침을 세워, 세상에 있으면서 참된 모습을 회복하여 만세 자손들의 큰 모범이 되게 하라" 했다.[54]

----

54. 桓國之末 安巴堅 下視三危太白 皆可以弘益人間 誰可使之 五加僉曰庶子有
桓雄 勇兼仁智 嘗有意於易世以弘益人間 可遣太白而理之 乃授天符印三種
仍勅曰 如今 人物業已造完矣 君勿惜厥勞 率衆三千而往 開天立敎 在世理
化 爲萬世子孫之洪範也(『三聖紀全』).

위의 인용문에서 보면 정치와 교육의 목표는 홍익인간의 실현임을 알 수 있다. 홍익인간은 모두가 만족하는 지상천국이다. 나라를 세우고 사람들을 가르쳐서 사람들이 참된 모습을 회복하면 사람들이 행복해지고 나라가 천국으로 바뀐다.

교육목표에 대한 구체적인 예로서 『삼성기전』에서는 짐승처럼 되어버린 사람을 참된 사람으로 만드는 것임을 명시하고 있다.

때에 곰 한 마리와 범 한 마리가 이웃하여 살고 있으면서 늘 신단수 아래에서 삼신의 계율을 따르는 백성이 되게 해달라고 빌었다. 웅이 그 말을 듣고 말하기를, "가르칠 만하다" 하고서 주문과 도술로써 뼈를 바꾸고 마음을 고치게 하면서 우선 삼신이 주신 정해법을 쓴 뒤, 영험하게 만든 쑥 한 다발과 마늘 스무 쪽을 주고 주의를 시키면서 말했다. "너희들은 이것을 먹으며, 백일 동안 햇빛을 보지 않으면 바로 사람의 몸이 될 것이다." 곰과 범의 두 족속이 모두 그것을 받아서 먹으면서 21일간을 지내는데, 곰은 춥고 배고픔을 견디며 계율을 지켜 인간의 참모습을 얻었지만, 범은 방종하고 게을러 참아내지 못했으므로 좋은 결과를 얻지 못했다.[55]

환웅이 지상에 와서 실시한 첫 가르침은 곰을 사람으로 만드

---

55. 時有一熊一虎 同隣而居 嘗祈于神壇樹 願化爲神戒之氓 雄聞之日 可教也 乃以呪術 換骨移神 先以神遺靜解 靈其艾一炷 蒜二十枚 戒之日 爾輩食之 不見日光百日 便得人形 熊虎二族 皆得而食之 忌三七日 熊能耐飢寒 遵戒而得儀容 虎則放慢不能忌 而不得善業(『三聖紀全』).

는 것이었다. 여기서 말한 곰이란 진짜 곰이 아니다. 사람의 모습을 잃어버린 짐승 같은 존재를 일컫는 말이다. 한국인들은 지금도 사람이 사람 구실 못하는 사람에게 짐승이라 꾸짖는 언어습관이 있다. 이때의 짐승은 동물을 일컫는 말이 아니라 사람 구실 못하는 사람을 깎아내려서 하는 말이다.

환웅은 왕이면서 동시에 교육자였지만, 후대로 내려가면서 정치와 교육이 분리되고, 담장자 역시 분리되었다.

제2항 스승의 자격

스승의 역할은 짐승처럼 되어버린 사람들을 가르쳐 참된 사람이 되게 하는 것이므로, 스승은 참된 사람이어야 한다. 참된 사람이 아니면 스승의 자격이 없다. 단군조선시대 때는 정부에서 임명하는 스승과 백성들이 추대하는 스승의 두 종류가 있었다. 정부에서 임명하는 스승을 종(倧)이라 하고, 백성들이 추대한 스승을 전(佺)이라 했다.

제3항 교육의 내용

교육의 내용에 관해서는 자세한 것이 나와 있지 않으나, 『단군세기』에 있는 3세 가륵단군의 신하인 을보록의 설명에 따르면, 아버지 역할을 하게 된 자는 바로 아버지 역할을 할 수 있게 되고, 임금 역할을 하게 된 자는 바로 임금 역할을 할 수 있게 되며, 스승 역할을 하게 된 자는 바로 스승 역할을 할 수 있도록 하는 것이다. 아들 역할을 하게 되거나 신하 역할을 하게 되거나 제자 역할을 하게 된 자도 역시 곧 아들 역할을 할 수 있게 되고 신하 역

할을 할 수 있게 되며 제자 역할을 할 수 있도록 하는 것이다.[56]

사람이 어떤 직책을 맡게 될 때 바로 그 역할을 할 수 있게 되는 것은 탐욕을 비운 참된 인간일 때 가능하다. 물은 자기의 고정된 모습을 갖고 있지 않으므로, 원형 통에 들어가면 원형이 되고 삼각형 통에 들어가면 삼각형이 되며, 사각형 통에 들어가면 바로 사각형이 된다. 이처럼 사람도 자기에 대한 고정관념을 가지고 있지 않으면, 맡은 역할을 바로 소화해낼 수 있다. 교육은 일을 할 수 있는 방법을 가르치는 것이 아니다. 교육은 참된 사람이 되도록 가르치는 것이다. 참된 사람이 되어야 맡은 역할을 제대로 해낼 수 있다. 구체적인 방법을 가르치는 것에는 한계가 있다. 어떤 상황에 대처하는 방법은 그 상황에서만 통용된다. 상황이 바뀌면 대처 방법 또한 달라져야 한다. 그러므로 상황에 대처하는 구체적인 방법을 가르치는 것은 올바른 교육이 아니다.

단군조선시대부터 한국인들은 제사를 중시했다. 『단군세기』에서는 제사를 다섯 가르침의 근원이라 했다. 제사는 산 사람을 위한 것이다. 견딜 수 없을 정도로 그리운 부모를 만날 수 있는 때가 부모 제사 때이고, 만나고 싶어 견디기 어려운 하늘을 만날 수 있는 때가 하늘 제사 때이다. 부모를 만나는 순간 형제가 하나가 되고, 하늘을 만나는 순간 사람들이 하나가 된다. 하나가 되는 것이 진리이므로, 제사는 진리를 회복할 수 있는 좋은 방법이 된다. 그러므로 단군조선시대 때는 사람들에게 제사의 의미를 알도록

---

56. 欲爲父者斯父矣 欲爲君者斯君矣 欲爲師者斯師矣 爲子爲臣爲徒者 亦斯子斯臣斯徒矣(『檀君世紀』 3世 嘉勒檀君 條).

잘 가르쳤다.

교육은 사람 되도록 가르치는 것이고, 사람 되는 데 효과 있는 방법이 동굴에 들어가 수련하는 것이므로, 교육의 내용과 방법 중에는 동굴수련이 으뜸이었다.

동굴수련의 주 내용이 선한 마음과 맑은 기와 두터운 몸을 회복하는 것이었음은 의심의 여지가 없다.

제7장
고대 동이족의 문제점

제1절 한마음 회복의 어려움

한국인의 저력은 한마음에서 나온다. 한마음이 하늘마음이므로 한마음을 회복한 사람은 하늘같은 능력을 발휘할 수 있다. 그러나 문제는 한마음을 회복하는 방법이 쉽지 않다는 데 있다. 한마음을 회복한 사람이 등장하더라도 다른 사람에게 한마음을 회복하는 방법을 가르칠 수는 있어도, 직접 한마음을 회복하게 할 수는 없다. 남의 힘으로 한마음을 회복할 수는 없다. 자기 자신이 철저한 수양을 하지 않고는 결코 한마음을 회복할 수 없다.

참된 사람이란 착한 마음과 맑은 기와 두터운 몸으로 사는 사람이다. 두터운 몸과 맑은 기를 회복하기는 비교적 쉽지만, 착한 마음 회복은 쉽지 않다. 『삼일신고』에 다음과 같이 말한 적이 있다.

참된 본성에는 선하고 악함이 없으니, 으뜸으로 밝은 이라야 두루 통한다. 참된 목숨은 맑기만 하고 탁함이 없으니, 중간 정도의 밝은 이로서도 잘 지킨다. 참된 정기는 후하기만 하고 박함이 없으니, 밝은 정도가 낮은 이로서도 잘 보전한다. 참된 세 요소를 회복하면 한 분인 천신과 하나가 된다.[57]

하늘의 성은 사람의 마음에 깃들어 있는 한마음이지만, 사람이 이미 망령되어 잃어버린 사람은 그 한마음을 이해하기 어렵고, 느끼기도 어려우므로, 회복하기가 쉽지 않다. 그런데도 한국인이 저력을 발휘하기 위해서는 한마음 회복 외에 다른 방도가 없다. 한마음 회복은 기필코 해내야 하는 한국인의 과제다.

한마음을 회복한 한국인이 정치를 하면 한국은 지상천국이 되지만, 한마음을 회복하지 못한 사람이 정치를 이어받으면, 한국은 지상천국에서 지옥으로 떨어질 수도 있다. 한국은 정치 담당자의 역량에 따라 천국과 지옥을 오간다. 한국이 무한한 능력을 계속 발휘하기 위해서는 한마음을 회복한 사람이 계속 등장할 수 있게 해야 한다. 그렇게 하기 위해서는 많은 사람이 한마음을 회복하는 대중적 방법을 찾아내야 한다. 이는 한국인이 풀어야 할 과제다.

---

57. 眞性 善無惡 上哲通 眞命 淸無濁 中哲知 眞精 厚無薄 下哲保 返眞一神 (『三一神誥』).

제2절 외침에 대한 방비의 허술

하늘마음은 자연의 생명력이다. 하늘마음을 회복하여 한마음으로 사는 것을 중시하는 이족들은 자연의 생명력이 왕성하므로, 공기 좋고 물이 좋으며, 좋은 먹거리가 자라는 곳에서 살았다. 뛰어난 자연치유 능력이 있고, 각종의 건강식을 개발해서 건강을 유지했다. 21일간 동굴에서 먹었던 마늘과 쑥은 신비의 건강식품이다. 자연재해에서 벗어나는 능력 또한 탁월했다.

자연의 생명력에서만 보면 사람보다 동물들이 오히려 더 충만하다. 쥐나 고양이 등은 무너지는 집에서 피할 줄 알고, 코끼리는 해일을 피해 산으로 이동하기도 한다. 그러나 동물들은 사람이 만들어놓은 덫에 걸리지 않는 능력은 모자란다. 사람이 만든 덫은 자연재해가 아니기 때문에 그렇다. 단군조선시대의 이족들 역시 이런 약점을 가지고 있었다. 이족들에게는 자연의 생명력이 왕성하지만, 이웃 나라로부터의 침략에 대비하는 능력이 부족했다. 이웃 나라로부터의 침략은 자연재해가 아니기 때문이다.

한마음을 가진 사람은 남을 나처럼 사랑한다. 남을 사랑하는 사람은 남을 해치지 않는다. 한국이 이웃 나라를 침략하지 않는 이유가 여기에 있다. 내가 남을 침략하지 않는 사람은 남이 나를 침략할 것이라는 판단을 잘 하지 않는다. 반면에 내가 남을 침략하는 사람은 남도 나를 침략할 것이라는 판단을 하므로, 남의 침략에 대비하여 철저하게 방비한다.

한국인들은 남의 침략에 대한 방비가 허술하다. 한국의 성곽이나 양반 가옥의 구조는 외부의 침입에 허술하다. 한마음을 회복한 사람이 지도자가 되면, 한마음으로 단결하여 외침을 막아내지만, 한마음을 잃어버린 사람이 지도자가 되면 방비를 잘못하여 나라를 지키기 어려워진다. 이런 것이 한국의 문제점 중의 하나다.

제3절 자기중심주의에 빠지기 쉬운 점

제1항 의타심

한국인들은 한마음을 중시하기 때문에, 사람들이 모두 한마음으로 연결되어 있다고 판단한다. 한국인이 남과 다투고 분열하는 것은 한마음이 욕심에 덮여 잠복해버리기 때문이다.

사람들이 하나로 연결되어 있다면, 너와 나는 하나가 되므로, '너=나'라는 등식이 성립한다. 이 등식은 장점으로 나타날 수도 있고, 단점으로 나타날 수도 있다. 한마음을 회복한 사람은 너와 내가 하나라는 것을 확실히 알기 때문에, 너를 나처럼 여겨서 너의 아픔이 나의 아픔이 되고, 너의 고통이 나의 고통이 되므로, 남의 슬픔이나 고통을 해결하기 위해 헌신한다. 한국인에게 정이 많고, 희생정신이 많은 것이 이러한 이유 때문이다.

그러나 한마음이 욕심에 덮여 잠재해 버리면, 나의 욕심을 채우기 위해 너를 희생한다. 이 경우 '너=나'라는 등식은 잠재의식에서만 작동한다. '너=나'라는 등식을 나 중심으로 적용하면, '네 것'은 '내 것'이고, '내 것'은 '내 것'이 된다. '너의 돈'은 '나의 돈'이고 '나의 돈'은 '나의 돈'이 되므로, 남의 돈을 자기 돈처럼 쓰고 싶은 공짜심리가 발달한다. 힘든 것은 네가 하고 챙기는 것은 내가 하려는 이기적인 자기중심주의에 빠질 수도 있다. 잘못한 것은 남의 탓으로 돌리고, 잘한 것은 나의 공으로 돌리는 경향도 나타날 수 있다. '남의 돈'이 '나의 돈'이므로, 돈 많은 사람이 가진 돈을 내가 가져야 할 돈으로 착각하기도 한다.

'너=나'라는 등식이 왜곡되면, 나의 어려움을 남이 해결해주기 바라는 의타심이 생길 수 있다. 이러한 의타심은 한마음을 회복해야 극복할 수 있다.

제2항 획일주의

'너=나'라는 등식이 왜곡되면 남들이 자기와 같아야 한다는 자기중심주의에 빠질 수 있다. '너의 의견'은 '나의 의견'이라는 착각에 빠지면, 나와 다른 의견을 가진 사람을 용납하기 어렵다. '네가 먹는 것'은 '내가 먹는 것'이므로 너는 나와 같은 것을 먹어야 한다는 억지를 부릴 수도 있다. 회의할 때, 의장이 A를 주장하면서 다른 의견이 있느냐고 물으면, 없다고 말하는 경우가 많다. 만약 B를 주장하면 괘씸죄에 걸릴 수도 있으므로 차라리 아무 말도 하지 않는 것이 좋을 수도 있다.

함께 식사할 때도 윗사람이 주문한 음식과 다른 것을 주문했다가 괘씸죄에 걸릴 수도 있으므로, 아예 윗사람이 주문한 것과 같은 음식을 주문하기도 한다. 이처럼 획일적인 분위기가 되면, 하고 싶은 말도 제대로 하지 못하고, 먹고 싶은 음식도 제대로 먹을 수 없으므로, 거기를 떠나고 싶어진다. 떠나고 싶은 분위기가 되면 분열이 일어나 망하게 된다.

획일적인 분위기에서 벗어나는 방법 또한 한마음을 회복하는 것뿐이다.

제3항 편협한 '우리주의'

'너=나'라는 등식이 왜곡되면 너는 나와 같아야 한다는 편협한 '우리주의'에 빠질 수 있다. 자기와 의견이 같은 사람만 용납하고, 의견이 다른 사람을 용납하지 못하므로, 의견이 같은 사람끼리 모여서 편협한 집단을 구성한다. 혈연·지연·학연 등으로 갈라지는 것도 이 때문이고, 파당을 만들어 내분을 일으키는 것도 이 때문이다. 편협한 집단으로 흩어지는 것이 극에 달하면 국민이 모래알처럼 흩어져 멸망할 수밖에 없다.

이를 해결하는 방법 역시 한마음을 회복하는 것밖에 없다.

제4항 분열로 인한 자멸

한국인의 천인일체사상은 사람이 하늘과 하나라는 사상이다. 이 천인일체사상을 제대로 소화한 사람은 자기가 하늘이면서 동시에 남들도 자기와 같이 하늘이라는 것을 알고 남들을 하늘처럼 받들게 되지만, 천인일체사상이 욕심에 묻혀서 잠재해버리면, 자기가 하늘이라는 것은 막연하게나마 남아 있지만, 남이 하늘이라는 것은 남아 있지 않다. 그런 사람은 자기와 남을 차별한다. 그런 사람은 자기가 하늘이므로, 자기는 법을 초월하고, 나라를 초월한다. 자기를 위해서는 국가도 버릴 수 있고, 법도 지키지 않을 수 있다. 하지만, 다른 사람은 법을 지켜야 하고, 국가를 위해 희생해야 한다고 생각한다. 천일일체사상을 왜곡한 사람이 정치를 담당하게 되면 심한 독재를 하게 되어, 국민이 흩어진다. 독재자는 자기의 이익을 위해 나라도 팔아먹는다. 과거 한국이 망한 것은 그런 사람들 때문이었다.

한국이 이러한 위기를 해결하는 근본방법 역시 한마음을 회복하는 것밖에 없다. 초대 단군의 훈시에서 화합하지 못하면 나라와 가정이 망할 수도 있다고 깨우친 것도 이 때문일 것이다.

제 2 편

유학의 성립 과정과 완성

제1부

■

동서의 충돌과 갈등

과거의 중국은 지금의 국토와 민족으로 구성되어 있지 않았다. 오늘날 중국의 동북 삼성과 한반도에는 단군조선이라는 문화국이 있었다. 단군조선의 영역과 문화는 때로는 북경과 산동반도를 넘어 서쪽으로 진출하기도 했다. 오늘날의 섬서성(陝西省) 일대와 그 서쪽에는 화하족(華夏族)이 살고 있었다. 동이족과 서쪽의 화하족은 사상과 문화를 완전히 달리하는 이민족이었다. 오늘날의 중국은 화하족에서 유래한다.

동이족이 살던 지역은 풍요롭고 자연재해가 적었다. 풍요로운 지역에 사는 사람들은 정신적으로 여유가 있으므로, 자신의 본질이 무엇인지를 찾아낸다. 사람이 각각 남남으로 떨어져 있는 것처럼 보이지만, 사실은 하나의 마음으로 연결되어 있다. 하나의 마음은 한마음이고 하늘마음이다. 모든 사람의 몸은 하늘마음으로 연결되어 있고, 하늘마음에 의해 움직여진다. 하늘마음이 삶의 기준이고, 중심이므로, 모든 존재의 근원은 하늘이다.

동이족은 하늘의 뜻을 중시하므로, 하늘에서 내려오는 새를 하늘의 뜻을 전해주는 하늘의 심부름꾼으로 알아 신성시하고, 새가 앉아 있는 나무를 신목(神木)으로 삼는다.

동이족은 하나를 강조한다. 흰색 옷을 좋아하고, 흑색 도자기(陶器)를 만들었다. 후대의 사람들은 동이족의 문화권을 '흑도 문화권'이란 말로 표현하기도 한다.

이에 비해 서부 지역에는 동이족들과 상반된 문화를 가지고 있는 화하족들이 살고 있었다. 화하족(華夏族)은 오늘날 중국 한족(漢族)의 원류가 된다. 오늘날까지 사용되는 '중화(中華)' 또는 '화하(華夏)'라는 말이 화하족에서 유래하는데, 이 말이 오늘날 중국을 일컫는 말이 되었다. 화하족의 '화'는 화산(華山)에서 유래하고, '하'는 하수(夏水)에서 유래한다는 설도 있고, 화(華)씨 부족과 하(夏)씨 부족이 연합하여 화하족이 되었다는 설도 있다.

화하족들은 삶의 방법이나 문화의 내용이 동이족들과 달랐다. 서부 지역은 척박하고 자연재해가 많다. 큰 지진도 일어나고 가뭄이 계속되기도 한다. 이런 풍토에서 사는 사람들은 여유가 없다. 삶에 여유가 없는 사람들은 자기의 몸 하나를 건사하기 바빠서 자신의 본질이 무엇인지 생각하기 어렵다. 지상에 자라고 있는 대들이 줄기와 잎을 유지하기에 급급하여, 지하에서 하나로 연결된 한 뿌리를 알 여유가 없다면, 모두 하나라는 사실을 모르고, 각각 다른 개체인 줄 알 것이다. 화하족들은 몸을 유지하기 어려우므로, 마음속 깊은 곳에 있는 한마음을 찾아낼 여유가 없었다. 사람이 몸 챙기는 것을 중시할수록, 몸이 삶의 기준이 된다. 몸을 삶의 기준으로 생각하면, 마음은 몸에 들어 있는 몸의 속성이 되므로, 하늘마음을 이해하기 어렵고, 하늘을 알기 어렵다.

서부 지역에 사는 화하족들은 몸 챙기기에 주력하고, 무력을 중시했다. 몸은 물질이기 때문에 서부의 화하족들은 물질을 중시하고 땅을 중시한다. 땅을 가꾸는 데 중요한 것이 물이고 물에 용이 살고 있으므로, 화하족들은 물을 중시하고, 물에 사는 용을 신성시했다.

사람들이 독립된 개체로 살게 되면 개성을 중시하게 되고 각 개성에 맞는 다양한 삶의 방식을 추구하게 된다. 이 때문에 서부지역에 살았던 화하족은 개성을 강조하고 다양성을 추구했다. 다양한 색으로 된 옷을 선호하고, 다양하게 채색한 채도를 만들었다. 후세의 사람들은 채도를 사용하던 화하족의 문화권을 '채도 문화권'이란 말로 표현하기도 한다.

몸을 기준으로 판단하면, 사람은 모두 남남의 관계가 되어, 사람의 삶은 경쟁하고 투쟁하는 과정이 되므로, 화하족들은 무력을 중시했다.

싸움이 빈번하게 일어나는 사회는 혼란해지므로, 사람들은 사회를 안정시키기 위해 예절과 규칙과 법을 만든다. 화하족들에게 예가 발달한 것은 이 때문이다.

문화가 상반된 동부의 동이족과 서부의 화하족이 중원에서 만나면 문화적인 충격을 받고 혼란에 빠진다. 마치 서로 다른 지각(地殼)의 판이 충돌하면 지진이 일어나 혼란에 빠지는 것과 같다. 문화가 다른 동이족과 화하족의 만남은 지각의 판이 충돌하는 것으로 비유할 수 있다. 동이족의 삶은 하늘마음을 중심으로 하는 형이상학에 바탕을 두고 있다. 필자는 형이상학의 바탕을 형상 판이라 명명(命名)하기로 한다. 화하족의 삶은 몸을 중심으로 하는 형이하학에 바탕을 두고 있다. 필자는 형이하학의 바탕을 형하판으로 명명하기로 한다.

동이족과 화하족의 만남은 형상판과 형하판의 충돌에 해당하는 지각변동이다. 큰 혼란이 상당 기간 지속되었을 것이다. 장기간 역병이 창궐하면 역병을 치료하는 의사가 등장하듯이, 사회가 장기간 혼란해지면 혼란을 해결하는 사상가가 등장한다.

　기원전 2350년경에 동이족의 형상판과 화하족의 형하판이 충돌했고, 그 충돌로 인한 혼란을 해결하기 위해 등장한 사상가가 요 임금이었다. 요 임금이 다스린 나라의 영역은 광범하지 않았지만, 그의 사상과 정치 내용이 매우 훌륭하였으므로, 훗날 공자가 모범으로 삼았다.

제2부

■

요순시대의 문화와 대동사회

제1장
요 임금의 중용사상

요(堯)는 성이 이기(伊祁), 이름은 방훈(放勳), 평양(平陽)에 도읍했다. 재위 기간이 약 100년(기원전 2350~2250년경)이었다고 한다. 처음에 도(陶)에 살았고, 나중에 당(唐)[1]에 살았기 때문에 호를 도당씨라고도 한다. 요(堯)란 글자는 원래 '높다', '풍요롭다' 등의 뜻인데, 도당씨의 말이 지극히 높아 그것으로 호를 삼았다는 설이 있고, 도당씨의 시호라는 설도 있다. 요 임금의 나라를 도당씨에서 따서 당(唐)이라 했다. 당시에는 임금의 이름과 나라의 이름을 함께 부르기도 했다. 요가 당시의 혼란한 사회를 해결하는 최고의 방법으로 제시한 것이 중용이었다. 그리고 순(舜)에게 당부한 것도 중용이고, 순이 우(禹)에게 당부한 것도 중용이었다.

형상판 철학의 핵심은 한마음을 회복하는 데 있고, 형하판 철

1.『帝王世紀』(晉, 皇甫謐 撰)에는 선제인 지(摯)가 봉해진 봉지라는 기록이 있다. 지는 요의 동생이지만, 먼저 임금 자리에 오른 것으로 되어 있다.

학의 핵심은 질서 있는 몸가짐을 확립하는 데 있다. 나무를 가꾸는 것에 비유하면, 형상판의 사람은 뿌리 가꾸기에 주력하고, 형하판의 사람은 잎과 줄기와 가지다듬기에 주력하므로, 두 사람이 한 그루의 나무를 가꾸려고 하면, 다툼이 일어날 수밖에 없다. 이들의 다툼은 뿌리를 완벽하게 잘 가꾸고, 잎과 줄기와 가지 또한 완벽하게 가꾸어, 나무 전체를 완벽하게 가꿀 사람이 나타나 그들을 깨우칠 때 해결된다. 나무 전체를 완벽하게 가꿀 수 있는 사람은 형상판과 형하판의 철학을 완전하게 터득하여 하나로 융합한 사람이다. 두 판이 융합되어 하나의 판으로 완전해진 새로운 판을 명명하자면 중용판이라 할 수 있겠다. 사람들이 누릴 수 있는 최고의 삶은 중용판에서의 삶이지만, 긴 역사에서 볼 때 중용판이 깔린 적이 거의 없다. 요 임금이 순 임금에게 당부한 것이 중용판을 깔라는 것이고, 순 임금이 우 임금에게 당부한 것도 역시 중용판을 깔라는 것이었다.

형상판의 철학은 근본적이지만, 난해하고, 형하판의 철학은 이해하기 쉽지만, 근본적인 것이 아니다. 한마음의 회복은 삶의 근본이지만 어렵고, 시간이 오래 걸린다. 질서 있는 몸가짐을 확립하는 것은 쉬운 듯하지만, 한마음이 회복되지 않으면 흉내에 그치고 만다. 인자가 한마음의 회복에 주력하여 한마음을 회복하고 나면, 저절로 질서 있는 몸가짐을 확립할 수 있지만, 지자의 장점을 참고하면 시간을 앞당길 수 있다. 그러나 지자가 질서 있는 몸가짐을 익힌 뒤에 한마음을 회복하는 것은 매우 어렵다. 흐르는 물의 상류에서부터 맑게 하기 시작하여 하류로 내려가기는 오히려 쉽지만, 하류에서부터 맑게 하여 상류에까지 도달하는 것은 매우 어렵다. 뿌리를 튼튼히 가꾼 뒤에 줄기와 가지와 잎을 가꾸는 것은 순리이므로 비교적 쉽지만, 줄기와 가지와 잎을 가꾼 뒤에 뿌리를 가꾸는 것은 역리이므로 매우 어렵다.

중용판의 완성은 형상판의 철학이 주도하면서 형하판의 철학을 참고하는 것이 바람직하다. 공자가 "사람이 한마음이 되지 않으면 예를 어떻게 하겠으며, 사람이 한마음이 되지 않으면 음악을 어떻게 하겠는가!"라고 한 말이 바로 이를 뜻한다.

요 임금은 한마음을 회복하여 하늘처럼 된 사람이다. 하늘처럼 되었다는 것은 형상판의 철학을 완전하게 터득했음을 말한다. 사람은 누구나 하늘의 모습으로 태어났지만, 본래 모습을 잃어버렸다. 모든 사람이 하늘의 모습이므로, 하늘의 모습을 회복한 사람에게는 모든 사람이 형제자매가 된다. 본래 사람은 모두 형제자매이지만, 본래 마음을 잃어버린 사람에게는 형제자매가 남으로 보인다. 눈으로 형제자매를 보고도 형제자매인 줄 모르고 남으로 여기는 사람은 눈을 뜨고도 보지 못하는 장애인이다. 눈 뜨고도 볼 수 없는 세상은 암흑세상이다. 암흑세상은 한마음을 회복해야 비로소 광명 세상으로 바뀐다. 『서경』에는 요 임금을 암흑세상을 밝힌 임금으로 설명한다.

옛 임금 요를 살펴볼 것 같으면, 문명의 밝은 불을 놓으신 분이시다. 경건하고 밝으며 교양 있고 사려 깊으며, 편안하고 편안했다. 진실로 공손하고 잘 양보했다. 환한 빛이 사방 끝까지 퍼져 나갔으며, 하늘에 닿고 땅에 닿았다.[2]

문명의 밝은 불을 놓았다는 의미의 방훈(放勳)은 요 임금의 이름으로 일컬어지기도 한다. 아마도 그가 이룬 덕을 따서 붙인 이름으로 보아야 할 것이다. 요 임금이 문명의 밝은 불을 놓아 암흑 세계를 광명 세계로 바꾸었다는 것은 동이족의 '천인일체사상'과 '만물일체사상'을 터득했다는 뜻이다. 이는 요 임금에 대한 공자의 평을 들으면 더욱 확실해진다.

위대하도다! 요의 임금 노릇을 하는 모습이여. 우뚝하도다! 오직 하늘이 위대하거늘, 오직 요 임금이 본받았다. 넓고 커서 백성들이 무어라 형용할 수 없다. 우뚝하도다! 공을 이룬 모습이여. 찬란하도다! 문물로 드러난 모습이여.[3]

하늘과 사람을 하나로 연결하는 사상은 동이족의 사상이다. 화하족의 사상에는 하늘과 사람을 하나로 연결하는 사상이 없다. 요 임금이 위대한 하늘을 본받았다는 말은 하늘과 하나가 되었음을 뜻한다. 하늘마음을 가진 요 임금이 사람들에게 하늘마음을 가지도록 깨우쳐 세상을 광명케 하였다. 하늘마음으로 통치하면 세상을 천국으로 만들 수 있다. 천국은 모든 사람이 한마음이 되어 질서 있게 사는 세상이다. 질서 있게 사는 방법은 한마음을 회복하면 저절로 찾아지지만, 형하판의 철학을 참고하면 시간을 앞

---

2. 曰若稽古帝堯 曰放勳 欽明文思安安 允恭克讓 光被四表 格于上下(『書經』「虞書」,「堯典」).

3. 大哉 堯之爲君也 巍巍乎 唯天爲大 唯堯則之 蕩蕩乎 民無能名焉 巍巍乎 其有成功也 煥乎 其有文章(『論語』泰伯篇).

당길 수 있다.

사람들이 한마음을 가지고 살면서 세상을 질서 있는 세상으로 만든 것은, 판 구조로 말하면, 형상판 철학의 바탕을 형하판 철학으로 포장하여 만들어낸 중용판의 철학에 의한 것이다.

중용판은 형상판과 형하판을 평면적으로 결합한 것이 아니라, 형상판을 형하판으로 포장하여 하나의 판으로 융합한 것이다.

한 그루의 나뭇잎들이 한 뿌리에서 나온 것임을 안다면 모두 하나임을 알 것이다. 모두 하나임을 알면 편안한 마음이 되지만, 모두 똑같은 모습으로 똑같은 삶을 사는 것이 아니라, 각자에게 주어진 일을 하며, 각각의 삶을 살아야 전체가 온전해진다. 사람의 삶도 이와 같다.

사람이 모두 하나라는 것을 알면서도 각자의 처지가 다르므로, 각자의 처지에 맞는 일을 하면서, 각자의 삶을 살아야 온 세상이 천국이 된다. 공자는 천국으로 바뀐 세상을 대동사회로 표현했다. 대동사회를 요순시대라고도 한다. 요순시대는 어떤 시대이고, 대동사회는 어떤 사회인가?

제2장
대동사회의 양상과 정치형태

『예기』에는 대동에 대한 공자의 말씀을 전하고 있다.

큰 진리가 행해지면 천하가 모두의 것이 된다. 어질고 유능한 자를 뽑아서 그들에게 사람들을 미덥게 만들고 화목하도록 유도하게 했다. 그로 인해 사람들은 자기의 부모만을 부모로 여기지 않고, 자기의 자녀만을 자녀로 여기지 않았다. 그래서 모든 노인은 삶을 잘 마감할 수 있었고, 젊은 사람들은 다 일자리가 있어 일을 할 수 있었으며, 어린이들은 모두 잘 자랄 수 있었다. 홀아비와 과부와 고아와 자녀 없는 노인들, 그리고 폐질자들까지 모두 잘 봉양 받을 수 있었다. 남자들은 모두 어울리는 직분을 가지고 있었고, 시집가지 않은 여자들이 없었다. 돈이나 재물이 땅에 떨어져 버려지는 것은 싫어하지만, 그것을 주운 자가 갖는 일은 없었다. 힘든 일은 자기가 먼저 나서서 하지만, 자기를 위해서 하는 것은 아니었다. 그러므로 불만을 토로하는 모의들이 일어나지 않고, 남의 물건을 훔치는 자들과 사회를 어지럽히는 자들이 없었다. 그래서 문을 밖으로 열어두고 닫지 않았다. 이러한 사회를 대동(大同)이라 한다.[4]

위의 내용은 지상에서 이루어진 천국의 모습을 설명한 것이다. 천국에서는 모두가 하나다. 모두가 하나이기 때문에 천하는 개인의 소유가 될 수 없다. 천하가 모두의 것이기 때문에 모두가 천하의 주인이다. 모두가 주인이므로 모든 사람이 주인공이다. 천국에서는 모든 사람뿐만 아니라, 모든 존재가 다 주인공이다. 사람의

---

4. 大道之行也 天下爲公 選賢與能 講信修睦 故人不獨親其親 不獨子其子 使老有所終 壯有所用 幼有所長 矜寡孤獨廢疾者 皆有所養 男有分 女有歸 貨惡其棄於地也 不必藏於己 力惡其不出於身也 不必爲己 是故 謀閉而不興 盜竊亂賊而不作 故外戶而不閉 是謂大同(『禮記』「禮運篇」).

탐욕으로 보면 장미꽃은 가치가 있지만, 오랑캐꽃은 가치가 없다. 그러나 천국에서는 그렇지 않다. 장미꽃 백 송이를 합해도 오랑캐꽃 한 송이의 아름다움을 흉내 낼 수 없다. 오랑캐꽃 하나를 피우기 위해 태양이 계속 비추었고, 지구가 쉬지 않고 돌았으며, 비가 오고 바람이 불었으며 소쩍새도 울어주었다. 말하자면 전 우주가 동원되어 오랑캐꽃 한 송이를 피운 것이다. 이런 사실을 알고 보면 오랑캐꽃 한 송이는 우주의 주인공이다. 이처럼 천국에서는 모두가 주인공이 된다. 그렇다고 해서 모습이 다 같고 능력이 다 같은 것은 아니다. 모습과 능력은 사람마다 다 다르고 물체마다 다 다르다. 그러므로 그중에서 현명하고 능력 있는 자가 나서서 사람들을 한마음을 가지도록 유도하고, 서로 사랑하고 화합하도록 가르친다. 그 결과 사람들은 자기 부모만 챙기지 않고 자기 자녀만 챙기지 않는다. 남의 부모를 자기 부모처럼 받들고, 남의 자녀를 자기 자녀처럼 보살핀다. 그래서 노인들과 젊은이들과 어린이들, 그리고 외로운 이와 병든 이들까지 모두가 만족하는 삶을 누릴 수 있다. 특히 천국에서는 노인들이 할 일을 다 마치고 죽는 것을 즐거운 일로 여긴다. 그것은 죽는 것이 아니라 모두가 다 사는 방식이기 때문에 그렇다. 할 일을 다 마치고 행복하게 죽는 것을 공자는 '잘 마친다'라는 의미에서 종(終)이라 했다. 경쟁사회에서는 힘 있는 자들이 하기 쉬운 일을 하므로, 힘없는 자들은 힘든 일을 하거나 아예 하지 않고 놀거나 한다. 그러나 천국에서는 다르다. 힘 있는 자가 스스로 힘든 일을 찾아서 하고, 힘없는 자가 하기 쉬운 일을 한다. 모든 사람이 적재적소에 배치되어 일하므로 최고의 능률을 발휘하는 사회가 된다. 경쟁사회에서는 능력 있는 여자일

수록 능력 있는 남자에게 시집을 가기 때문에 능력 없는 여자는 능력 없는 남자에게 시집을 가든가, 아니면 자존심이 상해 시집을 가지 않는다. 그러나 천국에서는 그렇지 않다. 여자들이 자기를 필요로 하는 남자에게 시집을 가기 때문에, 모든 가정이 조화를 이룬다. 사람들은 땅에 떨어져 있는 돈이나 재물을 줍기는 하지만, 자기가 가지지 않고 주인을 찾아 준다. 힘든 일은 서로 나서서 하지만, 자기를 위해서 하는 것이 아니라, 모두를 위해서 한다. 그래서 천국에서는 불만을 가진 사람이 없고, 도둑도 없으며, 사회를 어지럽히는 사람도 없다. 그래서 사람들은 문을 열어두고 닫지 않는다.

공자는 대동을 이상적인 사회로 삼았다. 대동은 지상에서 건설한 천국이다. 공자가 꿈꾼 이상사회의 모범은 요 임금의 대동이었다.

지상에 건설한 천국을 지속시키기 위해서는 후계자를 찾는 일이 가장 중요하다. 요 임금이 영원히 살 수 있다면 지상천국은 영원히 이어갈 수 있을 것이지만, 그럴 수는 없다. 요 임금의 사후에 요 임금 같은 지도자가 나오지 않는다면 천국은 이어지지 않는다. 그래서 요 임금은 후계자 찾기에 최선을 다했다. 요 임금의 후계자는 한마음을 가진 사람이 아니면 안 된다. 한마음을 가진 사람을 찾는 비법은 효자 중에서 찾는 것이다. 완전한 효도는 한마음을 가진 사람이 아니면 불가능하기 때문이다. 요 임금은 최선을 다해 적임자를 찾았다. 동쪽 바닷가에서 물고기를 잡기도 하고, 질그릇을 굽기도 하고, 농사를 짓기도 하던 순(舜)을 찾아내었다. 순은 지극한 효자로 소문이 난 사람이었다. 요 임금은 순을 찾은 뒤에도 순의 사람 됨됨이를 알기 위해 온갖 시험을 거쳤다. 그런 뒤에 중용의 정치를 유지하도록 당부하면서 왕위를 넘겨주었다.

제3장
순 임금의 등장과 대동사회의 지속

순(舜)임금의 성은 요(姚), 이름은 중화(重華), 요에게 임금 자리를 넘겨받아 48년간(기원전 2255~2208년) 재위하였으며, 포판(蒲阪)에 도읍했다. 순을 유우씨(有虞氏)⁵라고도 하고, 우순(虞舜)이라고도 하는 까닭에 국호를 우(虞)라고 한다. 요와 순이 통치한 나라는 임금의 성에 따라 나라의 이름을 붙였기 때문에, 나라의 이름도 달리 불렸다.

순 임금은 요 임금의 중용사상을 이어받아 요 임금이 이룬 지상천국을 이어갔다. 『서경』에는 다음과 같은 순 임금에 관한 기록이 있다.

> 옛 임금 순을 살펴볼 것 같으면, 거듭 꽃을 피우셨다. 요 임금과 덕이 합치되시며, 깊고 명철하고 교양 있고 밝으시며, 따뜻하고 공손하시며, 미덥고 독실하시며, 덕이 그윽하여 소문이 위로 올라가 요 임금의 귀에까지 들어갔다.⁶

---

5. 『帝王世紀』에는 요가 순을 우(虞)에 봉했다는 기록이 있다.

거듭 꽃을 피웠다는 의미의 중화(重華)는 순 임금의 이름으로 일컬어지기도 하는데, 그가 이룬 덕의 성격으로 보아야 할 것이다. 순 임금은 요 임금을 이었기 때문에 요 임금의 천국이 순 임금 때까지 이어졌으므로, 요순시대 때 건설된 이상사회를 요순시대라고도 한다. 요 임금과 덕이 합치되었다는 말은 바로 요 임금과 똑같은 정치를 이어갔음을 의미한다. 순 임금은 한마음으로 정치를 했기 때문에 그의 마음은 깊었고, 한마음으로 모든 것을 꿰뚫어 보았기 때문에 그의 능력은 밝았다. 또 중용을 실천하여 서부 사람들의 교양을 몸에 익혔으므로 교양 있고 분명한 몸가짐을 할 수 있었다.

순 임금은 요 임금의 중용사상과 중용적 정치 방법을 이어받아 요 임금의 천국을 지속했는데, 그 구체적인 방법은 공자에 의해 다음과 같이 설명되어 있다.

> 순 임금은 크게 지혜로우신 분이시다. 묻기를 좋아하고 평범한 말을 살피기 좋아하시며, 나쁜 점을 숨겨주고 좋은 점을 드러내시어, 두 끝을 헤아려 그 가운데에 있는 알맞은 목표점을 백성들에게 펼치셨다.[7]

대동(大同)은 모든 사람이 한마음을 가지고 질서를 지킴으로써

---

6. 曰若稽古帝舜 曰重華 協于帝 濬哲文明 溫恭允塞 玄德 升聞(『書經』 虞書 舜典).
7. 舜其大知也與 好問而好察邇言 隱惡而揚善 執其兩端 用其中於民(『中庸』 제6장).

사회 전체가 조화를 이룬 상태를 말한다. 사람들이 갈등하게 되는 것은 두 가지 요인이 있다. 하나는 한마음을 잃고 격렬하게 투쟁하는 경우이고, 다른 하나는 개개인의 입장과 이해득실이 불공평하게 처리되어 조화를 잃게 되는 경우이다. 이상사회는 이 두 요소가 완전히 사라지고, 모든 사람이 한마음이 된 상태에서 모든 것이 공평하게 처리되는 사회이다.

$$이상사회[천국] \ = \ \frac{공정}{한마음}$$

위의 두 조건 중에서는 한마음이 되는 것이 더 중요하고 더 먼저 갖추어져야 한다. 한마음이 되지 못한 상태에서 이익을 추구하는 사람은 공정한 처사에 대해서도 만족하지 못하지만, 한마음을 유지한다면 다소 불공정한 처우를 당하더라도 개의치 않기 때문이다. 공자의 설명에 따르면, "부자가 되고 귀하게 되는 것은 사람들이 바라는 바이지만, 정당한 방법으로 얻은 것이 아니면 군자는 가지지 않는다. 가난해지고 천해지는 것은 사람이 싫어하는 바이지만, 정당하게 가난해지고 천해진 것이 아니더라도 군자는 마다하지 않는다."[8] 사람이 한마음을 가지지 못하면, 공정한 것도 받아들이지 못하지만, 한마음을 가지면 불공정한 것도 개의치

8. 子曰 富與貴 是人之所欲也 不以其道 得之 不處也 貧與賤 是人之所惡也 不以其道 得之 不去也(『論語』里仁篇).

않는다. 그렇다고 해서 불공정한 것이 좋다는 것은 아니다. 모두가 한마음으로 살면서도 불공정한 일이 일어나지 않는 사회가 가장 좋은 사회다. 순 임금이 이룩한 사회는 그런 사회였다. 그렇다면 그런 사회는 어떻게 이룩할 수 있을까? 노사분규가 심하게 일어나, 근로자와 사용자가 극단적으로 투쟁하고 있는 경우를 예로 들어보자. 회사에 많은 이익이 났을 경우, 사용자는, 회사의 시설과 자금을 모두 자기가 투자했고, 또 근로자들에게 마땅한 월급을 주었기 때문에, 이익금은 당연히 자기가 다 가져야 한다고 주장할 것이다. 그러나 근로자들은, 이익을 낼 수 있도록 노동한 것은 자기들뿐이고 사용자는 노동하지 않았다고 생각하기 때문에, 이익금은 자기들이 다 가져가야 한다고 우길 수 있다. 극단적으로 말하면, 사용자는 근로자에게 이익금 주는 것을 0으로 하려 할 것이고, 근로자는 이익금 100을 가지려고 할 것이다. 이 경우 중재자가 그중간인 50씩 나누어 갖도록 중재한다면, 근로자와 사용자는 모두 너무 적다고 반발할 것이다.

이렇게 되면 아무리 적당한 선을 제시하더라도 모두가 불만이다. 그러나 순 임금의 방법은 달랐다. 순 임금은 근로자에게 다가간다. 그들은 마음의 문을 닫고 순 임금을 경계할 것이다. 그러나 순 임금은 그들에게 이익금에 관한 이야기는 하지 않는다. 우선 이익금과 관계없는 주변 이야기들에 대해서 이것저것 묻고, 또 그들이 무심코 내뱉는 시시한 말들이라도 잘 관찰한다. 순 임금이 그렇게 하는 것은 그들과 한마음이 되기 위해서다. 예컨대 '고향이 어디냐?', '어느 학교를 졸업했느냐?' 등의 질문들이 그런 것이다. 만약 그들이 고향에 대해 말하거나 학교에 대해 말한다면, 거기에서 그들과 자기가 관계되는 이야기를 끄집어냄으로써, 그와 하나로 연결되는 연결고리를 찾는다. 또 그들이 무심코 내뱉는 말들, 예를 들면 '나 같은 놈은 술이나 좋아하는 하찮은 사람'이라는 등의 말을 한다면, 그 말을 살펴 '나도 술을 좋아하니 같이 한잔합시다'라고 말함으로써, 그들과 하나가 되는 끈을 찾는다. 순임금이 노력한 결과, 그들이 순 임금과 하나로 연결되어 있다는 것을 알았다면, 비로소 그들은 마음의 문을 연다. 그런 뒤에 순임금은 그들의 나쁜 점을 숨겨주고 좋은 점을 드러내어 칭찬한다.

사람들은 칭찬받는 일을 좋아하고, 미움받는 일을 싫어한다. 그러므로 사람들은 나쁜 점을 숨겨주고 좋은 점을 칭찬해주는 사람을 만나면, 기분이 좋아져서 스스로 착한 마음을 회복한다. 근로자들이 착한 마음을 회복한 뒤에는 사용자를 적으로 보지 않는다. 그들은 사용자와도 한마음이 되기 때문에 사용자에 대한 고마움을 안다. 그다음으로 순 임금은 사용자에게 다가가 같은 방법으로 사용자의 착한 마음을 회복시킨다. 그렇게 되면 사용자역시 근로자와 한마음이 되기 때문에 근로자에 대한 고마움을 느끼게 된다. 그런 뒤에 순 임금은 0과 100 사이에서 그때그때의 상황에 따라서 가장 알맞은 점을 찾아낸다. 알맞은 점은 그때그때의 상황에 따라서 0과 100 사이의 어떤 것도 될 수 있다. 20이될 수도 있고 50이 될 수도 있으며, 80이 될 수도 있다. 순 임금이가장 알맞은 액수를 제시하면 비로소 사람들은 모두 만족한다. 이러한 것이 순 임금이 만들어내는 중용의 실현 방법이다. 한마음을 갖는 것은 이족들이 가진 장점이고, 알맞은 선을 찾는 것은 화하족들의 장점이므로, 순 임금의 이 방법은 이족들의 문화와 화하족들의 문화를 조화시키는 절묘한 중용의 방법이다.

이와 같은 순 임금의 중용적 정치지도에 따라 요 임금의 대동은 지속되었다. 그러나 순 임금은 확실한 동이족이다. 『맹자』에는 순 임금이 동이지인(東夷之人)으로 설명되어 있다.[9] 순 임금은 동이족이기 때문에, 그가 중용적 정치를 추구하더라도 한마음을 강조하는 쪽으로 약간 기울 수도 있다. 실지로 순 임금은 22인의 주요 관리를 임명한 뒤, 그들에게 다음과 같이 당부한 일이 있다.

> 자! 너희 22인아. 경건하게 일을 처리하라. 오직 하늘의 일을 밝혀라.[10]

순 임금의 정치 목적은 하늘의 뜻을 따르는 것이었다. 해와 달이 빛나고 사시가 운행하는 것도 하늘이 하는 일이고, 바람이 불고 비가 내리는 것도 하늘이 하는 일이다. 수많은 생명체가 생명을 이어가는 것도 하늘이 하는 일이고, 사람이 이 세상에 출현하여 자자손손 생명을 이어가는 것도 하늘이 하는 일이다. 이 세상에 보이는 모든 것은 하늘이 하는 일이지만, 정작 하늘 그 자체는 보이지 않는다.

나무를 가꾸는 방법에도 중용이 적용된다. 나무 가꾸기에서의

---

9. 孟子曰 舜生於諸馮, 遷於負夏, 卒於鳴條, 東夷之人也(『맹자』離婁章句 下).
   이족을 동이족으로 일컫게 된 것은 아마 주나라 때부터였을 것으로 추정된다. 주나라는 서부의 화하족이 세운 나라이므로 주나라에서 보면 이족이 동쪽에 있기 때문에 동이족이라는 호칭이 일반화될 수 있다.
10. 帝曰 咨 汝二十有二人 欽哉 惟時亮天功(『書經』虞書 舜典).

중용은 뿌리를 가꾸면서 동시에 줄기와 가지도 다듬는 것이다. 뿌리를 가꾸는 일에만 치중해도 안 되고, 줄기와 가지를 다듬는 일에만 치중해도 안 된다. 둘 다 중요하지만, 그중에 경중이 있다. 뿌리를 가꾸는 일이 더 중요하고, 줄기와 가지를 다듬는 일이 덜 중요하다. 그러나 선후의 문제는 좀 다르다. 뿌리가 약해서 가지와 잎이 시들어 있을 때는 뿌리를 가꾸는 일에 우선해야 한다. 그러나 뿌리는 튼튼하지만, 태풍에 줄기가 부러지고 가지가 찢어졌다면, 뿌리 가꾸는 일보다도 줄기와 가지를 먼저 챙겨야 한다.

순 임금의 중용정치에서는 뿌리를 가꾸고 줄기와 가지를 다듬는 일이 절묘하게 조화되었다. 뿌리를 가꾸는 일은 마음을 챙기는 일에 해당하고, 줄기와 가지를 다듬는 일은 몸을 챙기는 일에 해당한다. 일반적으로는 마음 챙기는 일이 우선이지만, 머리에 상처를 입었거나 팔다리가 부러진 것처럼 위중한 경우에는 몸을 먼저 챙겨야 한다. 당시에는 심한 홍수가 나서 사람들이 의식주를 해결할 수 없었기 때문에, 마음을 챙기는 일보다 몸을 챙기는 일이 더 급했다. 몸 챙기는 일에 국한해서 본다면, 동이족들보다 화하족들이 더 유능하다. 그래서 순 임금은 서부 지역 사람 중에서 최고의 능력자인 우 임금을 후계자로 삼았다.

뿌리를 잘 가꾸어놓기만 하면 그 다음에는 별로 할 일이 없다. 뿌리가 튼튼하면, 벌레가 오지도 않고, 줄기와 가지가 바람에 잘 부러지지도 않는다. 설사 조금 상처를 입었다 해도 금방 회복이 된다. 사람의 삶도 그렇다. 한마음을 회복하여 한마음으로 처리하면, 모든 일이 순조롭게 풀리므로, 어렵고 복잡한 일이 일어나지 않는다. 공자는 순 임금의 정치에 대해서 다음과 같이 말씀하셨다.

바쁘게 움직이지 않고 다스린 사람은 순 임금이다. 무엇을 했겠는가! 자기 자신을 공손하게 하고서 똑바로 남쪽을 향해 있었을 뿐이다.[11]

순 임금은 사람들에게 한마음을 회복하도록 깨우쳤기 때문에 모든 것이 제대로 진행되었다. 순 임금은 사건이 생기기 전에 사건이 생기는 원인을 제거했기 때문에 늘 한가했다. 그리고 현명하고 능력 있는 사람들을 뽑아 그들에게 일을 맡겼기 때문에, 모든 것이 순조롭게 진행되었다. 순 임금은 별로 할 일이 없었다.

순 임금의 신하 중에서 순 임금의 사상을 가장 잘 계승하고 있었던 자는 고요(皐陶)였다. 고요가 가장 강조한 것은 수신이었다. 수신하여 한마음을 회복하는 것보다 더 중요한 것은 없다. 한마음을 회복하면 모든 사람과 하나가 되고, 하늘과 하나가 된다. 모든 사람과 하나가 된 사람에게는 남을 위하는 일이 자기의 일이 되고, 하늘과 하나가 된 사람에게는 하늘의 일이 자기의 일이 된다. 고요가 우(禹)를 깨우친 말 중에 다음의 말이 있다.

안일과 탐욕으로 나아가지 않도록 하여 나라를 다스리시되 (매사에) 조심하고 두려워하소서. 하루 이틀이 모든 일의 기미가 됩니다. 모든 관직을 황폐하게 하지 마소서. 하늘의 일을 사람이 대신하는 것입니다. 하늘이 법으로 질서를 펴서 우리에게 다섯 가지 법을 지키도록 타이르시니, 다섯 가지를 도탑게 하

---

11. 孟無爲而治者 其舜也與 夫何爲哉 恭己正南面而已矣(『論語』衛靈公篇).

시며, 하늘이 예로써 질서를 만드시되 우리의 다섯 가지 예절로부터 하시니, 잘 쓰시도록 하소서. 다 같이 경건하고 다 함께 공손하여 하늘에게 받은 마음을 잘 발휘하소서. 하늘은 덕이 있는 이에게 자리를 주시니, 다섯 가지 복식으로 다섯 가지 등급을 표창하시며, 하늘은 죄가 있는 이를 토벌하시니, 다섯 가지 형벌을 다섯 가지 등급으로 쓰시어, 정사를 힘쓰고 힘쓰소서.[12]

고요와 대조적인 사람 중에 우(禹)가 있었다. 우는 서부의 화하족[13]이므로 고요와는 문화도 달랐고 사상도 달랐다. 우는 수신을 강조하지도 않고, 하늘을 받드는 것에 주력하지도 않았다. 우는 몸을 챙기는 일에 민첩했고, 의식주를 해결하는 것에 주력하는 사람이었다. 우가 순 임금에게 건의한 말에 이런 내용이 잘 드러나 있다.

우가 말했다. "오! 임금님이시여, 유념하소서. 덕은 정사를 좋게 하는 것이고 정사는 백성을 기름에 있는 것이니, 물질의 운행과

---

12. 無敎逸欲 有邦 兢兢業業 一日二日 萬幾 無曠庶官 天工 人其代之 天敍有典 勅我五典 五 惇哉 天秩有禮 自我五禮 有庸哉 同寅協恭 和衷哉 天命有德 五服 五章哉 天討有罪 五刑 五用哉 政事 懋哉懋哉(『書經』虞書 皐陶謨).

13. 중국 고대의 역사가 일직선으로 내려오지 않고 동부의 이족과 서부의 화하족이 번갈아 중원을 차지하는 형태였음을 중국의 부사년(傅斯年)은 그의 논문 「이하동서설(夷夏東西說)」에서 밝혔는데, 우 임금의 하나라는 서부의 화하족이 세운 나라였고, 탕 임금이 세운 은나라는 이족이 세운 나라였으며, 주나라는 다시 서부의 화하족이 세운 나라였음을 논증하고 있다.

곡식이 제대로 되며, 덕을 바르게 하는 일과 생활을 편리하게 하는 것과 삶을 풍요롭게 하는 일이 조화롭게 진행되어 아홉 가지 업적이 잘 이루어지고, 아홉 가지 이루어진 것을 (백성들이) 노래로 찬양한다면, (자만하시지 말고) 경계를 하시면서 아름답게 여기시며, 인도하기를 위엄을 가지고 하시며, 격려하시기를 아홉 가지 노래로 하시어 허물어지지 않게 하소서."[14]

『서경』에는 고요와 우가 심기가 불편할 정도로 언쟁을 하는 대목이 나온다. 그만큼 고요와 우는 여러 가지 점에서 달랐다.

뿌리를 가꾸는 것을 등한히 하고 줄기와 가지와 잎을 챙기는 것에 치중한다면, 일이 많고 바쁘다. 뿌리가 약하면 잎도 약하기 마련이다. 잎이 약해지면 벌레가 온다.

벌레 A가 오면, 벌레 A를 연구하여 벌레 A를 퇴치할 수 있는 농약 A′를 만들어야 한다. 그러고 나면 다시 벌레 B가 온다. 벌레 B가 오면, 벌레 B를 연구하여 벌레 B를 퇴치할 수 있는 농약 B′를 만들어야 한다. 그러고 나면 다시 벌레 C가 온다. 그러면 다시 농약 C′를 만들어야 한다. 이처럼 복잡한 일이 끝없이 이어진다.

우는 뿌리를 가꾸는 일에 주력하지 않고, 줄기와 가지와 잎을 가꾸는 방식으로 일을 했기 때문에 일이 많았다. 그 때문에 그는 고요에게 면박을 당하는 일도 있었다. 그런데 당시에 큰 변수가

---

14. 禹曰 於 帝 念哉 德惟善政 政在養民 水火金木土穀 惟修 正德 利用 厚生 惟和 九功惟敍 九敍惟歌 戒之用休 董之用威 勸之以九歌 俾勿壞(『書經』虞書 大禹謨).

생겼다. 큰 홍수가 나서 온 세상이 물바다가 되고 말았다. 그런 상황에서는 수신에 주력하는 사람보다 물을 다스리기 위해 열심히 돌아다니며 일하는 사람이 필요했다. 우가 그런 사람이었다. 우는 너무나 바쁘게 돌아다녔으므로, 세 번이나 자기의 집 앞을 지나가면서도 자기 집에 들어가지 못했을 정도였다.

어느 날 순 임금이 여러 신하와 이야기를 주고받을 때, 고요는 순 임금의 사상을 가장 잘 이해하고 있었으므로, 순 임금에게 여러 가지 심오한 내용을 진술했지만, 우는 가만히 있었다. 우의 그런 모습을 지켜본 순 임금이 우에게 한마디 할 것을 재촉하자, 우는 얼떨결에 자기가 잘한 일을 진술하여 자기의 공을 과시한 일이 있었다. 그 내용은 다음과 같다.

순 임금이 말씀하셨다. "이리 오라. 우야! 너도 좋은 말 좀 하라." 우가 절하고 말했다. "아하! 임금님. 제가 무엇을 말씀드릴 것이 있겠습니까. 저는 날마다 부지런히 노력할 것을 생각합니다." 고요가 말했다. "에이! 무슨 말씀이 그렇습니까?" 그러자 우는 다음과 같이 말했다. "홍수가 하늘에 넘쳐 질펀하게 산을 감싸고 꼭대기에 닿아 아래에 사는 백성들이 정신을 잃고 물에 빠졌는데, 내가 네 가지 탈것을 타고서 산을 다니며 나무를 제거하고 익과 함께 여러 날음식을 장만했으며, 내가 여러 하천을 터서 사해에 이르게 하고, 밭도랑이나 봇도랑을 깊이 파서 하천에 이르게 하였으며, 직과 더불어 파종하여 여러 말린 음식과 날음식을 장만했으며, 재물이 쌓여 있는 곳과 없는 곳을 소통시켰으므로 백성들이 곡식을 먹게 되고 만방이 다스려졌습니다."[15]

온 천지가 물에 잠기는 특수상황에서 우의 공은 돋보일 수밖에 없었다. 순 임금은 그의 공을 과소평가할 수 없었다. 고요를 후계자로 삼기에는 우의 공이 너무 컸다. 순 임금이 우에게 왕위를 물려주게 된 것에는 우의 압력이 작용했을 수도 있다. 순 임금은 마지못해 우의 공을 치하하고, 우를 후계자로 삼을 수밖에 없었다.

> 순 임금께서 말씀하셨다. "이리 오라. 우야! 홍수가 나를 경계하였는데 신뢰를 쌓고 또 공을 이루었으니 오직 너의 현명함 때문이며, 나랏일에 부지런하고 가정에 검소하여 스스로 만족하거나 위대한 체하지 않았으니, 오직 너의 현명함 때문이다. 너는 오직 자랑하지 않으나 천하에 너와 능력을 다툴 자가 없으며, 너는 오직 과시하지 않으나 천하에 너와 공을 다툴 자가 없으니, 내 너의 덕을 대단하게 여기며, 너의 아름다운 업적을 가상하게 여기노라. 하늘의 운수가 너의 몸에 있으니, 너는 마침내 임금 자리에 오를 것이다."[16]

순 임금이 우를 후계자로 삼았을 때 가장 걱정되는 것이 있었다. 그것은 우가 한마음을 회복하는 일에 등한할 것에 대한 우려

---

15. 帝曰 來 禹 汝亦昌言 禹拜曰 都 帝 予何言 予思日孜孜 皐陶曰 吁 如何 禹曰 洪水滔天 浩浩懷山襄陵 下民昏墊 予乘四載 隨山刊木 曁益奏庶鮮食 予決九川 距四海 濬畎澮 距川 曁稷播 奏庶艱食鮮食 懋遷有無化居 烝民乃粒 萬邦作乂(『書經』 虞書 益稷).

16. 帝曰 來 禹 洚水儆予 成允成功 惟汝賢 克勤于邦 克儉于家 不自滿假 惟汝賢 汝惟不矜 天下莫與汝爭能 汝惟不伐 天下莫與汝爭功 汝懋乃德 嘉乃丕績 天之曆數 在汝躬 汝終陟元后(『書經』 虞書 大禹謨).

였다. 순 임금은 우에게 후계자로 삼는다는 선언을 한 뒤, 곧바로 16자로 된 훈계를 한다. 16자 훈계는 훗날 유학의 초석이 되었다.

인심은 오직 위태롭고 도심은 오직 미미하니, 오직 정밀하게 하고 오직 한결같이 해야 진실로 중용의 도를 붙잡을 것이다.[17]

이 16자 훈계는 철학적으로 매우 중요한 의미를 지니고 있다. 사람의 마음은 인심과 도심으로 분류할 수 있다. 이를 그림으로 그려보면 다음과 같다.

사람의 몸이 생겨나면 그 몸의 삶을 주관하는 하늘마음이 그 몸에 깃드는데, 몸 안에 깃든 하늘마음이 도심(道心)이다. 모든 사

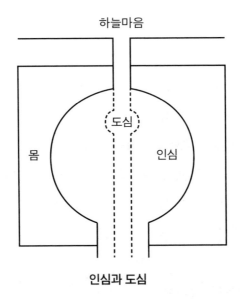

인심과 도심

---

17. 人心惟危 道心惟微 惟精惟一 允執厥中(『書經』虞書 大禹謨).

람에게 빠짐없이 하늘마음이 다 깃들어 있으므로, 도심은 모든 사람에게 다 들어 있는 한마음이다. 하늘마음은 모든 생명체를 삶으로 인도하는 마음이다. 배고프면 먹도록 유도하고 피곤하면 쉬도록 유도한다. 밤이 되면 자도록 유도하고 아침이 되면 일어나도록 유도한다.

하늘마음[天心]은 우주에 가득한 빛과 같은 것으로 비유할 수 있다. 우주에 빛이 가득하지만, 물체가 없으면 그 빛은 눈에 보이지 않는다. 오직 물체가 있을 때만 빛은 그 물체에서 반사한다. 하늘마음도 그렇다. 우주에 하늘마음이 가득하지만, 그 마음은 보이지 않고 나타나지 않는다. 오직 물체가 있을 때 그 물체를 통해서 나타난다.

사람의 몸에 들어오는 천심을 유학에서는 성(性)이라고 한다. 성(性)은 忄과 生의 합한 글자다. 忄은 心이므로 性은 '살려는 마음', '살려는 의지', '살리고 싶은 마음' 등으로 이해할 수 있다. 성이 나타나 몸속에 들어온 것이 정(情)이다. 정은 몸의 움직임을 주관한다.

기본적으로 사람의 마음은 다 같다. 배고프면 먹고 싶고, 피곤하면 쉬고 싶다. 모두가 삶을 향해 나아간다. 그러나 그 외의 삶에서 나타나는 마음은 사람마다 다르다. 그것은 어째서 그런가?

사람의 몸에는 감각기관이 붙어 있다. 그 감각기관의 감각 작용을 통해 구별할 수 있는 능력이 생겨난다. 이 구별능력은 생각하고 분별하고 지각하는 등의 능력을 만들어낸다. 마음의 구별능력은 의식의 기능이다. 의식의 기능이 성이 정으로 나타나는 과정에서 개입하면 정이 변질하기도 한다. 예컨대 늦은 밤에 자고 싶어지는 것은 성(性)에서 나오는 순수한 감정이다. 그러나 성의 작용이 나타나는 순간, '지금 자면 손해를 입게 된다는 생각이 개입하면, 정이 변질하여 사람에게 자지 말도록 유도한다. 그렇게 되면 사람의 몸을 움직이는 감정이 두 가지가 된다. 이 경우 전자가 도심이고, 후자가 인심이다.

이를 그림으로 표현하면 다음과 같다.

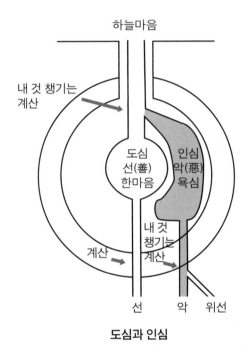

도심과 인심

도심은 남과 하나가 되는 마음이므로, 도심으로 살면 남과 조화를 이루지만, 인심은 남과 나를 구별하는 마음이므로, 인심으로 살면 다투게 되어 위태로워진다. 세상이 위태로워지는 것은 사람들이 인심으로 살기 때문이다. 사람들이 인심을 억제하고 도심으로 돌아가면 세상은 안정되지만, 사람들이 남과 다투는 삶을 살면서 도심이 미미해지고 인심이 커졌으므로, 세상을 안정시키기가 더 어려워졌다.

인심이 커질수록 세상을 안정시키는 것이 더 어려워지므로, 사람들은 그만큼 더 노력하지 않으면 안 된다. 어떤 행동을 하기 전에, 그 행동을 주관하는 마음이 도심인지 인심인지를 정밀하게 들여다본 뒤, 그 마음이 도심이라면 과감하게 행동에 옮겨야 하겠지만, 인심이라면 행동을 억제해야 한다. 이러한 방법을 한두 번으로 끝내지 말고, 한결같이 추진해야만 효과가 있다. 그래서 '오직 정밀하게 하고 오직 한결같이 해야 한다'라고 했다.

순 임금은 우 임금에게 16자 훈계를 한 뒤에 자리를 선양했지만, 우는 현명한 사람에게 선양하지 않고 자기의 아들을 후계자로 삼았으므로, 대동사회가 지속되지 않았다.

요 임금이 추구했던 중용판을 우 임금은 지속하지 못했다. 우 임금의 나라는 하(夏)나라이었고, 하나라는 서부 지역에 속해 있었으므로, 우 임금 시대의 사람들의 삶의 밑바닥에는 형하판이 깔리기 시작했다. 우 임금으로부터 시작하여 춘추전국시대에 이르기 전까지의 시기는 요순시대보다는 혼란했지만, 춘추전국시대보다는 안정되었으므로, 약간은 편안했다는 의미에서 '소강(小康)'이라 부른다.

제3부

■

삼대의 문화와 소강사회

요순시대를 지나 우 임금이 세운 하나라와 탕이 하나라를 멸망시키고 세운 상나라, 상나라를 멸망시킨 무왕의 주나라를 후대에 하·상·주 삼대(三代)라 부른다. 순 임금으로부터 양위를 받아 임금 자리에 오른 우 임금은 안읍(安邑)에 도읍을 정하고, 국호를 하(夏)라 했다. 하 왕조는 기원전 2070년 우 임금이 개국한 이래로 17대 임금 걸왕(桀王) 때인 기원전 1598년 멸망할 때까지 472년간 지속되었다.

하(夏)나라의 왕위가 우 임금의 자손에게로 이어지면서 하나라의 문화는 형하판의 문화로 기울어져 부작용이 나타나고, 동부에 살던 동이족의 반발이 일어났다. 하나라를 주도한 화하족은 동이족과 완전히 다른 민족이었기 때문에, 형하판의 문화가 강화될수록 동이족들의 불만은 커질 수밖에 없다. 동이족들의 불만이 커지면 필연적으로 그 불만 세력을 결집하는 지도자가 등장하기 마련이다. 동이족들의 불만을 대변하면서 등장한 지도자가 탕(湯)이었고, 탕이 세운 나라가 상(商)이었다. 상이라는 칭호는 상(商丘)에 수도를 정한 데 기인한다. 고대에는 나라 이름을 왕의 성으로 정하기도 하고, 수도의 이름으로 정하기도 했다. 상나라는 도중에 수도를 상구에서 은(殷)으로 옮겼기 때문에 은나라로 불리게 되었다. 탕 임금이 동이족들을 이끌고 하나라 마지막 임금인 걸(桀)을 치고 상나라를 세운 것은 동이족들의 해방을 의미하는 것이었다. 상나라는 동이족이 세운 나라이므로, 하나라에서 상나라로 바뀐 것은 형하판의 삶에서 형상판의 삶으로 판이 바뀐 것을 의미한다. 판이 바뀔 때는 큰 혼란이 일어나지만, 하나라와 상나라는 규모가 큰 나라가 아니었으므로, 비교적 판 갈이로 인한 혼란이 후대처럼 장기화하지는 않았다.

상나라 사람들의 삶의 방식과 문화는 형상판을 바탕으로 하는 것이었으므로, 형이상학적 지향성이 점차 지나쳐서 부작용이 나타나고, 또 서부에 살던 화하족들의 불만이 커지면서 혼란에 빠지자, 화하족의 불만을 대변하는 무왕이 등장하여 은나라 마지막 왕인 주(紂)를 죽이고 은나라를 멸망시켰다.

주(周)나라의 선조는 서쪽의 고원(高原)지대에 거주하다가 공유(公劉) 때 융적(戎狄)의 침략을 받아 빈(豳, 지금의 섬서성(陝西省)에 속함)으로 이주하여 농업에 힘썼으나, 그 후 300여 년이 지나 고공단보(古公亶父)가 융적의 침략을 받아 빈에서 기산(岐山)의 남쪽 주원(周原, 섬서성 기산현 북쪽)으로 이주하여 주인(周人)이라 자칭하였는데, 주나라라는 명칭은 이에서 유래한다. 고공단보의 왕위가 아들 계력(季歷)으로 이어졌고, 다시 손자인 문왕으로 이어지면서 세력이 동쪽으로 크게 확장되었지만, 여전히 은나라의 서쪽에 위치하는 제후국의 형식을 취하고 있었다. 문왕이 도읍을 주원에서 풍읍(豊邑, 섬서성 장안 서북)으로 옮겼고 '서백(西伯)'이라 일컬어졌으며, 아들 무왕이 왕위를 계승하고 세력을 확장하여 은을 멸망(기원전 1123년)시키고 중원을 차지했다.

주나라 사람들은 화하족이었지만, 주나라의 기틀을 확립한 문왕의 모친이 동이족이었으므로, 문왕은 모친의 영향을 받아 형상판 철학과 형하판 철학의 조화를 이루는 중용철학을 추구했다. 중용철학의 바탕이 형상판이므로, 문왕의 사상은 은나라의 형상판을 바탕으로 한다. 따라서 주나라는 서부의 화하족이 세운 나라이지만, 문왕의 철학을 정치이념으로 하여 출범하였기 때문에 은나라의 연장으로 볼 수 있다.

주나라 초기의 정치에서 중시한 것이 천명이었고, 은나라의 유민들을 설득할 때의 이론적 바탕도 역시 천명사상이었다. 그러나 주나라의 지배계층이 화하족이었으므로, 주나라 사람들의 삶과 문화의 바탕이 서서히 형상판에서 형하판으로 이동했다. 이로 말미암아 동이족과의 충돌이 점점 격렬해져, 주나라 후기에 이르러서는 춘추전국시대라고 하는 혼란의 시기를 맞이하게 되었다.

혼란이 일어나게 되는 원인에는 여러 가지가 있다. 급격히 일어나는 단기간의 혼란은 정치지도자의 능력 부족에 따른 혼란이다. 빠르게 일어난 혼란은 빠르게 수습할 수 있다. 정치지도자의 문제로 일어나는 혼란은 정치지도자를 교체하기만 하면 끝이 난다. 삶과 문화의 바탕에 깔린 판이 건재한 상태에서, 정치이념의 한계로 인해 일어나는 혼란은 정치이념이 바뀔 때까지 상당 기간 지속한다. 가장 큰 혼란은 판 갈이를 할 때 일어나는 혼란이다. 형상판이 한계에 도달하여 형하판으로 바뀔 때와 형하판이 한계에 도달하여 형상판으로 바뀔 때는 장기간에 걸친 극심한 혼란이 일어난다. 춘추전국시대의 혼란은 형상판이 한계에 도달하여 형하판으로 바뀔 때 나타나는 혼란이다.

주나라는 기원전 770년에 낙양(洛陽)으로 천도하였는데, 천도하기 전의 주나라를 서주라 하고, 천도 이후의 주나라를 동주라 한다. 동주시대는 춘추(春秋) 시대와 전국(戰國) 시대로 나눈다. 춘추시대라는 명칭은 공자의 저술인 『춘추(春秋)』에서 유래하고, 전국시대라는 명칭은 한나라 때 유향이 교정한 작자미상의 『전국책(戰國策)』에서 유래한다. 춘추시대는 주나라가 도읍을 낙양으로 옮긴 때부터 진(晉)나라가 한(韓)·위(魏)·조(趙) 세 나라로 분할된 시기(기원전 403년)까지를 말하고, 전국시대는 춘추시대가 끝난 시점부터 주나라가 멸망(기원전 256년)하기까지의 245년간을 말한다.

요순시대로부터 춘추전국시대에 이르기까지의 역사를 안정과 혼란의 정도에 따라 대동, 소강, 춘추전국으로 나눈다. 대동은 가장 안정되었던 요순시대를 말하고, 춘추전국은 가장 혼란했던 춘추전국시대를 말하며, 소강은 우 임금으로부터 시작하여 춘추전국시대가 시작되기 전까지의 시대를 말한다.

소강을 공자는 다음과 같이 설명한다.

> 큰 진리가 사라지자 천하가 개인의 소유가 되었다. 사람들은 각각 자기의 부모만을 부모로 모시고, 자기의 자녀만을 보호했다. 돈이나 재물을 자기를 위해 모았고, 자기를 위해 힘쓰고 노력했다. 권력자들은 당연히 그 권력이 자손 대대로 이어지는 것으로 여겼고, 성곽을 만들고 해자를 깊게 파야 견고한 것으로 여겼으며, 예의를 확립해야 질서가 확립된다고 생각했다. 예법을 세워 임금과 신하의 기강을 세우고, 부모와 자녀를 돈독하게 했으며, 형제의 화목과 부부의 화합을 추구했다. 예법으로 제도를 만들

고, 예법으로 논밭과 마을의 경계를 정하며, 용감하고 똑똑한 자를 훌륭하게 여기고, 자기에게 유리한 것을 좋은 것으로 여겼다. 그러므로 불만을 토로하는 모의들이 여기저기서 일어나고 이를 탄압하기 위해 무력이 등장했다. 우·탕·문·무·성왕·주공이 이러한 시대의 지도자 중에서 뛰어난 자들이다. 이 여섯 지도자는 예에 신중하지 않은 자가 없었다. 예로써 윤리를 세우고, 예로써 신의를 가늠하며, 예를 가지고 잘잘못을 판단하고, 예를 가지고 인의 기준으로 삼고, 사양하는 마음을 추구하여, 백성들에게 정상적인 삶의 방법을 제시했다. 만약 이 예를 거스르는 자가 있다면, 세력을 가진 자는 떠나게 하고, 일반 대중은 재앙을 받도록 했다. 이러한 사회를 소강(小康)이라 한다.[18]

소강은 대동사회가 자취를 감추었을 때 나타난다. 대동사회가 자취를 감추는 것은 사람들이 한마음을 잃었기 때문이다. 사람들이 한마음을 잃으면, 사람들은 모두 남남이 된다. 사람들이 남남이 되면 사람들이 '내 것' 챙기기에 바빠지고, 그로 인해 세상이 혼란해진다. 세상이 혼란해질수록 사람들은 그 혼란을 극복하기 위해 예절과 법을 만든다. 가정과 국가의 질서를 예법으로 유지하고, 모든 제도를 예법으로 만든다. 윤리 도덕의 기준도 예로써 정하고,

---

18. 今大道旣隱 天下爲家 各親其親 各子其子 貨力爲己 大人世及以爲禮 城郭溝池以爲固 禮義以爲紀 以正君臣 以篤父子 以睦兄弟 以和夫婦 以設制度 以立田里 以賢勇知 以功爲己 故謀用是作 而兵由此起 禹湯文武成王周公 由此其選也 此六君子者 未有不謹於禮者也 以著其義 以考其信 著有過 刑仁講讓 示民有常也 如有不由此者 在勢者去 衆以爲殃 是謂小康 (『禮記』「禮運篇」).

신의를 가늠하는 것도 예로써 한다. 소강사회를 유지하는 바탕은 예이다. 우·탕·문·무·성왕·주공이 이러한 시대의 지도자 중에서 뛰어난 자들이다. 이 여섯 지도자는 예에 신중하지 않은 자가 없었다. 소강사회에서 예법이 강조되는 이유가 이 때문이다.

소강사회에서는 무력이 강조된다. 무력은 내 것 챙기는 수단이 되기도 하지만, 남의 공격을 막아내는 수단이 되기도 한다. 성곽을 높이 쌓고 해자를 깊게 파는 까닭이 그 때문이다.

대동사회에서는 임금이 훌륭한 사람을 후계자로 삼지만, 소강사회에서는 왕이 나라를 자기의 소유물로 삼고, 천자가 천하를 자기의 소유물로 삼기 때문에, 임금이 자기 아들을 후계자로 삼는다.

소강사회는 우 임금의 하나라에서부터 춘추전국시대에 이르기 전까지의 하·은·주 삼대를 말하고, 우·탕·문·무·주공을 삼대의 선왕(先王)이라 한다.

제1장
하의 건국과 서부 문화의 개화

하(夏)[19]나라를 건국한 사람은 우(禹)였다. 우 임금의 성은 사(姒), 이름은 문명(文命), 순 임금에게 발탁되어 사공이라는 벼슬을 한

---

19. 『帝王世紀』에 "우는 봉지로 하백(夏伯)을 받았다"라는 기록이 있는데, '하(夏)'라는 국명은 이에서 비롯된 것으로 보인다.

뒤, 백규(百揆)라는 벼슬로 승진하여 백관을 통솔하는 재상이 되었다가, 나중에 순 임금의 후계자가 되었다. 그는 왕위에 오른 뒤 안읍(安邑)에 도읍을 정하고, 국호를 하(夏)라 했다. 그는 왕위에 오른 뒤 제(帝)라는 명칭 대신에 왕이라는 명칭을 사용하게 했는데, 그후 하·상·주 삼대의 군주들은 모두 왕으로 일컬어지게 되었다.

제1절 하 문화의 특징과 융성

우 임금은 서부 사람으로서 서부 사람의 문화와 정서를 가지고 있었다. 서부 사람들은 지자(知者)에 속하고, 판 중에서는 형하판에 속한다. 『서경』은 우 임금에 대해 다음과 같이 기록하고 있다.

> 옛날의 위대하신 우 임금을 살펴보건대, 교양이 있고, 질서가 있어, 그것을 온 세상에 잘 펼쳐, 순 임금의 뜻을 잘 이었다.[20]

교양이 있고 질서가 있다는 말의 문명(文命)[21]은 물론 우 임금의 이름이지만, 그 이름은 그의 덕을 평가하여 붙인 것이다. 이에서 보면 우 임금은 서부 사람들이 강조하는 교양과 사회적 질서를 강조하는 인물임을 알 수 있다. 순 임금이 한마음을 가지고 사

---

20. 曰若稽古大禹 曰文命 敷于四海 祗承于帝(『書經』「虞書」〈大禹謨〉).
21. 문(文)은 교양을 말하고, 명(命)은 질서, 또는 어떤 시대의 질서를 이끌어 가는 힘이나 정치이념 등을 말한다.

람들을 감화시키는 정치를 한 데 반해, 우 임금은 열심히 돌아다니며 일하는 정치를 했다. 우 임금에게는 순 임금의 한마음 정치가 잘 이해되지 않았을 것이다. 이러한 내용은 우 임금이 순 임금에게 건의한 말에 잘 드러난다.

> 말로써 보고하도록 정책을 펴시며, 공이 있는가를 따져 서민들의 잘잘못을 밝히시며, 수레나 복장을 널리 차등 있게 만드시면, 누가 감히 물러서지 않겠으며, 누가 감히 공경하거나 따르지 않겠습니까? 임금님께서 이처럼 하지 않으시고, 하나가 되는 정책을 펴시면 나날이 공이 없어지게 될 것입니다.[22]

우 임금이 건의한 내용은 서부 지역 사람들의 가치관이 반영된, 형하판에서의 삶의 방식이다. 서부 지역 사람들에게 가장 큰 관심은 사회의 질서와 안정이다. 사람들에게 한마음이 있다고 보는 사람들은 한마음을 회복하는 것이 사회를 안정시키는 가장 좋은 방법으로 생각하지만, 한마음이 없다고 보는 사람들은 사회를 안정시키는 방법을 밖에서 찾는다. 규율과 예절을 정해서 지키도록 해야 하고, 법을 엄격하게 만들어 지키도록 해야 한다. 공이 있는 사람과 없는 사람에 차등을 두어야 하고, 타고 다니는 수레와 입고 다니는 복장을 구별해야 한다. 이처럼 사람들에게 차등을 둔 뒤에 각자의 분수를 지키게 해야 사회가 안정된다고 본다. 우

---

22. 敷納以言 明庶以功 車服以庸 誰敢不讓 敢不敬應 帝不時 敷同 日奏罔功 (『書經』「虞書」益稷).

임금은 순 임금에게 형하판에서의 삶의 원리를 건의하면서, 형상판에서의 삶의 원리를 비판했다.

순 임금의 장점은 남과 하나 되는 것이었다. 맹자는 순 임금에 대해 높이 평가하여 말하기를, "남과 하나가 잘 되는 사람이다"라고 했다.[23] 한마음을 가지고 있는 사람은 남과 하나가 된다. 남과 하나가 되는 사람은 자기의 주장을 버리고 남을 따른다. 남과 하나가 되어 남을 따르고 남을 인정하면, 남도 그를 좋아하고 그와 하나가 되어 착해진다. 남이 착해지면 그와 하나가 되어 그 착함을 좋아하고 즐거워한다. 순 임금의 삶의 방식이 그러했다. 순 임금이 하나가 되는 것을 강조하는 것은 마음으로 하나가 되는 것을 강조한 것이다. 하나가 된다는 것은 같은 얼굴을 하고, 같은 옷을 입고, 같은 집에서 살고, 같은 음식을 먹고, 같은 일을 한다는 의미가 아니다.

우 임금은 순 임금의 한마음 철학을 잘 이해하지 못했다. 우 임금의 삶의 방식은 화하족의 삶의 방식이었고, 형하판에서의 삶의 방식이었다. 형하판의 철학으로 사는 사람들의 나라에서는 개인주의가 발달한다. 개인주의가 발달하는 나라에서는 왕위가 아버지에서 아들에게 계승되는 경우가 많다. 이러한 특징은 하·상·주 삼대의 왕의 계보를 살펴보면 잘 나타난다.

하나라와 주나라에서의 왕위계승은 주로 아버지에서 아들로 이어진다. 뿌리를 무시한 잎들은 남남이 된다. 형제의 뿌리는 부모이다. 부모를 무시하면 형제가 남남이 된다. 하나라와 주나라에서

---

23. 大舜有大焉 善與人同 舍己從人 樂取於人 以爲善(『孟子』公孫丑章句 上).

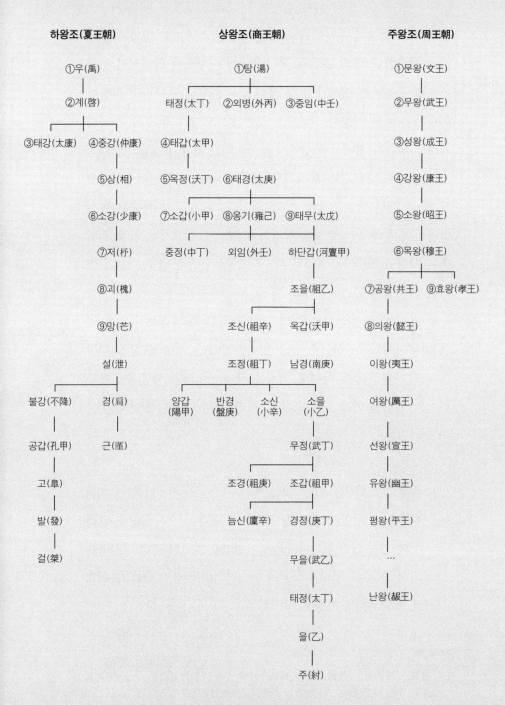

하·상·주 삼대 왕의 계보

는 왕위가 형에서 동생에게로 계승되지 않고, 아버지에서 아들에게로 계승된다. 이와 반대로 은나라에서는 왕위가 형에게서 동생에게로 계승되는 경우가 많다. 뿌리를 기준으로 판단하면 잎들이 하나가 되듯이, 부모를 기준으로 보면 형제가 하나이므로, 은나라에서는 왕위가 형에서 동생에게로 계승되는 경우가 많다.

하나라를 다스리는 통치지도자들은 물질적 가치를 숭상하므로, 힘을 길러 국토를 넓히는 데 힘썼다. 우 임금의 치수는 물이 범람하여 황폐해진 토지를 정리하는 의미도 있었지만, 국토를 넓히는 역할도 했다. 우 임금의 치수로 인해 중원의 구주(九州)가 명확하게 통치 영역으로 확장되었다.

우 임금을 비롯한 하나라의 임금도 하늘을 언급하지 않은 것은 아니다. 그들도 하늘을 언급했지만, 그것은 하늘을 삶의 바탕으로 받아들인 것이 아니라, 백성들 위에 군림하기 위한 수단으로 하늘의 권위를 이용한 것이었다. 『서경』에는 다음과 같은 연설문이 실려 있다.

> 유호씨가 오행을 위협하고 모욕하며 삼정을 게을리 하여 폐기하기에 하늘이 그 명을 끊으시니, 지금 나는 오직 공손하게 하늘의 벌을 실행할 것이니라. (…) 명령을 따르면 조상의 사당에서 상을 주고, 명령을 따르지 않으면 사직에서 죽이되 내 너희들을 처자식까지 죽이겠다.[24]

---

24. 有扈氏 威侮五行 怠棄三正 天用勦絶其命 今予惟恭行天之罰 (…) 用命 賞于祖 不用命 戮于社 予則孥戮汝(『書經』夏書 甘誓).

위의 문장은 우 임금의 연설문이라는 설도 있고, 우 임금의 아들인 계(啓)의 연설문이라는 설도 있다. 하나라의 임금이 하늘을 언급하는 것은 주로 백성들에게 벌을 줄 때이다. 백성들에게 벌을 줄 때, 하늘을 이용하는 것은 두 가지 효과를 기대할 수 있다. 첫째, 벌을 주는 것은 백성들에게 원성을 들을 수 있으므로, 그것을 피하는 수단이 된다. 내가 벌을 주는 것이 아니라, 하늘이 벌을 주는 것을, 내가 대행하는 것일 뿐이므로, 나를 미워하면 안 된다는 것이다. 둘째, 하늘이 벌을 주는 것이고, 내가 벌을 주는 것이 아니므로, 잔인하게 벌을 줄 수 있는 효과가 있다. 벌주는 주체를 하늘로 돌리면 얼마든지 잔인하게 벌을 주더라도 나는 책임을 지지 않아도 된다.

우 임금이 하늘을 이용하는 것은 대체로 이 두 가지 이유 때문이다. 이에서 보면 우 임금에게 하늘은 삶의 바탕이 아니라, 정치적으로 이용하는 수단이었음을 알 수 있다.

제2절 하나라 문화의 한계와 쇠퇴

하나라 사람들에게는 하늘이 삶의 바탕이 되지 않았다. 사람들에게서의 하늘은 형제들에게서의 부모와 같은 존재다. 부모를 잃어버린 형제들은 남남이 되듯이, 하늘을 잊어버린 사람들은 남남이 된다. 사람들이 남남이 되어 살면, 인간 세상은 만인의 투쟁 장소가 되기 때문에, 세상이 불안해진다. 하나라 사람들의 불안한 심리를 알 수 있는 말 중에 기우(杞憂)라는 말이 있는 것을 보면, 이를 짐작할 수 있다.[25] 불안한 인간 세상을 안정시키는 빠른 방법에는 두 가지가 있다. 하나는 규칙과 법을 만들어 사람들에게 철저하게 지키도록 하는 것이고, 다른 하나는 강력한 정치적 지도자가 나와서 강력한 힘으로 사회를 안정시키는 것이다.

하서(夏書) 감서(甘誓)에 나오는 연설문에서 보면 이 두 가지가 강조되고 있음을 알 수 있다. 감서의 연설문에서 무엇보다도 강조하는 것은 오직 임금의 명령을 받들게 하는 것이다. 다음에서 보면 하나라의 안정이 정치지도자의 강력한 명령에 따른 것임을 알 수 있다.

> 좌군이 왼쪽에서 공격하지 않으면 너희들은 명령을 받들지 않는 것이며, 우군이 오른쪽에서 공격하지 않으면 너희들은 명령을 받들지 않는 것이며, 말 모는 책임자가 말을 바로 몰지 않으면 너희들은 명령을 받들지 않는 것이니라. 명령을 따르면 조상의 사당에서 상을 주고, 명령을 따르지 않으면 사직에서 죽이되 내 너희들을 처자식까지 죽이겠다.[26]

나라를 안정시키기 위해 규칙과 법전을 강조한 것은 『서경(書經)』하서(夏書) 오자지가(五子之歌)에도 보인다.

> 밝고 밝은 우리 할아버지께서는 만방의 군주이셔서 법전을 두

---

25. 기(杞)는 하나라 사람의 후손들이 사는 나라이다. 기나라 사람 중에 하늘이 무너지지 않을까 걱정하고, 땅이 꺼지지 않을까 걱정하는 사람이 있었다는 데서 기우라는 말이 나왔다. 『列子』天瑞篇에 나오는 내용이다.
26. 左不攻于左 汝不恭命 右不攻于右 汝不恭命 御非其馬之正 汝不恭命 用命 賞于祖 不用命 戮于社 予則孥戮汝(『書經』夏書 甘誓).

고 규칙을 두셔서 자손들에게 남기셨으니, 부피의 단위가 통일되고, 무게의 단위가 고르게 되었다.[27]

규칙이 만들어지고, 강력한 지도자가 등장해야 사회가 안정되기 때문에, 사람들은 누구나 강력한 지도자의 등장을 원한다. 그러나 사회가 안정되고 나면 지도자는 할 일이 없으므로, 강력한 권력을 가질 필요가 없다. 그러나 일단 강력한 권력을 손에 넣은 지도자는 그 권력을 쉽사리 내놓지 않는다. 할 일이 없어진 권력자는 강력한 권력을 가지고 백성들에게 세금을 걷고, 그 세금으로 향락을 추구한다. 그렇게 되면 백성들은 반발하고, 권력자는 반발하는 백성들을 탄압하면서 나라가 다시 혼란의 도가니에 빠진다. 나라가 혼란할수록 권력자는 점점 더 강력한 권력을 원하고 백성들의 반발은 점점 더 커진다.

하나라 말기에 이르면 이런 혼란은 극에 달한다. 하나라의 마지막 임금인 걸(桀)은 자기를 태양에 비유하며, 무소불위의 권력을 휘둘렀다. 이에 반발한 백성들은 "이 해는 언제 없어지려나. 내 너와 함께 죽겠노라"[28]하고 울부짖었다.

하나라 사람들의 삶의 방식은 형하판을 바탕으로 하는 것이었다. 형하판을 바탕으로 살아가는 사람들은 한마음을 챙기는 데 서투르다. 한마음을 챙기지 못하는 것은 나무의 뿌리를 가꾸지 못하는 것과 같다. 나무의 뿌리가 망가지면 잎과 줄기가 모두 망가지듯

---

27. 明明我祖 萬邦之君 有典有則 貽厥子孫 關石和鈞(『書經』夏書 五子之歌).
28. 時日曷喪 予及汝皆亡(『書經』商書 湯誓).

이, 사람들이 한마음을 챙기지 못하면, 총체적인 혼란이 온다. 이 혼란은 한마음을 챙겨야 끝이 나지만, 형하판을 바탕으로 사는 사람들은 한마음을 챙기는 데 서투르기 때문에, 혼란이 장기화한다.

하나라 말기의 혼란은 형하판의 삶에서 오는 한계로 볼 수 있다. 하나라의 한계를 해결하기 위해서는 하나라 사람이 형상판의 철학을 찾아내거나, 외부로부터 형상판의 철학을 수입하는 것이다. 이 두 해결 방법의 하나를 택하지 않으면 하나라의 혼란은 장기화할 것이다. 그러나 이때 하나라에 행운이 찾아왔다. 동이족이 하나라를 정복하여 형상판의 철학을 전파함으로써, 나라를 안정시킨 것이다.

탕 임금이 세운 상나라는 동이족의 나라였다. 『사기』 「은본기(殷本紀)」에 따르면, 은나라의 시조는 순 임금의 신하였던 설(契)이고, 설의 13대째 임금이 탕이다. 상(商)나라의 이름은 순 임금이 설을 상(商)에 봉하고, 성을 자씨(子氏)라 한 데서 유래한다. 「은본기」에 따르면, 상나라는 설에서 탕에 이르기까지 도읍을 여덟 번 옮겼는데, 탕은 박(亳)에 도읍을 정했다. 상나라의 이름이 은(殷)으로 바뀐 것은 뒤에 수도를 은(殷)으로 옮기고부터였다.

제 2 장
상의 건국과 동부 문화의 개화

상(商)나라의 탕(湯: 기원전 1600년경)의 이름은 리(履)이다. 천을(天乙), 대을(大乙), 태을(太乙), 성탕(成湯), 성당(成唐)이라고도 한다.

제1절 상 문화의 특징과 융성

상나라는 동부 지역의 동이족이 세운 나라였고, 상나라의 문화는 동이족의 문화였다. 동이족은 하늘을 중시하고, 하늘의 뜻에 따라 사는 것을 중요하게 생각했다. 탕이 하나라를 정벌한 것도 하늘의 뜻에 따른 것이었다. 이러한 사실은 탕 임금이 하나라를 정벌할 때 백성들에게 행한 연설에 잘 나타나 있다.

> 탕 임금이 말했다. "오라. 너희들 백성들이여! 모두 나의 말을 들어라. 나 소자는 전란이라 하는 것을 감행하려는 것이 아니니라. 하나라가 죄를 많이 지어 하늘이 처벌토록 명령하셨노라. 지금 너희 백성들이여! 너희들은, '우리 임금이 우리 백성들을 돌보지 않고, 우리들의 농사일을 버려둔 채, 하나라를 쳐서 바로잡으려 한다'고 말할 것이다. 나는 오직 너희들의 말을 듣고 싶으나, 하나라가 죄를 지었으니, 나는 하느님을 두려워하여, 감히 그들을 바로잡지 않을 수 없노라."[29]

위의 인용문에서, 상나라 백성이 "우리 임금이 우리 백성들을 돌보지 않고, 우리들의 농사일을 버려둔 채, 하나라를 쳐서 바로잡으려 한다"라고 한 것을 보면, 탕 임금은 하나라에 종속되어 있

---

29. 王曰 格 爾衆庶 悉聽朕言 非台小子敢行稱亂 有夏多罪 天命殛之 今爾有衆 汝曰 我后不恤我衆 舍我穡事 而割正夏 予惟聞汝衆言 夏氏有罪 予畏上帝 不敢不正(『書經』尙書 湯誓).

지 않았음을 알 수 있다. 위의 인용문에서는 탕이 하나라를 공격한 것은 하나라를 정복하기 위한 것이 아니라, 하나라 백성들을 구제하라는 하늘의 뜻을 따르기 위한 것임을 밝히고 있다. 탕 임금이 하늘의 명을 따르기 위해 하나라를 공격한다고 한 것은 하나라의 정복을 정당화하기 위한 것이 아니었다. 탕 임금에게 하늘은 부모와 같았다. 탕 임금이 하늘의 뜻을 따르는 것은, 부모의 뜻을 따르는 것과 같은 것이었다. 탕 임금은 하늘에 대해 자기를 표현할 때, '나 소자'라는 말을 썼다. 하늘에 대해 자기를 '작은아들'로 표현한 것은 하늘을 부모로 여겼음을 의미한다.[30]

탕 임금은 하나라를 정복한 뒤에도 하나라를 정복한 사실에 대해 부끄러워하는 마음이 있었다. 부모의 뜻을 따르는 사람은 형제싸움을 하지 않는다. 형제끼리 싸우는 것은 부모의 뜻을 거스르는 것이다. 부모의 명령으로 동생에게 벌을 줄 경우에도 마음이 흔쾌하지 않듯, 하늘의 뜻에 따라 다른 나라를 무찔렀다 하더라도 마음이 흔쾌할 수 없다. 힘을 자랑하는 정복자들은 다른 나라를 침략하여 정복하는 것을 영광으로 생각하지만, 탕 임금은 그렇지 않았다. 탕 임금은 정복자의 모습이 아니었다. 탕 임금은 하나라를 정복한 것을 부끄러워했다.

탕이 걸을 남소로 추방하고 오직 자신의 덕을 부끄러워하는 마음이 생겨서 말했다. "나는 뒷날 나를 구실로 삼을까 두려워하

---

30. 탕 임금이 하늘에 대해 자기를 '나 소자'로 표현한 예는 『論語』「堯曰篇」에도 나온다.

노라."31

탕 임금의 신하인 중훼(仲虺)가 부끄러워하는 탕 임금을 위로하는 말 중에 탕 임금의 덕을 평가하여 다음과 같이 말한 부분이 있다.

남을 오직 자기처럼 여기시고, 허물을 고치는 데는 인색하지 않으시어 너그러워지시고 어질어지셔서 억 조 백성들을 밝고 미덥게 만드셨습니다.32

남을 자기처럼 여기는 것, 너그럽고 어진 것, 백성들을 밝고 미덥게 만드는 것 등은 한마음을 중시하는 동이족의 특징이고, 형상판을 바탕으로 하는 철학의 내용이다.

상나라 사람들은 종교성이 강하기 때문에 정치방식에서도 하나라와 달랐다. 하나라의 임금은 강력한 권력을 가진 자여야 했지만, 상나라의 임금은 하늘의 뜻을 따르는 자이어야 했다. 정치란 하늘의 뜻을 따라 모든 백성을 진실하고 행복한 사람으로 만드는 것이다. 만약 그렇게 하지 못하는 사람이 임금이 되면 임금답지 못한 임금이 된다. 그런 임금은 혁명으로 추방해야 한다. 혁명이란 임금답지 않은 임금을 추방하고 임금다운 임금을 다시 추대하는 것을 말한다. 탕 임금의 손자인 태갑이 임금의 역할을 제대로 하지 못하자, 신하인 이윤(伊尹)이 태갑을 추방했다가 나중에

---

31. 成湯放桀于南巢 惟有慙德 曰予恐來世以台爲口實(『書經』 尙書 仲虺之誥).
32. 用人惟己 改過不吝 克寬克仁 彰信兆民(『書經』 尙書 仲虺之誥).

태갑이 뉘우치자 다시 임금으로 모셔온 일이 있었다. 이를 『서경』
에서는 다음과 같이 기록하고 있다.

> 왕이 (태도를) 바꾸지 못하자, 이윤이 말하기를, "이처럼 의롭지
> 못한 것은 습관이 본성처럼 되어버렸기 때문이로다. 나는 하늘
> 의 뜻을 따르지 않는 자와는 친할 수 없다"라고 하고는, 탕 임
> 금의 무덤이 있는 곳의 집에 살게 함으로써 선왕의 훈계를 매
> 우 가까이 접하여 세상을 혼미하게 하지 못 하게 했다. 왕이 동
> 궁으로 가서 고생하면서 진실한 덕을 이루어내었다. 3년째 되
> 는 해의 12월 초하루에 이윤이 면류관과 옷을 가지고 가서 뒤
> 를 잇는 임금을 받들어 박으로 돌아왔다. 그리고는 다음과 같
> 은 글을 지었다. "백성들은 임금이 아니면 서로 바로잡아서 살
> 아갈 수가 없고, 임금은 백성이 아니면 사방에서 임금 노릇을
> 할 수가 없습니다. 하느님께서 상나라를 돌보시고 도우셔서 뒤
> 를 잇는 임금에게 그 덕을 이루게 하셨으니, 실로 만세에 이어
> 지는 끝없는 아름다움입니다."[33]

이윤은 임금 자격이 없는 태갑을 추방했다가, 태갑이 뉘우치고
잘못을 고쳐서 임금 자격을 갖추었을 때, 다시 임금으로 추대했
다. 태갑이 만약 뉘우치지 않고 임금 자격을 갖추지 않았다면, 이

---

33. 王未克變 伊尹曰 玆乃不義 習與性成 予弗狎于弗順 營于桐宮 密邇先王其
　　訓 無俾世迷 王徂桐宮居憂 克終允德 惟三祀十有二月朔 伊尹以冕服奉嗣王
　　歸于亳 作書曰 民非后 罔克胥匡以生 后非民 罔以辟四方 皇天眷佑有商 俾
　　嗣王 克終厥德 實萬世無疆之休(『尙書』「太甲上」中).

윤은 그를 다시 추대하지 않고, 다른 사람을 추대했을 것이다. 자격 없는 임금을 추방하는 것은 매우 신중해야 한다. 함부로 임금을 추방한다면 많은 부작용이 따를 수 있다. 만약 임금보다도 못한 사람이 임금을 추방하고 자기가 임금 자리에 오르는 일이 일어난다면 심각한 부작용이 일어난다. 맹자의 제자인 공손추가 신하가 임금을 추방할 수 있는가에 관해 물었을 때, 맹자는 "이윤의 뜻이 있을 때는 괜찮지만, 이윤의 뜻이 없다면 찬탈이다"[34]라고 했다. 임금을 추방했다가 다시 추대하는 일은 힘을 중시하는 사람들의 정치에서는 찾아보기 어렵다.

상나라는 차츰 침체하기 시작했다. 상나라의 좋은 정치가 계속 이어지기 어려운 가장 큰 이유는 하늘의 뜻을 따를 수 있는 임금이 계속 등장하기 어렵다는 데 있다. 하늘의 뜻을 따르기 위해서는 먼저 하늘의 뜻을 알아야 하고, 하늘의 뜻을 알기 위해서는 철저한 수양을 해야 하지만, 철저한 수양을 하는 사람이 많지 않고, 더구나 수양을 완성한 사람이 임금 자리에 오르기가 쉽지 않기 때문이다.

상나라가 차츰 침체해지자 도읍지를 여기저기로 옮기다가, 19대 임금인 반경(盤庚) 때에 이르러 은으로 옮겼다.

하늘의 뜻을 모를 때는 하늘의 뜻을 따를 수 없다. 이 때문에 은나라 사람들은 하늘의 뜻을 알 수 있는 방법을 찾아내었는데, 그 방법이 점이었다. 점에는 사주를 보고 운명을 감정하는 것이 있고, 귀신 들린 사람이 귀신의 소리를 들어 운명을 판단하는 것이 있지만,

---

34. 有伊尹之志則可 無伊尹之志則篡也(『孟子』盡心章句 上).

그 외에도 하늘에게 물어서 하늘의 뜻을 찾는 것이 있다. 은나라 사람들이 개발한 점은 하늘에게 묻는 것이었다. 오늘날 은나라 수도에서 발굴된 거북껍질들이 모두 점을 칠 때 사용한 것이었다. 은나라 사람들이 하늘에게 묻기 위해 거북껍질과 소의 견갑골에 글자를 새겼는데, 그 글자를 후대의 학자들은 갑골문이라 이름 붙였다.

하늘의 뜻을 모르는 임금이 정치할 수 있는 또 하나의 방법은 하늘의 뜻으로 정치할 수 있는 신하를 만나, 그의 보필을 받는 것이다. 22대 임금인 무정이 그런 사람이었다. 무정은 꿈에 하늘이 천거해준 부열(傅說)이라는 인물을 찾아내어, 그의 도움으로 훌륭한 정치를 했다.

무정 이후 자격 없는 임금들이 등장하면서 은나라의 정치는 혼란기에 빠져들기 시작했다. 무정 이후 은나라는 동쪽에 살고 있었던 동이족들과의 전쟁을 빈번하게 일으켰는데, 그것은 동이족의 내분이었다.

제2절 은 문화의 한계와 쇠퇴

하늘마음을 가진 사람이 하늘의 뜻에 따라 정치하면 지상천국을 건설할 수 있다. 하늘마음이 한마음이다. 은나라의 정치는 늘 한마음을 강조하는 정치였다. 『서경』 「상서(商書)」 〈반경하(盤庚下)〉에는 다음과 같은 반경의 연설문이 나온다.

재물이나 보배에 총력을 기울이지 말고, 살고 사는 길을 스스

로 따르도록 하라. 모범적으로 백성들에게 덕을 펴서 영원히 한 마음으로 함께하도록 하라.[35]

정치는 한마음을 회복한 사람이 담당해야 하지만, 현실적으로 그렇게 되기가 어렵다. 그 이유는 한마음을 회복한 임금의 아들이 아버지처럼 한마음을 회복할 수 있다는 보장이 없기 때문이다. 아무리 훌륭한 사람도 다른 사람에게 한마음을 회복하게 할 수가 없다. 본인의 노력을 통하지 않고는 결코 한마음을 회복할 수 없다. 이러한 이유로 인해 훌륭한 임금이 계속 나오기 어렵고, 훌륭한 임금이 계속 나오지 않으면 나라가 혼란해진다.

탐욕이 많은 사람일수록 임금이 되고 싶어 하는 까닭은 탐욕을 채우기 위해서다. 탐욕이 많은 사람이 임금이 되면, 탐욕을 채우는 정치를 한다. 임금이 백성들의 세금을 걷어 자기의 탐욕을 채우면 백성들은 반발한다. 탐욕 많은 임금은 반발하는 백성들을 탄압하는 수단으로 하늘의 뜻이라는 말을 이용한다. 말하자면 자기가 하는 일을 하늘의 뜻이라고 포장하고, 하늘의 이름으로 탄압하는 것이다. 하늘의 이름으로 탄압하면 탄압이 잔인해진다. 탄압이 잔인해질수록 반발은 커지고, 반발이 커질수록 다시 탄압이 잔인해지는 악순환이 계속되면 나라는 혼란에 빠진다.

은나라가 혼란하게 된 원인으로 지적되는 것 중에 가장 큰 것이 정치적 문란이었지만, 그 외에도 과다한 제사와 술을 많이 마시는 것 등이 지적된다. 종교성이 강한 은나라는 하늘에 대한 제

---

35. 無總于貨寶 生生自庸 式敷民德 永肩一心.

사와 조상에 대한 제사 때문에 재정 지출이 많았고, 그 때문에 국가 재정이 어려워졌다. 또 은나라 사람들은 술을 많이 마셨다. 은나라 사람들이 술을 많이 마신 이유에는 여러 가지가 있다. 술은 남과 나를 하나로 이어주는 수단이 되고, 하늘과 사람을 이어주는 수단이 된다. 한마음을 회복한 사람은 남과 내가 하나로 연결되고, 하늘과 사람이 하나로 연결되므로, 술의 힘을 빌리지 않아도 되지만, 한마음을 회복하지 못한 사람은 술의 힘을 빌려서 남과 하나가 되고자 한다. 종교성이 강한 사람들은 한이 많다. 하늘과 연결되지 못하는 사람은 부모 잃은 자녀처럼 외로워져서 한이 생긴다. 한을 극복하는 방법은 한마음을 회복하는 것이지만, 한마음을 회복하지 못한 상태에서 한을 극복하는 가장 빠른 방법은 술을 마시는 것이다. 은나라 사람들은 현실에 집착하기보다는 풍류를 좋아하기 때문에 풍류를 즐기기 위해서도 술을 마신다. 이런 등등의 이유로 백성들이 술로 세월을 보내게 되면, 백성들의 정신이 황폐해지고 경제가 파탄이 나서 나라가 혼란해진다. 은나라의 왕자인 미자(微子)는 은나라가 망하는 것을 예견하며 다음과 같이 말한 적이 있다.

> 미자가 다음과 같이 말했다. "부사여! 소사여! 은나라가 사방을 다스려 바로잡지 않았으니, 우리 할아버지들께서 (공을) 완수하시어 하늘에 진열해 계시지만, 술에 빠진 우리가 술주정하여 아래에서 덕을 어지럽히고 어그러뜨렸다."[36]

위의 문장은 은나라의 임금이 하늘의 뜻을 어기고, 백성들이 술에 빠져서 나라가 어지러워졌음을 말해준다. 은나라에 술의 폐해가 많았음은, 『서경』「주서(周書)」에 〈주고(酒誥)〉라는 편명이 있는 것만 보더라도 알 수 있다. 〈주고〉에 다음과 같은 주공의 말이 기록되어 있다.

왕이 다음과 같이 말했다. "매방에 큰 명령을 분명하게 내리노라. 그대의 근엄하신 아버지 문왕께서 서쪽 땅에 있는 나라를 창건하실 때, 여러 나라와 여러 선비, 및 소정과 어사에게 가르치시고 경계하시어 아침저녁으로 말씀하시기를, '이 술을 제사에서만 써야 할 것이니, 오직 하늘이 명을 내리시어 우리 백성들에게 (술을) 만들기 시작하게 하신 것은 오직 큰 제사 때문이었다. 하늘이 위엄을 내리시어 우리 백성들이 크게 혼란해지고 덕을 잃게 되었으니, 이 또한 술이 오직 퍼졌기 때문이 아님이 없으며, 작고 큰 나라들이 망하게 된 것이 또한 술이 오직 허물이 되었기 때문이 아님이 없었다"라고 하셨다.[37]

위의 문장은 은나라가 망하게 된 원인 중의 하나인, 술의 병폐가 얼마나 컸는가를 말해주는 자료가 된다. 은나라는 주나라의 무왕에게 멸망했다. 주나라는 서부 지역에 근원을 둔 화하족의

---

36. 微子若曰 父師少師 殷其弗或亂正四方 我祖底遂 陳于上 我用沈酗于酒 用亂 敗厥德于下 (『書經』尙書 微子).
37. 王若曰 明大命于妹邦 乃穆考文王肇國在西土 厥誥毖庶邦庶士 越少正御事 朝夕曰 祀玆酒 惟天降命 肇我民 惟元祀 天降威 我民用大亂喪德 亦罔非酒 惟行 越小大邦用喪 亦罔非酒惟辜.

나라였으므로, 은의 멸망은 화하족이 동이족을 몰아내고 중원을 차지한 것임을 의미한다.

제3장
주의 통일과 동서 항쟁의 종언

제1절 문왕의 은 문화 계승

주(周)나라는 서부 지역에 위치한 작은 나라였지만, 문왕(文王) 때에 이르러 은나라의 침체를 틈타 세력이 커졌다. 문왕의 성은 희(姬), 이름은 창(昌)이다. 아버지는 왕계(王季)이고, 어머니는 은(殷)나라에서 온 태임(太任)이었다. 태임은 인품이 훌륭한 현모양처로서 뒷사람들에게 선망의 대상이 되었다. 문왕을 임신했을 때, 태교(胎敎)를 잘한 것으로도 유명하다. 문왕은 은나라에서 크게 덕을 베풀어 이름을 떨친 왕계(王季)의 업을 계승하여, 점차 인근 나라들을 복속하고, 위수(渭水)를 따라 동진하여, 호경(鎬京)에 도읍을 정했다. 지금의 시안[西安] 남서부에 있는 펑이[豊邑]가 바로 그 지역이다. 만년에는 위수(渭水)에서 만난 여상(呂尙: 태공망 太公望. 강태공이란 이름으로 널리 알려져 있음)의 보좌를 받아 덕치(德治)에 힘썼다. 뒤에 은나라로부터 서방 제후의 패자(覇者)라는 의미로서 서백(西伯)이란 칭호를 받았다. 문왕은 제후들의 신뢰를 얻었으나, 은나라를 정복한 것은 그의 아들 무왕 때였다.

무왕(武王)은 이름이 발(發)이다. 아버지 문왕을 계승하여 은나라를 멸망시키고 중원을 장악했다.

은나라의 마지막 임금은 주(紂)라는 인물이었다. 『사기』「은본기(殷本紀)」에 따르면, 은나라의 마지막 임금인 주(紂)는 초기에 현명했으나 나중에 혼탁한 임금이 되었다고 한다. 현명한 임금이 뒤에 혼탁해지기도 하지만, 역사의 기록은 승자에 의해 영향을 받기 때문에 과장된 것이 있었을 것이다. 『논어』「자장편」에는 "주의 잘못이 그처럼 심하지는 않았다. 그래서 군자는 낮은 곳에 있는 것을 싫어하는 것이니, 세상의 비난이 모두 그에게로 가기 때문이다"[38]라고 한, 자공의 말이 있다. 이에서 보면 주(紂)는 세상에서 말하는 것처럼 그렇게 나쁘지는 않았지만, 한 번 나쁜 임금으로 낙인찍히고 난 뒤, 가장 나쁜 임금으로 덮어쓴 것임을 알 수 있다. 주(紂)가 은나라의 임금이었을 때도 은나라의 혼란이 최악의 상황은 아니었지만, 문왕에 비하면 평가가 나쁠 수밖에 없다. 문왕은 화하족이었지만, 동이족인 모친 태임(太任)의 영향을 많이 받았다. 『시경』「대아(大雅)」〈대명(大明)〉에는 태임의 덕을 다음과 같이 칭송한 노래가 전한다.

지의 둘째 임씨께서 은나라에 계시다가　　摯仲氏任 自彼殷商
주나라에 시집와서 서울에서 예 올렸네　　來嫁于周 曰嬪于京
왕계와 배필 되어 좋은 덕을 행하시고　　乃及王季 維德之行
복을 받아 잉태하셔 우리 문왕 낳으셨네　　大任有身 生此文王

---

38. 子貢曰 紂之不善 不如是之甚也 是以君子惡居下流 天下之惡皆歸焉(『論語』「子張篇」).

태어나신 우리 문왕 조심하고 삼가셔서	維此文王 小心翼翼
하느님을 밝게 섬겨 많은 복을 얻으시고	昭事上帝 聿懷多福
베푸신 덕 훌륭하여 온 나라를 받으셨네	厥德不回 以受方國

문왕은 태임의 영향을 지대하게 받았다. 하늘을 받들고 섬기는 태임의 삶의 방법을 문왕이 이어받아 하느님을 섬기며 하느님의 뜻에 따라 나라를 다스렸다.

문왕은 화하족이었으므로, 하느님을 섬기는 형상판의 삶을 바탕으로 하면서도 형하판 철학의 장점인 예법을 만들어 나라의 질서를 확립함으로써 중용의 도를 실현하여 공자의 선구가 되었다.

『중용』에서는 "공자가 요 임금과 순 임금을 으뜸으로 계승하고 문왕과 무왕을 본받아 드러내었다"[39]라고 기술한 바 있다. 공자 철학의 핵심이 중용이므로, 공자가 요 임금과 순 임금, 문왕과 무왕을 선구로 삼았다는 것은 그들이 중용철학을 확립한 사상가였음을 의미한다.

중용철학의 바탕은 형상판이다. 뿌리가 튼튼하면서 잎과 줄기가 무성해야 온전한 나무가 되는 것처럼, 사람도 한마음을 회복한 상태에서 몸의 삶이 충족되어야 온전한 사람이 된다. 공자의 중용철학은 바로 이를 추구한다. 공자가 추구하는 삶은 중용이 최선이지만, 중용을 실현할 수 없을 때는 한마음을 지키는 것과 몸의 삶을 충족하는 것 중에서 한마음 지키는 것을 더 중시한다.

---

39. 仲尼 祖述堯舜 憲章文武(『中庸』 제30장).

뜻 있는 선비와 어진 사람은 살기 위해 한마음을 해치는 일이 없다. 몸이 죽는 한이 있더라도 한마음을 지킨다.[40]

아침에 도를 알면 저녁에 죽어도 좋은 것이다.[41]

사람이 되어 한마음을 가지지 않으면 예를 어떻게 하며, 사람이 되어 한마음을 가지지 않으면 음악을 어떻게 하겠는가![42]

한마음을 지키는 것과 몸의 삶 중에서 하나를 택해야 한다면 공자는 한마음 지키는 것을 택한다. 이를 보면 공자가 중용철학을 지향하지만, 부득이한 경우에는 형상판에서의 삶을 택한다. 형상판에서 추구하는 삶이 확고해지지 않으면 형하판에서 추구하는 삶의 가치는 참된 가치가 아니다. 문왕은 철저하게 하늘의 뜻을 따르는 삶을 살았다. 그것은 은나라의 문화 전통을 이은 것이다.

하늘의 마음으로 사는 사람은 하늘이다. 주나라 사람들은 문왕에 대해 다음과 같이 읊었다.

저 위에 계시는 문왕이시여	文王在上
하늘에서 찬란히 빛나는도다	於昭于天
주나라는 오래된 나라이지만	周雖舊邦
그 기상이 자꾸만 새로워지네	其命維新

40. 子曰 志士仁人 無求生以害仁 有殺身以成仁(『論語』衛靈公篇).
41. 朝聞道 夕死可矣(『論語』里仁篇).
42. 人而不仁 如禮何 人而不仁 如樂何(『論語』爲政篇).

찬란하지 아니한가 주나라의 덕	有周不顯
때맞지 아니한가 하느님의 명	帝命不時
문왕께선 하늘을 오르내리며	文王陟降
언제나 하느님 곁에 계시네	在帝左右[43]

위의 시 외에도 하느님이 주나라에 직접 명령하는 내용이 『시경』에 많이 나온다.

거룩하신 저 하늘의 하느님께서	皇矣上帝
밝고 밝게 이 세상에 임하시어	臨下有赫
사방 백성 살피시어 구해주셨네	監觀四方 求民之莫
정치를 잘못하는 두 나라 있어	維此二國 其政不獲
온 천하 구석구석 다 살피셨네	維彼四國 爰究爰度
하느님이 대신할 자 지정하시어	上帝耆之
그의 능력 미리부터 키워주시고	憎其式廓
서쪽 땅을 고루고루 돌아보신 뒤	乃眷西顧
이 땅에 집 자리를 정해주셨네	此維與宅[44]

하느님을 찬양하며 하느님을 따르는 삶을 추구하는 것은 형상판 철학의 특징이다. 형상판을 바탕으로 삼고 사는 동이족들은 하느님이 세상을 다스린다고 판단하고, 하느님의 명령에 따르는

---

43. 『詩經』「大雅」〈文王之什〉 -文王-
44. 『詩經』「大雅」〈文王之什〉 -皇矣-

삶을 참된 삶으로 여긴다. 문왕에 의해 급부상한 주나라의 백성은 문왕의 영향을 받아 하느님의 뜻을 따르는 삶을 구가했다. 이는 『시경』에 실려 있는 많은 노래가 증명한다. 노래는 사람들의 삶과 문화에 많은 영향을 끼친다. 주나라 초기의 백성들은 하늘을 받들고 하느님의 명령을 따르도록 교육되고 있었다. 이는 은나라의 멸망이 형상판 철학의 폐단이 극에 달했기 때문이 아님을 알 수 있다. 만약 은나라 말기에 형상판 철학의 폐단이 극에 달했다면 문왕이 형상판의 철학을 이어받지 않았을 것이다.

제2절 무왕에 의한 은의 멸망

문왕이 사망한 뒤 주나라의 임금이 된 무왕은 은나라를 멸망시키고 중원을 차지했다. 은나라는 주(紂)의 폭정으로 인해 상당히 쇠퇴하기는 했으나 백성들이 나라의 멸망을 바랄 정도는 아니었다. 은나라와 주나라는 계통이 다른 나라였다. 민족도 달랐고 문화도 달랐다. 무왕이 은나라를 공격했을 때 은나라 군인들은 처절하게 저항했다. 『서경』「무성편(武成篇)」에는 당시의 참상을 다음과 같이 기록했다.

> 무오일에 군대가 이미 맹진을 건너 계해일에 상나라 교외에 진을 치고 하늘의 아름다운 명령을 기다리니, 갑자일 어두운 새벽에 수(受)가 군사를 숲처럼 거느리고 와서 들판에서 만나 싸웠으나, 우리 군사의 적수가 되지 않았다. 앞에 선 무리들이 창

을 거꾸로 들고 달아나거늘 뒤에서 공격하여 패배시키니, 피가 흘러 방패가 떠다녔다.[45]

    주나라가 은나라를 정복하는 것은 이민족을 정복하는 것이었으므로 순조롭지 않았다. 은나라의 저항은 매우 처절했다. 최후의 전투에서는 피가 흘러 방패가 떠다닐 정도가 되었다. 은나라 유민들은 나라가 패망한 뒤에도 처절하게 저항했다. 초기의 주나라 사람들은 저항하는 은나라 유민들을 회유하는 데 온 힘을 쏟았다. 주나라 사람들은 은나라 사람들을 회유하기 위해 천명사상을 이용했다. 은나라 사람들이 하늘의 명령을 따르는 점을 이용한 것이다. 주나라 초기에 주나라 사람들이 설명한 천명사상의 내용은 하늘이 덕 있는 자에게 나라의 통치를 맡긴다는 것이었다. 주나라가 은나라를 멸망시킨 것은 주나라 사람들이 하늘의 뜻을 따른 것이었다고 설명한다. 하늘은 덕을 잃은 은나라 임금 주(紂)에게 정치를 맡기지 않고, 대신 덕이 있는 주나라 무왕에게 주(紂)를 쳐서 주(紂) 대신 은나라를 다스리게 했다는 논리를 편 것이었다. 은나라 사람들의 삶에는 형상판의 철학이 깔려 있고, 주나라 사람들의 삶에는 형하판의 철학이 깔려 있으므로, 은나라 유민들의 저항과 주나라 사람들의 탄압은 형상판과 형하판의 충돌로 볼 수 있다. 판이 충돌할 때 혼란은 극에 달한다. 주나라 후기에 맞이한 춘추전국시대는 판 충돌에 의한 혼란으로 볼 수 있다.

---

45. 既戊午 師渡孟津 癸亥 陳于商郊 俟天休命 甲子昧爽 受率其旅若林 會于牧野 罔有敵于我師 前徒倒戈 攻于後以北 血流漂杵(『書經』「周書」〈武成篇〉).

제3절 주 문화의 특징과 정치적 천명사상

무왕이 은나라를 공격할 때의 연설문에서 화하(華夏)라는 말을 썼는데, 이 화하라는 말은 동이족에 대비되는 서부 지역 사람들을 지칭하는 말이다. 성왕은 주나라의 동쪽 땅을 동하(東夏)라고 칭하기도 했는데, 이는 주나라가 하나라를 이었다는 것을 말해준다.

주공은 아우인 강숙을 동쪽 땅에 임명하면서 훈시한 내용 중에 주나라가 하 민족을 이은 것임을 밝히고 있다.

> 처음으로 우리 지역의 하(夏) 민족과 우리 한 두 나라를 만드시어 우리 서쪽 땅을 닦으시니, (사람들이) 오직 이를 믿고 의지했으므로 하느님에게까지 소문이 나서, 하느님께서 아름답게 여기시어 하늘이 문왕에게 크게 명하시어 은나라를 죽이고 치게 하시거늘, (문왕께서) 그 명을 크게 받으시니, 그 나라와 그 백성들이 이에 느긋해졌다. 그리하여 너의 못난 형인 내가 (그대를) 추천하여 너 소자 봉이 이 동쪽 땅에 있게 되었다.[46]

주나라가 은나라를 정복한 것은 다른 나라를 정복한 것이고, 다른 민족을 정복한 것이므로, 은나라 사람들의 저항은 매우 컸다. 『서경』 주서(周書)의 내용들이 거의 은나라 유민들을 회유하는 내용으로 채워져 있는 것을 보면, 은나라 유민들의 저항이 얼

---

46. 用肇造我區夏 越我一二邦 以修我西土 惟時怙冒 聞于上帝 帝休 天乃大命 文王 殪戎殷 誕受厥命 越厥邦厥民 惟時敍 乃寡兄勖 肆汝小子封 在茲東土 (『書經』康誥).

마나 컸는지를 알 수 있다.

주나라 사람들이 은나라 사람들을 회유하는 방법으로 가장
좋은 것은 은나라 사람들이 좋아하는 것을 채워주는 것이었
다. 은나라 사람들은 하늘을 중시하고, 하늘의 뜻에 따르는 것
을 당연한 것으로 여겼다. 그러므로 주나라가 은나라를 정복하
는 것을 하늘의 뜻이라고 설득하는 것이 가장 효과적이었다. 『서
경』 주서(周書) 다사편(多士篇)에 이런 내용이 잘 나타나 있다.

> 왕이 다음과 같이 말했다. "너희들 은나라의 여러 선비들이여.
> 지금 오직 우리 주나라 왕은 하느님의 일을 매우 신통하게 받
> 들고 계신다. (하늘이) '은나라를 빼앗아라' 하고 명령하시므로
> 하느님께 바로잡았다고 보고하신 것이다. 우리가 일할 때 (은나
> 라를) 의심하거나 적으로 여기지 않았다. 오직 너희들 왕가에서
> 우리를 적으로 여겼다. 내가 말하기를, '오직 너희들이 매우 무
> 도하니 우리가 너희들을 동요시킨 것이 아니라 (동요는) 너희들
> 의 나라에서 시작된 것이다' 하였다. 나는 또한 생각하니, 하늘
> 이 은나라에 나아가 크게 재앙을 내리신 것은 (너희들이) 바르지
> 않았기 때문이다."[47]

주나라가 반발하는 은나라의 유민들을 회유하는 수단으로 천

---

47. 王若曰 爾殷多士 今惟我周王 丕靈承帝事 有命曰 割殷 告勅于帝 惟我事 不
貳適 惟爾王家 我適 予其曰 惟爾洪無度 我不爾動 自乃邑 予亦念 天卽于殷
大戾 肆不正.

명을 이용한 것을 후대의 사람들은 정치적 천명사상이란 말로 표현하기도 한다. 천명사상이란 나라를 멸망시키거나 임금을 세우는 일 등은 근본적으로 하늘의 명령에 따라서 결정된다고 하는 사상이다. 주나라 초기에 은나라 유민들에게 설득한 천명사상은 정치적 목적에 의한 천명사상이란 뜻에서 정치적 천명사상이라 한다.

주나라의 천명사상은 정치적 천명사상으로 국한된 것만은 아니었다. 주나라 무왕의 아버지 문왕은 은나라 출신의 어머니인 태임의 영향을 받아서 하늘을 신봉하고 받드는 정서를 가지고 있었다. 문왕과 무왕은 하늘을 중요하게 생각했고, 하늘의 뜻을 따르는 정치를 했다. 무왕이 은나라를 공격할 때의 연설문은 다음과 같이 시작된다.

> 13년 봄에 맹진에서 크게 모였다. 왕이 말했다. "아! 우리 우방의 총군과 나의 어사와 서사들아. 나의 맹세하는 말을 분명히 들어라. 천지는 만물의 부모이고, 사람은 만물의 영장이니, 진실로 총명한 자가 원후가 되고 원후가 백성의 부모가 된다. 지금 상나라의 임금 수(受)가 하느님에게 불경하며 아랫 백성들에게 재앙을 내리고 있다. 술에 빠지고 여색을 탐하며 감히 포악하고 잔학한 행동을 하여, 사람들에게 가족 단위로 죄주고, 사람들에게 대를 이어 관직을 주며, 집과 정자와 연못과 사치한 옷을 만들어 너희 만백성들에게 해를 끼치며, 충성스럽고 어진 신하를 불태워 죽이고, 임신한 부인의 배를 가르니, 하늘이 진노하시어 우리 교양 있는 아버지께 명령하시어 엄숙하게 하늘의 위엄을 받들게 하셨는데, 큰 공업이 아직 이루어지지 않았다."48

무왕의 천명사상은 정치적 천명사상에 근거한 것만은 아니다. 무왕의 정치철학에는 천명이 깊숙이 자리 잡고 있다. 마음으로는 천명을 따르면서 현실적으로 질서 있는 사회를 건설하는 것이 중용이다. 그것은 뿌리를 잘 가꾸면서 동시에 가지와 잎을 잘 다듬는 것과 같다.

무왕이 중용의 정치를 추구하기 위해서는 질서 있는 사회를 확립할 수 있도록 예를 완비해야 했다. 그러나 무왕은 즉위한 지 얼마 되지 않아 병으로 사망했으므로, 예를 완비할 시간이 없었다. 주나라의 예는 아들인 성왕 때에 주공에 의해 완비되었다. 주공은 어린 나이에 즉위한 성왕을 대신해서 섭정했다. 주공은 섭정하는 동안 예를 완비했는데, 주나라의 예는 『주례(周禮)』라는 책에 정리되어 있다.

주공에 의해 예가 완비되면서, 주나라의 정치는 황금기를 맞는다. 사람들이 천명을 따라 한마음으로 살면서 예법을 실천하여 질서 있는 사회를 만드는 것이 가장 이상적이다. 주공 때의 주나라는 요순시대의 대동사회가 부활하는 듯했지만, 은나라 유민들의 극심한 저항 때문에 대동사회는 실현되지 못했다. 주공의 정치적 성패는 은나라 유민들의 설득 여부에 달려 있었다. 주공은 은나라 유민들의 설득에 총력을 기울였다.

---

48. 惟十有三年春 大會于孟津 王曰 嗟我友邦家君 越我御事庶士 明聽誓 惟天地萬物父母 惟人萬物之靈 亶聰明作元后 元后作民父母 今商王受弗敬上天 降災下民 沈湎冒色 敢行暴虐 罪人以族 官人以世 惟宮室臺榭陂池侈服 以殘害于爾萬姓 焚炙忠良 刳剔孕婦 皇天震怒 命我文考 肅將天威 大勳未集 (『書經』周書 泰誓 上).

주공은 예를 완비하여 주나라의 초석을 다졌지만, 그러나 그의 하늘에 대한 확신은 문왕처럼 확고하지 못했다. 우리는 소공과 나눈 주공의 말에서 그것을 엿볼 수 있다.

> 하늘은 정성스러운 자를 돕는 것 같으나, 나는 또한 감히 알지 못하겠다. '끝에 가서는 상서롭지 않은 데로 갈 것이다'라고 말하게 될지.[49]

주공이 "하늘은 정성스러운 자를 돕는 것 같으나"라고 말한 사실을 우리는 주목해야 한다. 주공은 다사편(多士篇)에서 은나라의 지식인들에게 모든 것을 '하늘의 뜻'이라고 분명하게 말했다. 그런데 지금 형제간의 대화에서 "하늘은 정성스러운 자를 돕는 것 같으나"라고 말한 것은, 하늘에 대해 잘 모른다는 것을 암시한다. '끝에 가서는 상서롭지 않은 데로 갈 것이다'라고 말하게 될지도 모르겠다고 말한 까닭도 그가 하늘에 대해서 잘 모르기 때문이다. 그렇다면 주공은 하늘의 뜻을 대행하는 자가 아니다. 그러면서도 하늘을 말한 것은 당시까지 남아 있는 하늘의 영향력 때문이기도 하고, 유민들을 회유하는 데 도움이 되기도 하기 때문이었다.

주나라는 원래 서부 지역 사람들이 서쪽에 세운 나라였기 때문에, 주공 이후의 주나라 사람들에게는 하늘에 대한 확신이 점차 엷어져 갈 수밖에 없었다.

---

49. 若天棐忱 我亦不敢知 曰其終出于不祥(『書經』 周書 君奭篇).

제4절 영토의 확장과 예법의 강조

주나라는 은을 멸망시킨 뒤에 영토확장정책을 추진했다. 국가에
서 추구하는 물질적 가치의 핵심은 영토이기 때문이다. 영토확장
정책은 무왕을 이은 성왕 때부터 본격적으로 추진되었다. 성왕의
연설문에 다음과 같은 내용이 있다.

> 내 오래도록 염원하여 이르기를, '하늘이 은나라를 망하게 하
> 는 것이 농부와 같으시니, 내 어찌 감히 나의 밭일을 마무리하
> 지 않을 수 있겠는가. 하늘 또한 전에 나라를 편안케 한 사람들
> 을 아름답게 여기신다'라고 했다. 내가 어찌 점을 극도로 활용
> 하여 감히 영토를 확정하도록 지시한 무왕의 뜻을 따르는 데
> 힘쓰지 않을 수 있겠는가. 하물며 지금 점이 아울러 길함에 있
> 어서랴. 그리하여 나는 크게 한 번 그대들과 동쪽으로 정벌하
> 러 갈 것이다. 천명은 어긋나지 않는다. 점에서 말해준 내용이
> 이와 같으니라.[50]

주나라는 한편으로는 영토확장정책을 시행하면서 다른 한편
으로는 국내의 질서와 안정을 위한 예법의 정비에 들어갔다. 예는
사회적 질서를 유지하는 좋은 기능을 하지만, 강제력이 부족하므
로 법을 통한 강제력이 필요했다. 주나라는 법을 강화하지 않을

---

50. 予永念 曰天惟喪殷 若穡夫 予曷敢不終朕畝 天亦惟休于前寧人 予曷其極卜
敢弗于從率寧人 有指疆土 矧今卜幷吉 肆朕誕以爾東征 天命不僭 卜陳惟若
玆(『書經』大誥).

수 없었다. 주공은 예를 완비한 뒤에도 법의 중요성을 다음과 같이 강조한다.

> 따르지 않는 자들은 큰 법으로 다스려야 하는 것이니, 하물며 오직 외서자 훈인과 그 정인 및 소신과 여러 외교 사절들이 따로 법령을 전파하여 펼치고, 백성들의 여론을 조작하여 큰 명예를 얻으며, 생각하지도 않고 힘쓰지도 않으면서 그 임금을 병들게 하면, 이는 악을 끌어내는 것이다. 오직 내가 미워할 뿐이니, 그대는 속히 이 법도에 근거하여 모두 죽여라. 또한 오직 임금이나 오직 장관이 집안사람이나 작은 신하 및 외정을 잘 다스리지 못하여 오직 위엄을 부리고 오직 학대하여 크게 왕명을 훼손하면 덕으로 다스릴 것이 아니다. 그대는 또한 법을 공경하지 않음이 없어서, 그로 말미암아 백성들을 느긋하게 하되, 오직 문왕의 경건함과 조심성으로 백성들을 느긋하게 만들 것을 생각하며, '나는 오직 (문왕의 정치에) 이르기를 생각합니다'라고 하면, 나 한 사람은 그 때문에 기뻐질 것이다.[51]

주나라가 영토를 확장하고 예와 법을 강화하여 안정을 꾀했지만, 은나라의 저항은 끈질기게 이어졌다. 주나라는 은나라 유민들의 저항을 저지하기 위해 총력을 기울이지 않을 수 없었다.

---

51. 不率大戛 矧惟外庶子訓人 惟厥正人 越小臣諸節 乃別播敷 造民大譽 弗念弗庸 瘝厥君 時乃引惡 惟朕憝已 汝乃其速由玆義 率殺 亦惟君惟長 不能厥家人 越厥小臣外正 惟威惟虐 大放王命 乃非德用乂 汝亦罔不克敬典 乃由裕民 惟文王之敬忌 乃裕民 曰我惟有及 則予一人 以懌(『書經』康誥).

제5절 은의 독립 저지를 위한 회유와 압박

주나라는 한편으로는 정치적 천명사상을 동원하여 은나라의 유민들을 설득하고, 다른 한편으로는 예와 법을 강화하여 질서유지를 꾀했으나, 은나라 유민들의 반발은 그치지 않았다. 은나라는 주나라와 다른 나라였으므로 은나라 유민들은 은나라의 독립을 위한 조짐을 보이기도 했다.

> 나라를 편안케 한 무왕이 나에게 남겨주신 큰 보배인 거북을 써서 하늘의 밝은 명을 이을 것이다. 그리하여 바로 말하기를, '서쪽 땅에 큰 어려움이 있어 서쪽 땅의 사람들이 또한 안정되지 않으니, 이에 꿈틀거리는 은나라의 작은 임금이 간 크게도 감히 자기들의 일에 기강을 세우고 (힘을 기르고) 있습니다. 하늘이 위엄을 내리시는데도, 우리나라에 틈이 있어 백성들이 편안하지 않음을 알고 말하기를, "우리가 (과거의 은나라를) 회복할 것이다"라고 하고, 도리어 우리 주나라를 무시합니다. 지금 꿈틀거리기 시작했으니, 오늘내일에 백성 중에 훌륭한 사람 열 사람 정도 있으면, 내가 그들을 보좌로 삼아, 나라를 편안케 한 무왕이 도모한 공을 이루기 위해, 내가 큰일을 일으키려 하니 좋겠습니까?' 하고 내가 점을 치니 아울러 길하니라.[52]

---

52. 用寧王遺我大寶龜 紹天明 卽命 曰有大艱于西土 西土人亦不靜 越玆蠢殷 小腆誕敢紀其敍 天降威 知我國有疵 民不康 曰予復 反鄙我周邦 今蠢 今翼 日 民獻有十夫 予翼以于敉寧武圖功 我有大事 休 朕卜 幷吉(『書經』周書 大誥).

독립운동으로 이어지는 은나라 유민들의 반발을 무마하기 위해 주나라 정부는 우선 은나라의 임금 제을의 왕자인 미자(微子)를 송나라에 봉하여 은혜를 베풀었으나, 은나라 유민들의 반발은 계속되었다. 이에 주나라 정부는 우선 은나라 지식인들을 그들이 좋아하는 천명을 이용하여 회유하는 정책을 펼쳤다.

3월에 주공이 새 도읍지 낙에 처음으로 가서 상나라 왕사들에게 고했다. 왕이 다음과 같이 말했다. "너희들 은나라의 유신인 여러 선비들이여. 무정하신 하느님께서 크게 은나라에 멸망을 내리시니, 우리가 주나라를 도와주시는 천명을 받고, 하늘의 밝은 위엄을 받들어, 왕이 내려야 할 벌을 이루어서, 은나라의 명을 바로잡았으니, 하느님에 의해 끝난 것이다. 그러므로 너희 여러 선비들이여. 우리 작은 나라가 감히 은나라의 명을 끊은 것이 아니다. 오직 하늘이 베풀어주지 않으신 까닭은 진실로 어지러운 것을 견고하게 해주지 않기 때문이다. 그리하여 우리를 도와주신 것이니, 우리가 감히 (천자의) 자리를 구했겠는가! 오직 하느님께서 (은나라에) 베풀어주지 않으신 까닭은 오직 아래에 있는 우리 백성들이 변하지 않은 마음을 가지고 행하기 때문이니, 오직 하늘은 밝고 두려운 것이다."[53]

---

53. 惟三月 周公初于新邑洛 用告商王士 王若曰 爾殷遺多士 弗弔旻天大降喪于殷 我有周佑命 將天明威 致王罰 勑殷命 終于帝 肆爾多士 非我小國 敢弋殷命 惟天不畀 允罔固亂 弼我 我其敢求位 惟帝不畀 惟我下民秉爲 惟天明畏 (『周書』 多事).

지식인들을 회유하는 정책에도 불구하고 은나라 유민들의 반발이 계속되자, 이번에는 이주 정책을 통하여 은나라 지식인들을 분산시켰다.

> 왕이 말했다. "아아! 너희 여러 선비들에게 고하노라. 내가 오직 (그대들을) 옮겨서 서쪽 땅에 살게 한 것은 나 한 사람이 덕을 받들기에 편하지 않아서가 아니다. 이는 오직 하늘의 뜻이었다. 그러니 거부하지 말라. 나는 감히 뒤에 딴짓하지 않는다. 나를 원망하지 말라. 오직 너희들은 은나라 선인들의 책도 있고 법도 있으니, 은나라가 하나라의 명을 바꾸었다는 사실을 알아야 할 것이다. 지금 너희들은 아마도 '하나라 사람들은 인도되어 은나라 왕의 조정에 발탁되기도 했고, 모든 관료의 자리에서 복무하기도 했'라고 할 것이다. 나 한 사람은 덕 있는 자의 말을 듣고 쓰는 것이니, 그래서 내가 감히 너희들을 하늘 고을이었던 상나라의 도읍에서 구출해온 것이다. 내가 오직 긴 줄을 인솔하여 오면서 너희들을 힘들게 한 것은, 나의 죄가 아니다. 이는 오직 하늘의 뜻이었다."[54]

주나라 정부는 은나라 지식인들을 서쪽 낙읍으로 이주시키고 다시는 반발하지 않도록 회유와 협박을 동시에 시행했다.

---

54. 王曰 猷告爾多士 予惟時其遷居西爾 非我一人奉德不康寧 時惟天命 無違朕不敢有後 無我怨 惟爾知惟殷先人 有冊有典 殷革夏命 今爾其曰 夏迪簡在王庭 有服在百僚 予一人惟聽用德 肆予敢求爾于天邑商 予惟率肆矜爾 非予罪 時惟天命(『書經』「周書」多士).

너희들이 딴마음을 먹지 않으면 하늘이 너희들에게 복을 주고 동정할 것이지만, 너희들이 딴마음을 먹으면 너희들은 너희들의 땅을 가지지 못할 뿐만 아니라, 나 또한 너희들의 몸에 하늘의 벌을 내리겠다. 지금 너희들은 오직 너희들의 마을에 집을 정하고, 너희들의 거주를 계속하여, 너희들이 이 낙읍에서 일거리도 가지고 나이도 먹게 되면, 너희들의 어린 아들도 기뻐하여 너희들을 따라 옮겨올 것이다.[55]

은나라 유민들에 대한 주나라 정부의 회유와 협박이 계속되어도 은나라 유민들의 저항이 계속되었으므로, 나라가 계속 혼란해졌다. 주나라가 혼란하게 된 결정적 계기는 13대 왕인 유왕(幽王) 때에 찾아왔다. 유왕은 어느 날 강가에서 만난 포사(褒姒)의 아름다움에 빠져, 본부인을 내치고 세자 의구(宜臼)의 세자 직을 박탈했다. 그런 뒤 유왕은 포사의 환심을 사기 위해 봉화대(烽火臺)에 불을 붙이게 했다. 봉화대의 불은 주나라가 위급한 사태에 직면했을 때 제후들의 도움을 청하는 신호로 붙이는 것이었다. 유왕이 봉화대에 불을 붙이게 하자, 그 봉홧불을 보고 달려온 제후들은 속았다는 것을 알고 분노했다. 유왕은 이에 그치지 않고 세 번이나 불을 붙여 제후들의 노여움이 극에 달했다. 그 때문에 막상 북방의 흉노족이 공격해왔을 때는 봉화대에 불을 붙였지만, 아무도 구하러 오지 않았고, 유왕과 포사는 흉노족에게 살해되었다. 기

55. 爾克敬 天惟畀矜爾 爾不克敬 爾不啻不有爾土 予亦致天之罰于爾躬 今爾惟時 宅爾邑 繼爾居 爾厥有幹有年于玆洛 爾小子乃興 從爾遷(『書經』「周書」多士).

원전 770년의 일이었다.

유왕의 뒤를 이어 왕위에 오른 의구(宜臼)는 아버지에 대한 불행한 추억을 간직한 호경을 떠나 동쪽에 있는 낙읍(洛邑: 오늘의 낙양)으로 천도했다. 이를 분기점으로 해서 천도하기 이전의 주나라를 서주(西周)라 하고, 천도한 이후의 주나라를 동주(東周)라 한다.

제6절 동서 항쟁 시대의 종언과 춘추전국시대

하·은·주 삼대는 화하족과 동이족이 번갈아 가면서 중원을 차지한 동서 항쟁 시대였으나, 주나라 이후 동이족은 중원을 차지하지 못했다. 그 주된 이유로는 철기의 대량생산과 철저한 이주 정책 등을 들 수 있다. 주나라 정부는 뛰어난 철제무기로 반발하는 은나라 유민들을 제압했고, 이주 정책을 통해 은나라의 저항 세력을 분산시켰다.

하나라 말기의 혼란은 동부 지역의 동이족인 탕이 하나라를 멸망시킴으로써 끝이 났고, 은나라 말기의 혼란은 서부 지역의 화하족인 무왕이 은나라를 멸망시킴으로써 끝이 났지만, 주나라 후기의 혼란은 동쪽에 있던 동이족들이 주나라를 멸망시킬 힘이 없는 상태로 반발을 계속했기 때문에 동주시대로 들어오면서 혼란이 극에 달했다. 동주시대의 혼란은 하나라 말기와 은나라 말기의 혼란과는 다른 성질의 것이었다. 하나라 말기와 은나라 말기의 혼란은 정치가의 무능과 정치이념의 퇴색에서 비롯된 것이지만, 동주시대의 혼란은 화하족의 형하판과 동이족의 형상판의 충돌에 의한 것이었다. 판이 충돌할 때의 혼란은 판이 안정될 때까지 장기화한다. 시대가 혼란한 까닭은 그 시대를 사는 사람들 대다수가 좋아하는 이론이 없기 때문이다. 동주시대가 혼란에 빠진 까닭은 형상판의 이론들과 형하판의 이론들이 다양하게 표출되어 논쟁을 벌이고 있었을 뿐, 대다수가 좋아하는 이론이 나오지 않았기 때문이다. 동주시대의 혼란은 대다수가 좋아하는 이론이 나올 때까지 계속된다. 대다수가 좋아하는 이론이 나오면, 순발력 있는 정치가가 나와 대다수가 좋아하는 이론으로 정치를 하고, 대다수가 그 정치가를 추종하기 때문에 혼란이 끝이 난다.

후대의 사람들은 동주시대의 혼란기를 전반부와 후반부로 나누어 전반부를 춘추시대, 후반부를 전국시대라 한다. 동주는 기원전 256년에 진(秦)나라에게 망했고, 전국시대는 진시황이 통일한 해인 기원전 221년까지를 말하므로, 엄밀히 말하면 동주시대와 춘추전국시대가 완전히 일치하는 것은 아니다.

춘추시대는 주나라가 낙읍으로 천도한 기원전 770년부터 진(晉)나라가 한(韓), 위(魏), 조(趙)의 세 나라로 나뉜 기원전 403년까지를 말하는 것으로, 춘추시대라는 말은 공자가 저술한 『춘추(春秋)』라는 책에서 다룬 시대이기 때문에 붙여진 이름이고, 전국시대는 기원전 403년부터 진시황이 통일한 해인 기원전 221년까지를 말하는 것으로, 전국시대란 말은 전한 시대의 유향이 쓴 『전국책(戰國策)』에서 다룬 시대이기 때문에 붙여진 이름이다. 춘추시대는 제후들이 주나라 왕실의 권위를 어느 정도 인정하던 시대였다면, 전국시대는 주나라 왕실의 권위를 완전히 무시하고 제후들 스스로가 왕의 칭호를 사용하던 시대였다.

춘추시대로 접어들면서 동부 지역에 살고 있던 동이족들은 더는 화하족을 지배하지 못했지만, 사상과 정서는 여전히 옛 동이족의 것을 이어받고 있었으므로 주나라 정부에 우호적일 수가 없었다. 이는 춘추시대에 처음으로 패권을 차지했던 제(齊)나라가 동이족들이 살고 있던 동부에 있었고, 오(吳)나라와 월(越)나라 등도 모두 동쪽 끝에 자리하고 있었던 것에서 알 수 있다.

춘추시대로 접어들면서 혼란은 장기화했다. 시대가 혼란한 이유는 그 시대를 사는 사람들의 사상이 통일되지 않았기 때문이다. 춘추시대는 화하족이 정치적으로 지배하고 있었지만, 은나라의 유민인 동이족이 저항하면서 화하족의 삶의 터전인 형하판과 동이족의 삶의 터전인 형상판이 충돌하여, 형하판의 철학사상과 형상판의 철학사상이 첨예하게 대립하고 있었다. 개인의 정신이 분열되면 개인의 삶이 혼란해지고, 시대의 정신이 분열되면 시대가 혼란해진다.

대다수가 좋아하는 하나의 사상이나 이론이 있으면, 정치가가 그 이론이나 사상으로 정치하고, 사람들이 그 정치를 지지하고 따르게 되므로 안정을 이룰 수 있다. 그러나 다양한 이론이나 사상이 등장하여 충돌하고 분열하면 정치가가 대다수가 만족하는 정치를 하기 어렵고, 그로 인해 나라가 혼란에 빠진다.

이 외에도 시대가 혼란에 빠지는 원인은 또 있다. 그것은 시대정신이 한계를 맞이했을 때이다. 말하자면 형상판의 사상으로 살던 시대에 형상판의 사상이 한계를 맞거나, 형하판의 사상으로 살던 시대에 형하판의 사상이 한계를 맞아, 더는 사람들의 삶을 이끌지 못하게 되었을 때는 다른 판의 사상이 정립될 때까지 혼란이 이어진다.

춘추전국시대의 혼란은 형상판과 형하판의 충돌에 의한 사상의 분열에 기인한다. 춘추전국시대의 혼란은 대다수가 좋아하는 사상이 등장할 때까지 계속될 것이다.

아픈 사람이 없으면 의사가 나타나지 않지만, 아픈 사람이 많으면 의사가 많이 나타나듯이, 시대가 혼란하면 혼란을 해결하기 위한 사상가가 많이 등장한다. 춘추전국시대는 그 이전의 어떤 시대보다도 혼란이 장기화한 시대였다. 혼란한 시대를 치유하기 위해 등장하는 사상가는 아픔을 치료하기 위해 출현하는 의사와 같다. 춘추전국시대는 유사 이래 가장 혼란하고 어려운 시대였으므로, 가장 많은 사상가가 등장하여 각자의 해결책을 제시했다.

동이족의 문화를 가진 동이족의 후예들은 주나라 문화에 적응하기 어려웠다. 뿌리 가꾸기의 중요성을 아는 사람은 가지와 잎 가꾸기만을 강조하는 사람에게 동조할 수 없듯이, 하늘을 중시하고 한마음을 강조하는 사람들은 예치에 주력하는 주나라의 문화에 적응하기가 어려웠다. 그들은 주나라가 안정을 유지하고 있었을 때는 침묵하고 있었지만, 주나라가 침체하여 혼란에 빠진 뒤에는 침묵하지 않는다. 그들은 당시의 정치와 삶의 방식에 나타나는 근본적인 문제를 지적하고 그 해결책을 제시한다. 그중 선두주자로 등장한 사상가가 노자이다.

사마천의 『사기』에 따르면, 노자는 초나라 사람이다. 성은 이(李)씨이고, 이름은 이(耳), 자는 백양(伯陽), 또는 담(聃)이라 한다. 노자는 본질을 중시하는 동이족의 사상을 이어받았다. 본질은 나무의 뿌리에 해당한다. 뿌리가 튼튼하기만 하면 잎과 가지는 가만히 두어도 잘 자란다. 사람도 마찬가지다. 사람은 누구나 타고난 본질을 가지고 있다. 그것을 노자는 도(道)라 표현했다. 도를 우주의 생명력이라 해도 될 것이고, 자연의 생명력이라 해도 될 것이다. 사람들이 우주의 생명력에 충만하기만 하면, 대우주가 질서정연하게 진행되는 것처럼, 인간사회도 질서정연하게 진행될 것이다. 인간사회가 혼란하게 된 원인은 인간이 도를 상실했기 때문이다. 노자는 그 과정을 다음과 같이 설명한다.

> 도가 없어지자 덕을 중시하게 되었고, 덕이 없어지자 인을 중시하게 되었으며, 인이 없어지자 의를 중시하게 되었고, 의가 없어지자 예를 중시하게 되었다. 예라는 것은 속마음의 껍데기로서, 어지러움을 일으키는 우두머리다.[56]

주나라 정부가 나라를 통치하는 수단으로 삼은 것이 예(禮)이기 때문에, 춘추시대의 혼란은 필연적이다. 노자는 이를 꿰뚫었다. 예란 도덕과 인의를 실천하는 사람의 삶의 방식이고 행동 방식이므로, 도덕과 인의를 실천하는 사람에게는 예가 도덕과 인의의 표현이지만, 도덕과 인의를 상실한 사람이 실천하는 예(禮)는 도덕과 인의가 들어 있지 않은 껍질일 뿐이다. 껍질인 예는 거짓을 포장할 수 있고, 진실을 위장할 수 있다. 예만을 강조하면 사회가 혼란해지는 것은 그 때문이다. 주나라에서는 예와 법을 중시한다. 예와

---

56. 失道而後德 失德而後仁 失仁而後義 失義而後禮 夫禮者忠信之薄 而亂之首 (『老子』 제38장).

법이란 사람이 만들어낸 것으로 본질적인 것이 아니다. 본질적인 것을 상실한 사람의 삶은 가짜이다. 가짜로 살면 행복할 수 없다.

> 사람이 파악한 진리는 불변의 진리가 아니다. 사람이 붙인 이름은 불변의 이름이 아니다.[57]

사람이 자의적으로 만든 것은 참된 것이 아니다. 참되지 않은 것은 수시로 변한다. 사회가 안정되기 위해서는 불변의 진리를 회복해야 한다. 불변의 진리는 하늘이고 도이고 자연이다. 노자는 춘추시대의 혼란을 해결하는 근본적인 방안으로 하늘을 따르고 도를 따르고 자연을 따를 것을 제시했다.[58] 하늘과 도와 자연은 동이족이 중시하는, 형상판 사상의 핵심이다. 노자는 주나라의 혼란을 동이족의 힘으로 해결하는 대신, 동이족의 사상으로 해결하고자 한 것이다. 노자의 해결책은 혼란한 사회 바깥에 초연하게 있으면서 근본적인 해결책을 던져주는 방식이다. 혼란한 사회 속으로 들어가 고통 받는 사람들의 문제를 직접 해결해 주는 방식이 아니었기 때문에 사람들의 호응을 받기가 어려웠다.

노자의 해결책이 영향력을 발휘하지 못하자 공자가 등장하여 사회 속으로 들어가 직접 해결책을 제시했다. 공자는 그 이전의 사상을 집대성하여 근본적이고 현실적인 해결책을 내어놓았다.

---

57. 道可道 非常道 名可名 非常名(『老子』 제1장).
58. 人法地 地法天 天法道 道法自然(『老子』 제25장).

제4부

■

공자의 출현과 유학의 완성

제1장
공자의 생애와 득도 과정

공자의 성은 공(孔), 이름은 구(丘), 자는 중니(仲尼)이다. 공자는 기원전 551년 중국 춘추시대 노나라에서 아버지 숙량흘(叔梁紇)과 어머니 안징재(顔徵在) 사이에 태어났다. 숙량흘과 안징재는 정상적인 부부 사이가 아니었다. 숙량흘에게는 본부인이 있었다. 70세 가량 되었을 때 16세가량의 안징재와 만나 공자를 나았다. 안징재는 공자를 임신했을 때 이구산(尼丘山)에서 백일동안 기도를 드렸다. 공자는 3세 때 아버지가 돌아가시고, 홀어머니인 안징재와 함께 모진 고생을 했다. 어렸을 때부터 온갖 천한 일을 다 하면서 자랐다. 모자가 함께 모진 고생을 한 결과 살림살이도 조금씩 나아졌다.

공자에게도 사춘기가 찾아왔다. 이미 15년가량을 살았고, 육체적으로는 거의 성인(成人)이 되었지만, 정신적으로는 성인이 되지 못했다. 사춘기란 정신적으로도 성인이 되기 위해 몸부림치는 시기이다. 사춘기가 되었을 때 가장 강력하게 다가오는 물음은 바로

이것이다. '나는 누구인가?', '산다는 것이 무엇인가?'

열다섯이 된 공자는 자기가 살아온 세월을 돌아보았다. 고생하며 살아온 세월이었지만 그것은 한순간이었다. 그렇다면 남은 일생도 한순간일 것이다. 세월은 쉬지 않고 흐른다. 잠시도 쉬지 않고 흐르는 물처럼 한순간도 멈추는 일이 없다. 공자는 어느 날 물가에서 흐르는 물을 보고 탄식한 적이 있다. "모든 것은 이 물처럼 흐른다. 조금도 쉬지 않고 밤낮으로 흘러간다."[59] 사람의 일생도 저 물처럼 쉬지 않고 흘러간다. 한순간도 멈추지 않고 계속 흘러간다. 흐르고 흐르다가 도달하는 곳은 죽음의 바다다. 바다에 들어가는 일, 그것은 조만간 다가온다. 그리 먼 훗날의 일이 아니다. 그 바다에 도달하면 잘난 사람과 못난 사람의 차이가 없다. 이긴 사람이나 진 사람이나 매한가지다. 똑똑한 사람이나 어리석은 사람이나 다를 게 없다. 그런데도 사람들은 그 바다에 들어가는 일은 생각하지도 않은 채, 남들과 싸워 이길 궁리만 한다. 그러면서 자기가 남들보다 똑똑하다고 뽐내곤 한다.[60] 그런 것이 무슨 의미가 있을까? 공자는 이를 깨달았다. 조만간 다가오는 죽음의 바다. 살아생전에 이루어놓은 것이 모두 물거품이 되고 말 그 바다, 그 바다가 눈앞에 와 있다. 사람들에게는 그 바다가 까마득한 먼 훗날의 일로 느껴질지 모르지만, 지난 15년이란 세월이 순간처럼 느껴진 공자에게는 그것이 눈앞의 일로 다가왔다. 공자는 절박했다.

---

59. 子在川上曰 逝者如斯夫 不舍晝夜(『論語』 子罕).
60. 공자는 훗날 사람들이 죽음의 바다에 들어가면서 피할 줄을 모르고 자기가 똑똑하다고 뽐내기만 하고 있는 어리석음을 다음과 같이 깨우친 적이 있다. 人皆曰予知 納諸罟擭陷阱之中而莫之知辟也(『中庸』 제7장).

절박하게 방황하던 공자는 어느 날, 자기처럼 방황하다가 해답을 찾은 사람을 만났다. 바로 요(堯)와 순(舜)이었다. 방황 끝에 해답을 찾은 사람은 방황하는 사람에게 구세주로 다가온다. 부모님은 그립다. 나를 낳아주었고, 길러주었을 뿐만 아니라, 나를 위해 자기의 목숨도 내어 줄 존재이기 때문에 그렇다. 그리운 사람은 부모만이 아니다. 나를 죽음에서 건져주는 사람을 만나도 마찬가지다. 그런 사람은 부모처럼 그립고 부모처럼 고맙다.

그리운 사람을 그리워하고만 있으면 의미가 없다. 그들과 만나고 그들처럼 되어야 의미가 있다. 공자가 그들을 만나고 그들처럼 되는 방법은 배움을 통해서였다. 공자의 배움은 두 달밖에 남지 않은 절박한 환자가 약을 구하는 것과 같은 절박한 것이었다. 세상에 그보다 더 기쁜 일은 없다. 공자는 자기보다 배움을 더 좋아하는 사람을 본 적이 없다고 술회한 적이 있다.[61]

공자는 15세 때 배움의 길에 들어섰다. 세상의 어떤 것도 이보다 더 기쁠 수는 없다. 공자가 말하는 배움이란 다른 사람이 말하는 배움과 내용이 다르다. 다른 사람이 말하는 배움이란 남을 이기기 위한 지식 쌓기가 대부분이지만, 공자가 말하는 배움은 그런 것이 아니었다. 많은 사람을 이긴 사람도 늙어 죽기는 마찬가지다. 그런 사람에게 참다운 행복은 없다. 참다운 행복은 늙어 죽는 길에서 벗어날 때 찾아온다. 공자가 말하는 배움은 참다운 행복을 찾는 길이다. 그 길은 자기를 바로잡는 데서부터 시작된다.

배움의 목표는 옛 성인처럼 되는 것이다. 옛 성인은 하늘마음으

---

61. 子曰 十室之邑 必有忠信 如丘者焉 不如丘之好學也(『論語』公冶長).

로 산 사람이다. 사람의 마음에는 하늘마음과 탐욕이 있다. 원래는 하늘마음뿐이었으나, 탐욕이 들어와 하늘마음을 밀어내고 그 자리를 차지한다. 사람들이 탐욕에 갇혀있으면 온갖 고통이 다가오지만, 탐욕을 없애고 하늘마음을 회복하기만 하면 모든 고통은 일시에 해결된다. 배움이란 다른 것이 아니다. 탐욕을 없애고 하늘마음을 회복하는 것뿐이다. 탐욕을 없애는 방법에는 여러 가지가 있지만, 크게 세 가지로 압축된다. 첫째는 하늘마음이 어떤 것인지를 아는 것이고, 둘째는 탐욕이 생기는 원인을 차단하는 것이며, 셋째는 탐욕이 밖으로 나오는 것을 막는 것이다. 위의 세 가지 방법을 통틀어 학문이라 한다. 하늘마음을 알기 위해서는 자연의 이치를 탐구해야 하고, 하늘마음으로 살았던 사람의 삶의 방식을 참고해야 한다. 탐욕이 생기는 원인을 차단하기 위해서는 마음이 흐트러지지 않도록 다잡아야 한다. 탐욕이 밖으로 나오는 것을 막기 위해서는 예를 실천해야 한다. 예를 지키면 탐욕이 줄어든다. 공자는 하늘마음을 알기 위해 학문을 했고, 마음을 다잡기 위해 마음을 경건하게 유지하도록 노력했으며, 예를 배우고 예를 지켰다. 예를 지키는 것은 탐욕을 없애는 방법이기도 하지만, 사람 사는 도리를 따르는 삶의 방식이기도 하다. 공자는 학문에 몰두했다.

공자는 열아홉 살이 되던 해에 기관씨(丌官氏)의 딸을 부인으로 맞이했다. 결혼한 이듬해 공자는 공무원이 되었다. 공자가 처음 담당한 벼슬은 위리(委吏)라는 직책으로 창고의 출납을 관리하는 하급 관리였다. 위리로서의 그는 완벽하게 직무를 수행했다. 창고의 출납을 정확히 하였고 계산이 분명했다. 그 해에 공자는 아들을 낳았다. 노나라의 임금인 소공은 이를 축하하여 잉어를 하사했다.

그것은 모범 공무원에게 주는 포상의 의미이기도 했다. 공자는 아들의 이름을 잉어라는 뜻으로 리(鯉)라고 짓고, 자를 백어(伯魚)라 했다. 그 후 공자는 사직(司職)이라는 관직으로 자리를 옮겼다. 사직은 가축을 기르는 직책이었다. 공자가 기르는 가축은 모두 무럭무럭 자랐다.

공자는 24세가 되었을 때 모친상을 당했다. 하늘이 무너지는 고통이 공자를 엄습했을 것이다. 슬픔에 잠긴 공자는 세상살이에 아무 의미도 찾을 수 없었을 것이다. 공무원 생활을 그만둔 것도 이즈음이었을 것으로 생각된다. 공자는 죽음에 대해 깊이 생각하지 않을 수 없었을 것이고, 그럴수록 생사를 초월하는 진리를 얻는 길로 매진할 수밖에 없었을 것이다. 진리를 얻는다는 것은 욕심을 극복하는 것과 일치한다. 15세에 시작된 학문에의 열정이 이제 불이 붙었다. 공자는 훗날 자기처럼 학문에 열정적인 사람을 보지 못했다고 술회한 적이 있다. 공자의 학문은 나날이 진전되었다. 공자는 서른 살이 되었을 때 욕심이 많이 줄어들었다. 욕심이 줄어들면 학문의 길에 탄력이 붙는다. 욕심이 많이 남아 있으면, 학문하는 것에도 게으름이 생기고, 예를 실천하는 것도 부자연스러우므로, 강한 의지가 필요하다. 그러나 욕심이 많이 줄어들면 학문이 기뻐지고 좋아지고 즐거워지며, 예의 실천도 자연스러워진다. 이를 공자는 "서른 살이 되었을 때 궤도에 올랐다"라고 표현했다. 공자가 말한 입(立)이란, 궤도에 오른 것을 말한다. 학문이 기뻐지고 좋아지고 즐거워질수록, 학문의 길에 스스로 매진하게 된다. 이런 상태를 본궤도에 올랐다고 할 수 있다. 예를 실천할 때도 욕심이 많이 남아 있으면 속으로는 실천하기 싫은 예를 억지로 실천하는 것이므로, 마음에 없는 예가 되어 예의 실천이 부자연스럽지만, 욕심이 많이 줄어들면 본심에 따라 행동하게 되므로 저절로 예를 실천하게 된다. 예의 실천 역시 궤도에 오른 것이다.

학문에 매진할수록 욕심이 나날이 적어지고, 욕심이 적어질수록 한마음이 돌아온다. 한마음은 하늘마음이다. 하늘마음은 전지전능한 능력이 있다. 탁월한 능력이 생길 때 사람은 욕심으로부터 강한 유혹을 받는다. 욕심은 집착하는 마음이다. 욕심이 줄어들어 한마음에 자리를 내어주게 될 때는, 자리를 내어놓지 않기 위해 심하게 집착한다. 욕심이 사람에게 능력을 발휘하여 욕심을 챙기라고 유혹한다. 정치권력을 가지도록 유혹하기도 하고, 재물을 챙기도록 유혹하기도 하고, 명예를 가지도록 유혹하기도 한다. 공자에게도 남아 있는 욕심이 온갖 유혹을 했다. 만약 그 유혹에 넘어갔더라면 공자의 학문은 거기서 중단되었을 것이다. 하지만 공자는 유혹에 넘어가지 않고 학문을 계속했다. 학문은 알코올 중독자가 금주하는 것과 같다. 중독자가 금주할 때는 심한 유혹을 받는다. 그 유혹을 이기지 못하고 다시 술을 마시면 그간의 노력이 허사가 되는 것처럼, 욕심의 유혹을 뿌리치지 못하면 학문을 이룰 수 없다. 유혹을 뿌리치고 또 뿌리쳐서 욕심이 더는 유혹할 힘이 없어질 때가 되어야 비로소 성공의 길에 들어선다. 공자는 마흔이 되었을 때 유혹에 휘말리지 않을 수 있게 되었다. 탐욕에 유혹받지 않게 되면 학문에 더욱 탄력이 붙는다. 공자의 학문은 나날이 성숙해갔다.

공자는 쉰 살이 되었을 때 천명을 알았다. 천명이란 하늘의 명령이다. 하늘은 사람을 살리기 위해 잠시도 쉬지 않고 명령을 한다. 밥 먹을 때가 되면 "밥 먹어라"라고 명령하고, 피곤할 때는 "쉬어라"라고 명령한다. 하늘의 명령은 귀로 들리는 것이 아니라, 느낌으로 전달된다. 사람이 사는 것은 하늘의 명령을 따르기 때문이다. 하늘의 명령을 따르지 않는다면, 밥 먹어야 할 때 먹지 않고, 쉬어야 할 때 쉬지 않으며, 자야 할 때 자지 못하므로, 생명을 유지할 수 없다. 그러나 사람이 하늘의 명령을 따르는 것은 일부분이고, 대부분은 욕심을 따르느라 하늘의 명령을 외면한다. 학문이란 욕심을 줄여서 하늘의 명령을 따르는 부분을 넓혀 가는 과정이다. 이는 외국어를 공부하는 과정과도 같다. 처음 외국어를 공부한 사람이 외국어 방송을 들으면 몇 마디 단어는 알아듣지만, 대부분은 알아듣지 못한다. 그러나 공부를 계속하면 차츰 알아듣는 단어가 많아지다가 어느 날 귀가 뚫릴 때가 온다. 귀가 뚫리기 전에는 알아듣는 단어가 많아도 외국어를 한다고 말을 하지 못하지만, 귀가 뚫리고 난 뒤에는 외국어를 한다고 말할 수 있다. 하늘의 명령을 알아듣는 과정도 이와 같다. 한마음이 커지는 만큼 하늘의 명령을 많이 알아듣다가 어느 순간 한마음이 욕심을 능가하면 하늘의 명령에 귀가 뚫리는 순간이 온다. 그 순간이 하늘의 명령을 알았다고 말할 수 있는 순간이다. 공자는 쉰 살이 되었을 때 하늘의 명령을 알았다. 그 순간이 진리를 얻는 순간이고, 득도하는 순간이다. 그 순간은 기쁘기 한량없다. 외국어를 배우다가 귀가 뚫리는 순간을 맞았을 때도 기쁘지만, 진리를 얻을 때의 기쁨과는 비교가 되지 않는다.

쉰 살이 되어 하늘의 명령을 따르게 된 공자는 정치에 관심을 가졌다. 하늘은 만물을 사랑한다. 한마음을 회복한 사람은 만물을 사랑하는 하늘마음을 회복한 사람이다. 하늘의 명령을 따르게 된 공자는 만물을 사랑하는 길로 나서기 위해 정치에 관심을 가졌다. 정치란 백성들에 대한 하늘의 사랑을 대신하는 것이기 때문이다. 공자는 중도(中都)라고 하는 고을의 장관을 시작으로 정치를 시작했다. 노나라에서 뜻을 이루지 못하자, 여러 나라를 돌아다녔지만, 정치적으로 성공하지 못했다. 그 또한 하늘의 뜻이었다. 정치에 참여한 것도 하늘의 뜻이었고, 실패한 것도 하늘의 뜻이었다. 하늘은 공자에게 학문을 통해서 세상을 구제하도록 명령했다. 공자는 아직 학문을 완성한 것이 아니었다. 공자가 정치에 실패한 것은 학문을 완성하라는 하늘의 뜻이었다. 공자가 천명을 알았지만, 여전히 욕심이 남아 있었기 때문에 남아 있는 욕심을 다 없앨 때까지 학문을 계속해야 했다.

외국어를 공부하다가 귀가 뚫렸다고 해서 공부가 완성된 것이 아니다. 그때부터는 모르는 단어가 계속 나온다. 귀가 뚫리기 전에는 아는 단어 수를 늘려가지만, 귀가 뚫리고 난 뒤에는 모르는 단어 수를 줄여나간다. 공부를 계속하여 모르는 단어가 거의 없어지면, 그때는 외국어가 마치 우리말처럼 술술 들린다. 하늘의 명령에 대해서도 마찬가지다. 천명을 알고 난 뒤에도 욕심의 소리가 계속 섞여 들어오기 때문에 그것을 분별하기 위해 귀를 곤두세워야 한다. 하늘의 소리는 잘 듣고 실천해야 하지만, 욕심의 소리는 듣지 않고 참아야 한다. 이런 과정을 계속하다가 욕심이 거의 없어지면 하늘의 소리만 술술 들리게 된다. 공자는 예순이 되었을 때 하늘의 소리를 술술 듣게 되었다. 하늘의 명령이 술술 들리면 다른 사람의 말도 술술 들린다. 내 마음에서 나온 소리가 하늘마음의 소리인지 욕심의 소리인지 분별되지 않을 때는 다른 사람의 말을 들어도, 그것이 하늘마음에서 나온 말인지, 욕심에서 나온 말인지 구별되지 않는다. 아무리 귀를 곤두세워도 알기 어렵다. 그래서 증거를 확인하기도 하고, 앞뒤 문맥을 따져 보기도 한다. 그러나 하늘의 명령이 술술 들리게 되면, 다른 사람의 말을 들어도 그것이 어떤 마음에서 나온 것인지 바로 알기 때문에 귀를 곤두세울 일이 없어진다. 공자가 예순이 되었을 때 그렇게 되었다.

욕심이 조금이라도 남아 있으면 아무리 하늘의 명령이 술술 들린다고 해도 학문이 완성된 것은 아니다. 보통의 사람에게는 완전한 자유가 없다. 사람이 무엇이든 마음대로 해도 좋다면 세상은 혼란해질 것이다. 큰 자루를 가지고 은행에 가서 현금을 담아가는 사람도 있을 것이고, 대통령이 앉는 자리에 앉아 큰소리를 치는 사람도 있을 것이다. 그러나 그런 것을 할 수 없다. 하고 싶어도 참는 것은 자유를 누리는 것이 아니다. 그러나 욕심이 하나도 남아 있지 않다면 다르다. 은행의 돈을 가지고 싶은 마음도, 대통령의 자리에 앉아보고 싶은 마음도 생기지 않는다. 그러므로 마음이 내키는 대로 행동해도 잘못될 일이 없다. 절대 자유란 그런 것이다. 공자는 일흔이 되었을 때, "마음이 하고 싶은 대로 따라 해도 법도에 어긋나지 않았다"라고 술회했다. 공자는 일흔 살에 학문이 완성되어, 완전한 자유를 얻었고 최고의 행복을 얻었다. 최고의 행복을 얻은 공자는 다른 사람도 행복으로 인도해야 했다. 그 방법은 자신이 얻은 방법이었던 학문을 통해서였다. 공자가 학문의 체계를 완성하여 정리한 것은 그 때문이었다. 공자는 일흔 살이 된 즈음에 노나라에서 경전을 정리했다. 시(詩), 서(書), 예(禮),

악(樂), 역(易) 등을 정리하고 71세 때 춘추의 집필을 완성했다. 그후 기원전 479년 4월 기축일(己丑日)이 되던 날, 공자는 제자들이 지켜보는 가운데 73세의 생애를 마감했다.

공자가 생을 마감한 것은 육체적 삶의 방식을 마감한 것일 뿐, 공자가 죽어서 사라진 것은 아니다. 공자는 아침에 도를 알면 저녁에 죽어도 좋다고 한 적이 있다.[62] 도를 안다는 것은 하늘마음을 회복한다는 말이다. 하늘마음을 회복하는 순간 사람이 아니라 하늘이다. 하늘마음은 변함이 없고 하늘 또한 영원하다. 하늘마음을 회복한 공자는 하늘처럼 영원하고, 공자의 마음은 하늘마음처럼 영원한 마음이었다.

제2장
공자의 학문과 사상체계

공자의 학문은 요순을 배우는 데서 출발했다. 요순을 배우고 난 뒤에 공자는 고전 속에 현재를 살아가는 해답이 있다는 것을 알았다. 현재를 알고 미래로 나아가야 할 방향을 알면 현재의 사람들을 인도할 수 있다. 공자는 옛것을 익혀 새로운 것을 알면 스승이 될 수 있다[63]고 했다. 공자는 모르는 것이 없었다. 질문을 하면 그 자리에서 바로 정답을 말했다. 이를 본 제자들이 공자는 나

---

62. 子曰 朝聞道 夕死可矣(『論語』里仁).
63. 溫故而知新 可以爲師矣(『論語』爲政).

공자행교상

면서부터 모든 것을 알고 있는 사람이라고 생각하고 공자처럼 되는 것을 포기하는 듯했다. 이를 감지한 공자가 제자들에게 말했다. "나는 나면서부터 모든 것을 아는 사람이 아니다. 옛것을 좋아하여 재빠르게 구한 것이다."[64] 공자는 옛것을 부지런히 배웠다. 요순에서 시작하여 우 임금·탕 임금·문왕·무왕·주공 등에 이르는 성인들의 삶과 지혜를 배웠고, 역사와 제도를 배웠으며, 예법과 문화예술에 이르기까지 남김없이 배우고 익혔다. 공자의 배움은 지식을 쌓아가는 것이 아니라 자기를 완성하기 위한 것이었다. 자기의 완성은 욕심을 없애고 본심을 회복하는 것이다. 성인들의 삶에서 본심의 내용을 배웠고, 역사 속 인물들을 통해 욕심에 따른 문제점도 알았다. 문화예술을 통해 완성된 사람의 삶이 어떻게 표현되는지도 알았다. 세 사람이 함께 걸어가더라도 거기에 스승이 있었다. 자기보다 나은 사람을 보면 그와 같이 되도록 노력했으므로 그가 스승이었고, 자기보다 못한 사람을 보면 그렇지 않아야 함을 깨달을 수 있었으므로 그 또한 스승이었다. 가장 본질적인 삶의 방식은 자연이다. 짐승이나 초목의 삶에서도 자연의 법칙을 알 수 있으므로 배울 것이 많았다. 천지자연의 운행을 통해서도 자연의 법칙을 익혔다. 배움은 도를 얻기 위한 것이므로 배움으로 일관한 공자의 삶은 구도자의 삶 그 자체였다.

배움은 행복으로 나아가는 과정이다. 행복은 배움이 완성된 뒤에 찾아오는 것이 아니라 배운 만큼 찾아온다. 행복해진 사람은 남에게도 전하고 싶어지는 법이다. 공자는 칠십 세가 되어 학문이

---

64. 子曰 我非生而知之者 好古敏以求之者也(『論語』述而).

완성되었다고 하지만, 그 훨씬 전부터 자신의 행복을 전하기 위한 가르침을 시작했다. 배움과 가르침은 늘 동시적이었다. 공자가 자신의 일생을 표현하여, "묵묵히 알아가는 것, 배우기를 싫어하지 않은 것, 가르치기를 게을리 하지 않은 것 외에 내세울 것이 아무것도 없다"[65]라고 했을 정도다.

당시는 극도로 혼란한 춘추시대였다. 사람을 행복하게 하기 위해서는 혼란한 춘추시대를 안정시켜야 했다. 공자 자신이 그 혼란의 와중에서 모진 고생을 하며 자랐기 때문에 더욱 그랬다. 혼란한 나라를 안정시키기 위해서는 정치적 방법을 외면할 수 없었다. 공자가 모범으로 삼은 정치는 요순의 정치였고, 요순의 정치는 중용사상의 실현이었으므로 공자의 핵심사상 역시 중용이었다. 춘추시대가 혼란한 근본 원인은 중용사상과 중용정치가 무너졌기 때문이었다. 요순에서 춘추시대에 이르기까지 하·은·주 삼대를 거치면서 중용사상과 중용정치가 점점 무너지다가 춘추시대에 이르러 완전히 무너졌다. 공자는 하(夏)와 주(周)가 하화족(夏華族)의 나라였고 은(殷)은 동이족의 나라였다는 것도 알았다. 자신이 은나라의 혈통을 이었기 때문에 동이족의 풍속을 지키고 있었지만,[66] 그것을 말로 드러내지는 않았다. 그런 것을 드러내는 것은 오히려 분열을 조장하는 것일 뿐, 사회의 화합에는 도움이 되지

---

65. 子曰 黙而識之 學而不厭 誨人不倦 何有於我哉(『論語』述而).
66. 공자의 생활을 기록한 향당편에 거친 밥이나 나물국을 먹으면서도 고수레라는 제례를 지내면서 마음을 가다듬었다[雖疏食菜羹 瓜祭 必齊如也]는 내용이 나오고, 검은 옷과 검은 관을 쓰고는 문상하지 않았다[羔裘玄冠 不以弔]는 내용이 나온다. 이는 동이족의 오랜 전통이다.

않는다. 그 대신 공자는 동이족의 삶의 방식과 화하족의 삶의 방식에 다른 점이 있음을 설명했다. 화하족과 동이족을 지역적으로 구분하는 대신, 지자(知者)와 인자(仁者)로 구분하여 추상화시킴으로써 지역적 분열을 극복하고 화합하는 방안을 찾아내었다. 공자의 설명에 따르면, 지자는 물을 좋아하고 인자는 산을 좋아하며, 지자는 잘 움직이고 인자는 고요하며, 지자는 즐기는 삶을 살지만, 인자는 오래 산다.[67] 이처럼 서로 다른 삶 중에서 서로 장점을 찾아내어 융합하면 중용이 된다. 지자의 장점은 지혜로운 것이고 인자의 장점은 어진 것이다. 따라서 지자와 인자의 장점을 융합한 중용은 어진 마음으로 지혜롭게 사는 것이다. 지자의 장점인 지혜로움[知]은 지자에게 단점으로 나타나는 의리가 없는 점과 귀신에 많이 매달리는 점을 극복할 때 나타나는 것이고, 인자의 어진 마음[仁]은 어려운 일을 자기가 먼저 하고 챙기는 것을 나중에 할 때 나타난다.[68]

어진 마음과 지혜로운 몸가짐으로 사는 것을 내용으로 하는 공자의 중용사상에서 어진 마음과 지혜로운 몸가짐이 같은 비중을 가지고 있는 것은 아니다. 어진 마음이 핵심이고 지혜로운 몸가짐이 표피이다. 말하자면 어진 마음인 인이 뿌리라면 지혜로운 몸가짐인 지(知)는 잎과 가지에 해당한다. 인자는 원래 동이족에 대한 별명이고, 동이족의 장점이 한마음이므로 공자 사상의 핵심

---

67. 子曰 知者樂水 仁者樂山 知者動 仁者靜 知者樂 仁者壽(『論語』 雍也).
68. 樊遲問知 子曰 務民之義 敬鬼神而遠之 可謂知矣 問仁 曰仁者 先難而後獲 可謂仁矣(『論語』 雍也).

인 인은 동이족의 본거지인 한반도나 만주 일대에 거주하던 동이족의 한마음에서 유래한다. 그렇다고 해서 그 점을 강조하는 것은 공자의 정신에 어긋난다. 인이 어디에서 유래한 것인가가 중요한 것이 아니라 인의 내용이 무엇인가가 중요하고, 인을 어떻게 회복하여 실천할 것인가가 중요한 것이다. 발원지가 어디인가를 따지는 것은 모두를 하나로 화합하는 데 장애요인이 되기 때문이다.

공자의 인(仁)은 인자(仁者)의 장점인, 남과 나를 하나로 여기는 한마음이다. 한마음을 가진 사람은 자기가 서고 싶을 때 남을 세워주고 자기가 출세하고 싶을 때 남을 출세시켜준다.[69]

한마음은 남과 나를 하나로 여기는 마음이므로 외부로 드러날 때 갈등이 생길 수 있다. 한마음을 가진 사람은 내가 대학에 입학하고 싶을 때 남도 대학에 입학할 수 있기를 바라지만, 다 함께 입학할 수 없는 상황일 때 갈등이 생긴다. 이 갈등을 해소할 수 있는 방법은 시험을 쳐서 성적이 나은 사람이 합격하는 것이다. 이런 방식의 삶의 원리가 의(義)이다. 의로운 사람은 자기가 합격을 하고 남이 불합격했을 때 자기가 기뻐하는 것이 아니라 남들에게 미안한 마음을 가지며, 자기가 불합격하고 남이 합격했을 때 기쁘게 남의 합격을 축하하는 마음을 가진다. 의는 한마음을 실천하는 현실적인 삶의 원리이다. 한마음은 본래부터 가지고 있는 마음이므로 인(仁)이 본래의 상태를 의미하기도 한다. 손과 발이 있어 제 역할을 하는 것은 본래의 상태이므로 그런 상태를 인(仁)이라고 하고, 손이나 발이 없거나 제 역할을 못 하게 된 상태를 불

---

69. 夫仁者 己欲立而立人 己欲達而達人(『論語』雍也).

인(不仁)이라 한다. 이럴 때 원래의 손과 발의 역할을 할 수 있도록 만들어 끼운 것을 의수(義手) 또는 의족(義足)이라 한다.

인자의 삶에서 강조되는 것은 인과 의이다. 인은 한마음을 가지고 사는 것이고, 의는 현실적으로 한마음을 실천할 수 있는 합리적 원리이다.

지(知)는 구별하고 분별하는 마음의 기능이다. 지자(知者)는 만물을 잘 구별하지만, 인간관계에서도 남과 자기를 남남의 관계로 구별하는 특성이 있다. 사람이 남과 자기를 남남으로 판단한다면, 남이 자기에게 어떤 해코지를 할지 예측 불가능하므로, 남들에 대한 불안감을 가지게 되는데, 이를 해소할 수 있는 최고의 방법은 모두가 함께 지켜야 하는 규칙을 제정하여 함께 지키는 것이다. 중국 서부에 살던 화하족은 지적(知的)인 능력이 뛰어난 사람들이었기 때문에 사람들이 함께 지켜야 할 규칙을 만드는데 그것이 예로 정착되었다. 예는 사람이 인위적으로 만들어 낸 규칙이다.

공자는 화하족과 동이족의 화합을 이루는 방법으로 화하족의 삶의 원리와 동이족의 삶의 원리를 하나로 융합하는 것을 시도했다. 그 방법은 화하족이 강조하는 예의 내용을 인위적으로 만들어낸 규칙이 아니라 한마음이 외부로 드러난 삶의 형태로 정의함으로써 인과 예를 하나로 융합시키는 것이었다. 공자는 인의 드러난 표현이 되지 못하는 예는 예가 아니라고 강조한다. 『논어』에는 다음과 같은 공자의 말씀이 나온다.

'예가 중요하다 예가 중요하다' 하니 옥백을 말하는 것인가! '음악이 중요하다 음악이 중요하다'라고 하니 종을 치고 북을 치

는 것을 말하는 것인가!⁷⁰

사람이 한마음을 가지지 않으면 어떻게 예를 할 수 있으며, 사
람이 한마음을 가지지 못하면 어떻게 음악을 할 수 있겠는
가!⁷¹

예를 실천할 때 옥이나 비단 등의 예물을 교환하는 경우가 많
지만, 그 옥이나 비단을 전달하는 것이 예가 아니다. 예는 상대를
나처럼 받드는 마음의 표현이어야 한다. 그러므로 상대를 나처럼
여기는 마음이 없으면서 예를 실천하는 것은 껍데기일 뿐 진정한
예가 되지 않는다.

화하족의 삶과 동이족의 삶의 융합을 시도한 공자의 사상에서
드러나는 또 하나의 특징은 하늘의 정의에서 나타난다. 화하족은
본질을 추구하기보다는 현상을 중시하므로 존재의 본질을 눈에
보이는 것에서 찾는 경향이 있다. 하늘에 대한 용어를 화하족들
은 천(天)으로 표현하는데, 천은 주로 푸른 하늘을 의미하는 물질
적인 하늘이었다. 이에 비해 동이족들은 눈에 보이지 않는 본질을
추구하는 경향이 있었기 때문에, 그들이 상제로 표현하는 하늘
은 만물을 창조하고 다스리는 하느님을 뜻하는 것이었다. 공자는
당시 주나라 사람들이 하늘의 의미로 주로 쓰는 천(天)에 상제의
의미를 넣음으로써 동이족들의 종교성과 화하족의 물질주의적인

---

70. 禮云禮云 玉帛云乎哉 樂云樂云 鐘鼓云乎哉(『論語』陽貨).
71. 人而不仁 如禮何 人而不仁 如樂何(『論語』八佾).

삶의 원리를 하나로 융합시켰다.

한마음을 가지고 몸가짐을 지혜롭게 사는 것을 의미하는 중용적 삶은 매우 어렵다. 한마음을 회복하기도 어렵고 몸가짐을 지혜롭게 가지는 것 또한 어려우므로, 중용을 실천하는 것은 무엇보다도 어렵다. 공자에 따르면 그것은 시퍼런 칼날을 딛고 서기보다도 어렵다.[72]

중용의 삶이 아무리 어렵더라도 사람이 참되고 행복한 삶을 추구하기 위해서는 중용적 삶을 추구하지 않을 수 없다. 행복을 추구하는 삶은 어려워도 기쁘다. 불행해도 좋을 사람은 없으므로 사람이라면 누구나 중용적 삶을 추구하지 않으면 안 된다.

공자의 중용사상은 전체를 포괄한다. 중용을 실천하는 삶을 대나무에 비유하면 다음과 같이 이해할 수 있다.

대나무 한 그루의 온전한 삶은 뿌리를 완전하게 유지하면서 동시에 잎과 가지를 온전하게 유지하는 것이다. 뿌리를 완전하게 갖추면 대나무가 모두 하나이므로 모두 하나가 된 상태에서 모든 대나무의 잎과 가지를 온전하게 갖추고 사는 것이다.

중용을 실천하는 사람의 삶도 이와 같다. 한마음을 온전히 갖추고 건강한 몸을 유지하면서 동시에 다른 사람을 남으로 여기지 않으면서, 다 함께 온전한 몸을 유지하면서 사는 것이다.

뿌리와 가지와 잎을 동시에 가꿀 수가 없듯이, 사람의 마음과 몸을 동시에 챙길 수는 없다. 이 두 가지 일을 동시에 성취하기란 불가능하므로 상황에 따라 선후를 달리할 수밖에 없다. 공자에

---

72. 子曰 天下國家可均也 爵祿可辭也 白刃可蹈也 中庸不可能也(『中庸』 제9장).

따르면, "모든 것에는 뿌리와 잎과 가지가 있고, 모든 일에는 시작과 끝이 있다. 그러므로 먼저 해야 할 것과 나중에 해야 할 것을 알면 모든 것이 제대로 된다."[73]

모든 것에는 뿌리와 잎과 가지가 있다. 뿌리를 먼저 가꾸고 나중에 잎과 가지를 다듬는 것이 일반적인 순서이지만, 이 순서는 고정되어 있지 않다. 뿌리가 상했을 때는 뿌리를 먼저 가꾸는 일이 당연하지만, 잎과 가지에 심각한 문제가 생겼을 때는 잎과 가지를 먼저 챙겨야 한다. 사람의 일도 그렇다. 일반적으로는 마음을 먼저 가꾸고 몸은 다음으로 챙겨야 하지만, 당장 몸을 가누기 어려울 때는 몸부터 먼저 챙겨야 한다. 춘추시대는 사람들이 몸을 가누기 힘들 정도로 어려운 상황이 지속되었다. 사람들은 먹을 것이 없어 굶주렸고, 입을 것이 없어 헐벗었다.

이런 상황에서는 몸을 챙기는 것이 먼저다. 공자가 위나라에 갈 때 위나라의 백성들이 많은 것을 보고 염유와 다음과 같은 대화를 나눈 적이 있다.

공자께서 말씀하셨다. "많구나!" 염유가 말했다. "이미 많아졌으면 또 거기에 무엇을 더해야 합니까?" "부유하게 해주어야 한다." "이미 부유하게 되었으면 또 거기에 무엇을 더해야 합니까?" "가르쳐야 한다."[74]

---

73. 物有本末 事有終始 知所先後 則近道矣(『大學章句』 經1章).

74. 子適衛 冉有僕 子曰庶矣哉 冉有曰旣庶矣 又何加焉 曰富之 曰旣富矣 又何加焉 曰敎之(『論語』 子路).

몸을 유지할 수 없는 상황에서 가장 시급한 것은 몸을 살리는 것이고, 몸을 살리는 데 가장 필요한 것이 경제이므로, 공자는 위나라로 가면서 가장 먼저 경제를 중시했다. 그러나 경제를 발전시켜 몸의 삶을 확보했다고 해서 삶이 완성되는 것은 아니다. 몸을 챙긴 뒤에는 한마음을 챙겨야 참되고 행복한 삶을 살 수 있다. 한마음을 챙기도록 하는 데 중요한 기능이 교육이므로, 공자는 경제를 중시한 다음 바로 교육의 필요성을 강조했다.

공자가 경제를 먼저 말했다고 해서 경제가 교육보다 더 중요한 것은 아니다. 사람들이 몸을 챙길 수 없는 상황이었기 때문에 경제를 먼저 중시한 것이다. 경제보다 더 중요한 것은 교육이다. 교육과 경제를 성공적으로 추진할 수 있는 것이 정치이므로 정치는 공자의 사상에서 중시되지 않을 수 없다.

사람 개개인의 삶에서도 마찬가지다. 제대로 된 삶이란 건강한 몸과 건전한 마음으로 조화를 이루면서 사는 것이다. 건강한 몸을 확보하는 방법에는 여러 가지가 있지만, 그중에서 제일 중요한 것이 경제이므로 사람들은 경제의 중요성을 모두 알고 있다. 그러나 여기에서 주의해야 할 것이 있다. 사람들이 경제를 중시하다가 마음 챙기는 것을 놓치기 쉽다는 것이다. 한마음을 회복하지 못하면 경제적으로 아무리 넉넉하더라도 결국 가짜의 인생이 되고 만다. 경제적으로 조금의 여유가 있기만 하면 바로 마음 챙기는 일을 시작해야 한다. 공자는 15세가 되어 경제적으로 약간의 여유가 생겼을 때 바로 학문을 시작했다. 학문의 목적은 참된 자기를 찾아 참되게 사는 것이었다.

제3장
자기완성을 위한 공자의 수기철학

'나'보다 더 중요한 것은 없다. 사람들은 세상이 중요하고, 국가가 중요하다고 생각하기도 하지만, 사실은 '나'보다 더 중요한 것이 없다. 나라가 중요한 것은 내가 그 나라 사람이기 때문이고, 지구가 중요한 것은 내가 지구인이기 때문이다. 내가 한국인이 아니면 한국이 중요할 까닭이 없고, 내가 지구인이 아니면 지구가 중요할 리가 없다. 그 중요한 '나'에게 아픔이 있다. 극복하지 않으면 안 되는 고통이 있다. 이를 해결하는 것보다 더 중요한 것이 없다. 공자의 학문은 바로 자기의 고통을 해결하기 위한 것이었다.

> 공자께서 말씀하셨다. "옛날 사람들의 배움은 자기를 위한 것이었지만, 지금 사람들의 배움은 남을 위한 것이다."[75]

사람에게는 고통이 있다. 남과의 경쟁에서 이겨야 하는 고통, 밥을 챙겨 먹어야 하는 고통, 늙어야 하고 죽어야 하는 고통 등등을 누구나 가지고 있다. 고통은 중층적이다. 작은 고통은 큰 고통에 비하면 고통 축에 들어가지도 않는다. 남과의 경쟁에서 이겨야 하는 고통은 일차적인 고통이고 저차원적인 고통이다. 이런 고통을 해결하는 데만 머무는 사람은 늘 남을 의식한다. 남에게 과시하기 위해 일류 학교에 다니고 싶어 하고, 비싼 옷을 입고 싶어 하

---

75. 子曰 古之學者 爲己 今之學者 爲人(『論語』憲問).

며, 고급 저택에서 살고 싶어 한다. 그런 노력을 공자는 남에게 보이기 위한 노력으로 보았다. 남에게 보이기 위한 삶은 늙어야 하고 죽어야 하는 것과 같은 근본적인 고통을 당했을 때 허망해진다. 자기의 근본적인 고통은 남과의 관계에서 생기는 것이 아니고, 남이 해결해줄 수 있는 것도 아니다. 오직 자기가 해결해야 할 자기만의 고통이다. 그런 고통을 해결하는 것이 배움의 목표이어야 한다.

자기의 근본적인 고통을 해결하는 가장 좋은 방법은 근본적인 고통을 해결한 옛사람의 방법을 배우는 것이다. 공자는 옛사람에게서 그것을 찾았다. 공자는 옛사람들의 가르침을 좋아하여 부지런히 구했다고 술회한 적도 있다.[76] 공자가 추구한 옛사람의 가르침은 옛 성인의 가르침이다. 옛 성인은 사람이 살아야 할 바른길을 깨우쳐 준 사람이다. 사람의 근본적인 고통은 욕심에 갇혀 바른길을 잃어버린 데서 생긴다. 욕심에서 벗어나 바른길을 찾으면 늙어야 하고 죽어야 하는 고통조차도 사라진다. 아침에 도를 알면 저녁에 죽어도 좋은 것이라는 공자의 말씀[77]이 그런 뜻이다.

옛사람의 가르침 중에 돋보이는 것은 마음에 관한 것이다. 사람의 근본적인 고통은 마음에서 기인한다. 요순의 가르침 중에 인심(人心)과 도심(道心)에 관한 것이 있다. 인심은 본래부터 가지고 있었던 마음이 아니다. 본래부터 가지고 있었던 참된 마음은 도심이지만, 도심의 자리를 대신 차지한 인심이 사람들의 삶을 주도

---

76. 子曰 我非生而知之者 好古敏以求之者也(『論語』述而).
77. 子曰 朝聞道 夕死 可矣(『論語』里仁).

하게 되었다. 사람의 모든 고통은 인심에서 비롯한다. 고통에서 벗어나기 위해 사람이 해야 할 일은 인심을 극복하고 도심을 회복하여, 도심이 삶을 주도하게 만드는 것이다. 공자의 학문은 여기에 집중한다. 도심은 사람의 몸에 들어와 있는 하늘의 마음이기 때문에, 도심 회복으로 귀결된 공자의 학문은 하늘마음을 알고 하늘마음을 실천하는 것으로 귀결된다.

제1절 인간존재의 본질

제1항 천과 천명

공자가 말하는 천(天)에는 은나라 사람들이 주로 쓰던 상제의 개념이 들어 있으므로, 우리가 말하는 하느님에 해당한다. 오늘날 사람들은 하느님을 부정하고 성립한 서구 근세사상의 영향을 받아 하느님을 부정하는 경우가 많으므로, 하느님에 관해 설명하기가 어려워졌다. 하느님은 만물을 만들고 기르는 존재의 본질이다. 하느님은 마음을 가지고 있다. 하느님 마음은 만물에 끊임없이 삶을 지속하라고 명령하는 마음이다. 하느님은 우리를 낳은 부모님과 같고, 끊임없이 살도록 명령하는 하느님 마음은 부모님의 마음과 같다. 부모님의 마음은 자녀를 살리기 위한 마음으로 가득 차 있다. 밥을 먹어야 할 시간인데도 자녀가 밥을 먹지 않고 있으면 '밥 먹어라'라고 명령한다. 피곤하여 쉬어야 할 때가 되었는데도 쉬지 않고 있으면 '쉬어라'라고 명령하고, 자야 할 때 자지 않고 있으면 '자라'라고 명령한다. 부모님의 모든 명령은 자녀를 살리기 위한 방향으로만 작용한다. 심지어 자녀에게 매를 때리는 것까지도 자녀를 살리기 위한 것이다. 하느님의 명령도 그렇다. 하느님은 모든 생물에게 살도록 명령하고, 무생물에는 현재의 상태를 유지하도록 명령한다. 하느님의 명령은 귀로 들리는 것이 아니라, 느낌으로 전해진다. 배고픔을 느끼는 것은 '밥 먹어라'라고 하는 하느님의 명령이고, 피곤함을 느끼는 것은 '쉬어라'라고 하는 하느님의 명령이다. 그런 의미에서 하느님을 자연의 생명력으로 이해해도 된다. 자연이란 의지가 없는 물체 자체가 아니라 생명을 향해 작동하는 생명의 원천이다. 배고픔을 느끼는 것은 먹도록 유도하는 자연현상이고, 피곤함을 느끼는 것은 쉬도록 유도하는 자연현상이다. 모든 것은 자연현상으로 귀결된다. 노자는 "사람이 땅을 본받아서 살고, 땅은 하늘을 본받아서 존재하고, 하늘은 도를 따르고, 도는 자연을 따른다"[78]라고 했다. 노자의 이런 사상이 공자에게 다 수렴되어 있다.

　하느님의 명령을 따르면 삶이 충만해진다. 하느님의 명령을 따르면 아무 위험이 없다. 집이 무너지게 되면 그 집에 있는 생명체들에게 하늘이 그 집에서 나가라고 명령하므로, 그 집에 있는 생명체들은 나가고 싶은 느낌이 든다. 쥐들은 집이 무너지기 전에 그 집에서 나간다. 고양이도 그 집에서 나간다. 그러나 사람은 나가지 않고 그 집에 있다가 다치는 경우가 있는데, 그 이유는 하느님의 명령을 듣지 못했기 때문이다. 밥을 먹을 때가 되면 배가 고프지만, 노름에 빠져 있을 때는 돈을 따고 싶은 탐욕이 생겨 배고

---

78. 人法地 地法天 天法道 道法自然(『老子』 제25장).

품을 느끼지 못한다. 그 까닭은 하느님이 계속 명령하지만, 욕심이 그 명령을 받아들이는 느낌을 차단하기 때문이다. 따라서 욕심이 없는 사람은 하느님의 말씀을 충실히 따르기 때문에 어떤 위험에도 빠지지 않는다. 하느님의 명령을 왜곡시키지 않고 충실하게 받아들일 수 있는 능력이 덕(德)이다. 송나라의 사마 환퇴가 공자를 죽이기 위해 공자가 쉬는 곳에 큰 나무를 쓰러뜨렸다. 그러나 나무가 공자를 피해서 넘어졌다. 제자들은 혼비백산이 되어 정신을 차리지 못했지만, 공자는 태연했다. 그 까닭을 물었을 때 공자는 "하늘이 나에게 덕을 주었으니, 환퇴가 나를 어떻게 하겠는가!"[79] 하고 태연하게 대답했다. 나무가 공자에게 쓰러졌을 때 하느님이 공자를 피해서 쓰러지도록 한 것이 아니라 공자가 나무가 쓰러지는 곳에 앉아 있고 싶은 느낌이 들지 않아서 거기를 피해서 앉은 것이다.

하늘의 명령을 충실하게 받아들인다는 것은 자연의 생명력에 충실하다는 것이다. 자연의 생명력은 쉬지 않고 생명을 유지하도록 작동한다. 덕이 있는 사람은 자연의 생명력에 충실한 사람이다. 자연의 생명력은 몸 외부에서 몸에 명령하는 것이 아니다. 몸 그 자체가 이미 자연이다. 자연의 생명력은 몸 안과 밖의 구별이 없이 하나로 통해 있으므로 몸 그 자체에서 작동한다. 하느님의 명령도 이와 같다. 하느님의 명령이 몸 밖에서 몸에 명령하는 것이 아니다. 하느님의 명령은 이미 몸 안에 들어와 있으면서 몸 안에서 작동한다. 몸 안에 들어와 있는 하느님의 명령은 성(性)에서

---

79. 子曰 天生德於予 桓魋其如予何(『論語』 述而).

나오는 명령이다.

제2항 인간의 본성과 도심

『시경』「대아(大雅)」탕지십(湯之什) 증민(烝民)이란 시에 다음의 내용이 있다.

> 하늘이 뭇 백성을 낳으셨으니
> 모든 것엔 제각각 법칙 있도다.
> 그러기에 백성들의 떳떳한 본성
> 아름다운 인품을 좋아한다네.[80]

하늘이 뭇 백성을 낳았다는 것은 모든 백성이 자연의 이치대로 생겨났다는 것과 같은 의미이다. 자연의 이치대로 생겨난 사람들의 몸 그 자체 역시 자연이다. 자연의 이치대로 유지되기 때문에 그 자체에 이미 자연의 법칙이 들어 있다. 사람들에게 들어 있는 자연의 법칙이 하느님의 명령이고, 그 명령이 성(性)이다. 이 시에서 말하는 이(彝)가 사람들에게 들어와 있는 하느님의 명령인데, 후대에 일반적으로 쓰인 용어는 성(性)이다. 『중용』제1장 첫머리에는 '하늘의 명령을 성이라 한다'[81]는 말이 있다. 성(性)은 심(忄)과 생(生)을 합친 글자로서, '살고 싶은 마음', '살려는 의지' 등의 뜻이다. 모든 사람의 마음 바탕에 깔린 '살고 싶은 마음'은 하느님의 명

---

80. 天生烝民 有物有則 民之秉彝 好是懿德.
81. 天命之謂性(『中庸』 제1장).

령 그 자체이고 자연의 생명력 그 자체이다.

만물의 형체는 눈에 보이는 것이기 때문에 알기도 쉽고, 판단하기도 쉽지만, 보이지 않는 것은 알기도 어렵고 판단하기도 어렵다. 성은 마음 깊숙한 곳에 깔린 것이기 때문에 보이지도 않고 들리지도 않으므로 알기 어렵고 파악하기 어렵다. 하느님의 존재 역시 눈에 보이는 존재가 아니기 때문에 알기 어렵고 파악하기 어렵다. 하느님과 성을 설명하기 어려운 것은 그 때문이다. 하느님과 성에 대한 설명은 공자의 설명이라 해도 알아듣기 어렵다. 자공은 다음과 같이 토로한 적이 있다.

> 자공이 말했다. "예법이나 규칙 등에 대한 선생님의 설명은 알아들을 수 있지만, 성(性)과 천도(天道)에 관한 선생님의 설명은 알아들을 수 없다.[82]

천도는 하늘의 작용이다. 하늘의 마음을 천심(天心)이라 하고, 하늘의 명령을 천명(天命)이라 하며, 하늘의 작용을 천도라 한다. 천명이나 천도는 하늘마음의 표현 형태에 따라 붙인 이름일 뿐 근본적으로 차이가 나는 것은 아니다. 하늘의 마음이나 본성은 나무의 뿌리와 같은 것이기 때문에 파악하기 어렵다.

본성이 그대로 발휘된 인간의 마음이 도심(道心)이고, 본성이 옆으로 새지 않고 곧게 흘러나오게 하는 능력이 덕이다. 하늘마음은

---

82. 子貢曰 夫子之文章 可得而聞也 夫子之言性與天道 不可得而聞也(『論語』公冶長).

하나의 마음이고 모든 사람이 공통으로 가지고 있는 한마음이다. 그 한마음을 그대로 발휘할 수 있는 사람이 덕 있는 사람이고 덕 있는 사람의 마음이 도심이다. 덕 있는 사람은 남을 자기처럼 아끼기 때문에 남들이 그를 따른다. 공자가 "덕 있는 사람은 외롭지 않다. 반드시 이웃이 있다"[83]고 한 말이 바로 이를 의미한다.

『논어』에 성(性)에 대한 설명이 많이 나오지 않는 것은 그만큼 어렵기 때문일 것이다. 공자는 사람들에게 말할 때 그 사람이 알아들을 수 있는 범위에서 말하므로 알아듣지 못하는 사람에게는 함부로 말하지 않기 때문이기도 하다. 『논어』에 나오는 성에 관한 언급은 "성은 서로 비슷하고 습관은 서로 멀다"[84]는 구절이 유일하다. 하나의 나무에서 보면 성은 뿌리에 해당하고 습관은 잎과 가지에 해당한다. 잎과 가지 쪽에서 보면 잎과 가지는 남남이 되지만, 뿌리로 갈수록 하나가 되는 것처럼, 사람들의 관계도 성으로 갈수록 가까워지지만, 습관은 각각 다르다. 성으로 다가가다가 완전히 성에 다다르면 모든 사람이 하나가 된다. 성에 따르는 삶은 본질적인 삶이고, 완전한 삶이며, 행복한 삶이다. 인심에 지배되는 삶에서 벗어나 성에 따르는 삶을 회복하면 그것이 바로 천명을 따르는 삶이 된다. 공자의 가르침은 천명을 아는 것과 천명을 따르는 삶으로 집중되었다. 천명을 따르는 삶의 구체적인 모습은 성을 따르는 삶으로 나타난다. 그러므로 공자 철학을 구체적으로 실천하기 위해서는 성을 알아야 하고, 성을 실천해야 한다. 성

---

83. 子曰 德不孤 必有隣(『論語』里仁).
84. 子曰 性相近也 習相遠也(『論語』陽貨).

을 중심으로 논의를 집중시킨 것은 맹자에서부터 시작된다.

제3항 도심 상실의 원인

사람은 근본적으로 하늘의 뜻으로 살게 되어 있고, 도심으로 살게 되어 있지만, 하늘의 뜻을 잊어버리고 도심을 상실하여 인심에 사로잡혀 산다. 사람이 도심을 상실하게 되는 원인은 내 것 챙기는 계산에 연유한다. 공자는 도심으로 사는 사람과 인심으로 사는 사람을 군자와 소인으로 분류했다. 군자는 하늘마음을 따라 사는 사람이고 소인은 '내 것' 챙기기 위한 계산에 밝은 사람이다.

> 군자는 의로움에 밝고 소인은 이로움에 밝다.[85]

> 군자는 덕을 좋아하고 소인은 땅을 좋아한다.[86]

> 군자는 두루두루 잘 어울리지만, 소인은 이익이 되는 사람에게 줄을 선다.[87]

소인은 '내 것'을 챙기기 위해 하늘의 뜻을 어기는 사람이다. 하늘의 뜻을 어기면 하늘에게 천벌을 받는다. 천벌을 받으면 고통스럽다. 사람이 받는 고통은 대개 천벌에 기인한다. 공자의 삶은 천

---

85. 子曰 君子 喩於義 小人 喩於利(『論語』里仁).
86. 子曰 君子 懷德 小人 懷土(『論語』里仁).
87. 子曰 君子 周而不比 小人 比而不周(『論語』爲政).

벌을 받지 않는 것으로 일관한다. 위나라 정치의 실세였던 공손가가 공자에게 자기에게 잘 보이라고 회유하는 말을 들었을 때, "그렇지 않다. 하늘에 죄를 지으면 빌 곳이 없다"라고 답한 것도 같은 맥락이다.

제4항 도심 상실의 결과

인심은 '내 것'을 챙기기 위한 계산에서 비롯된 욕심이다. 인심이 생겨날수록 그에 비례해서 도심이 사라진다. 욕심에는 두 종류가 있다. 배고플 때 먹고 싶고, 피곤할 때 쉬고 싶은 욕심은 '내 것' 챙기기 위한 계산에서 나온 것이 아니라 하늘의 뜻이고 저절로 느껴지는 자연의 생명력이다. 그런 욕심은 본심이며 자연이다. 반면에 '내 것'을 챙기기 위한 계산에서 나온 욕심은 자연의 생명력과 반대되는 탐욕이다. 사람들이 흔히 말하는 욕심은 탐욕을 말한다.

도심을 상실하고 탐욕에 끌려가는 삶을 살면 여러 가지 문제점이 나타난다. 탐욕에 끌려가는 삶은 참된 삶이 아니다. 탐욕이란 원래 없었다. 원래 없던 것이 도심 속으로 들어와 자리를 잡고 있으면서 사람의 몸을 움직이는 것이기 때문에 탐욕에 끌려서 사는 것은 인간의 본성을 상실하고 헛되게 사는 것이다. 헛되게 사는 사람은 사람이 아니다. 사람은 참된 사람과 어울려 살아야 한다. 참된 사람과 어울려 살지 않고 헛된 사람과 어울려 사는 것은 짐승들과 더불어 사는 것이나 다를 바 없다.

장저와 걸닉이란 사람이 짝을 지어 밭을 갈고 있었을 때 공자가 거기를 지나가면서 자로를 시켜 나루터를 물은 일이 있었다. 그때 장저는 공자가 똑똑하니 나루터를 알 수 있을 것이라고 하면서 가르쳐 주지 않았고, 걸닉은 세상의 흐름은 도도히 흐르는 물과 같아서 바꿀 수 없으니, 세상을 바꾸려고 하는 공자를 따르기보다 자기들을 따르라고 말하면서 가르쳐 주지 않았다. 그들의 말을 전해들은 공자는 "짐승들과 함께 어울려 살 수는 없다. 나는 그 사람들과 어울려 살아야지 누구와 어울려 살겠는가! 세상에 도가 있다면 세상에 뛰어 들어가 세상을 바꾸려고 하지 않았을 것이다"라고 한 적이 있다.[88] 장저와 걸닉은 자연에 묻혀 자연으로 사는 사람이다. 자연으로 사는 사람은 도심으로 사는 사람이다. 공자는 그런 사람들과 어울려 살고 싶었지만, 그러지 못한 이유는 세상이 유례를 찾아볼 수 없을 정도로 혼란하였기 때문이다. 당시의 사람들은 거의 사람의 본성을 상실하였으므로, 사람의 구실을 하고 있지 않았다. 공자는 그런 사람들과 함께 어울려 살기 싫었다. 아무리 그렇다 하더라도 그런 사람들을 포기하지 못하고 그런 사람들을 깨우치기 위해 동분서주한 사람이 공자였다.

탐욕을 채우며 사는 것은 하늘의 뜻을 어기는 것이다. 부모의 뜻을 어기면 회초리를 맞듯이, 하늘의 뜻을 어기면 하늘에게 벌을 받는다. 하늘의 벌을 받으면 고통스럽다. 사람들과의 경쟁에서 지지 않으려고 긴장하며 사는 것도 탐욕에 갇혀서 사는 데서 오는 고통이고, 생로병사의 숙명에서 벗어나지 못해 고통받는 것도 탐욕에 갇혀서 사는 데서 오는 고통이다. 도심은 모두의 마음속에 들어와 있는 하늘마음이고 한마음이므로, 탐욕에서 벗어나 도심을 회복하기만 하면, 모든 고통에서 벗어날

---

88. 『論語』 微子篇 제6장 참조.

수 있다. 아침에 도를 알아 한마음을 회복하면 죽음의 고통에서 벗어난다. 육체적으로 저녁에 죽어도 고통 받을 일이 없다. 한마음을 회복하면 하늘같은 사람이 된다. 그런 사람은 온 세상 사람들이 따돌려도 상처받지 않는다. 백이와 숙제는 한마음을 구해 한마음을 얻은 사람이므로 세상에서 소외되어도 원망할 것이 없다.[89]

탐욕은 채울수록 커지므로 영원히 채울 수 없다. 탐욕을 채우는 것으로 일관하는 사람은 아무리 먹어도 허기지는 아귀처럼 되고 만다. 그러므로 탐욕을 채우기 위해 사는 사람은 불쌍한 사람이다. 그런 사람은 다른 사람에게도 탐욕을 채우도록 부추기므로 다른 사람들에게 죄를 짓는 사람이다. 계씨가 주공보다도 부자였는데, 제자인 염구가 세금을 걷어서 더욱 부유하게 했다. 그것은 계씨에게도 죄를 지은 것이며, 백성들에게도 죄를 지은 것이다. 그때 공자는 단호하게 말했다. "염구는 나의 제자가 아니다. 제자들아 북을 치며 성토해야 한다."[90]

탐욕에서 벗어난 사람은 도심으로 사는 사람이고, 도심으로 사는 사람은 하늘같은 사람이다. 그런 사람은 가난해도 행복하고 몸이 죽어도 행복하지만, 탐욕을 채우는 사람은 아무리 부귀해도 불행하므로 탐욕을 가지고 부귀하게 사는 것은 의미가 없다. 그러므로 의롭지 않으면서 부귀하게 사는 것은 뜬구름 같은 것이다.[91]

---

89. 冉有曰 夫子爲衛君乎 子貢曰諾 吾將問之 入曰 伯夷叔齊 何人也 曰古之賢人也 曰怨乎 曰求仁而得仁 又何怨 出曰 夫子不爲也(『論語』述而).
90. 季氏富於周公 而求也 爲之聚斂而附益之 子曰 非吾徒也 小子 鳴鼓而攻之可也(『論語』先進).

불행의 늪에 빠진 사람은 도심을 회복하는 것보다 더 중요한 것이 없다. 도심을 회복하는 방법이 학문이므로 이 세상에 학문보다 더 중요한 것은 없다. 공자가 "인(仁)을 얻는 데 뜻을 둘 때만 잘못될 것이 없다"[92]고 한 말의 뜻이 여기에 있다.

제2절 도심의 회복 방법

제1항 천명의 인식과 실천

도심은 천명에서 나오는 마음이므로 도심을 회복하는 방법 중에 가장 근본적인 것은 천명을 아는 것이다. 천명을 알면 천명이 얼마나 위대하고 얼마나 중요한지 안다. 천명을 따라 사는 것이 행복이다. 천명을 따라서 살면 모든 고통에서 벗어난다. 천명을 따라서 살면 가난해도 행복하고 천한 계급으로 살아도 행복하다. 천명을 따라서 살 수 있기 위해서는 먼저 천명을 아는 것이 중요하다.

천명을 아는 방법 중의 으뜸은 천명을 따라 살았던 사람의 삶을 살펴보는 것이다. 천명은 천명을 따라서 산 사람의 삶 속에 녹아 있다. 천명을 따라서 산 사람이 성인(聖人)이므로 천명은 성인의 말씀 속에 표현되어 있고, 성인의 삶 속에 들어 있다. 그러므로

---

91. 子曰 飯疏食飲水 曲肱而枕之 樂亦在其中矣 不義而富且貴 於我 如浮雲 (『論語』 述而).
92. 子曰 苟志於仁矣 無惡也(『論語』 里仁).

천명을 가장 빨리 아는 방법은 성인의 말씀과 행적을 적어 놓은 고전을 공부하는 것이다.

공자가 가르친 교과서 역시 성인의 말씀과 행적을 적어 놓은 고전이었다. 공자가 제자들에게 가르친 것은 주로 오경이었다.

1. 『시경』

『시경(詩經)』은 공자가 노나라에 전해져 오던 삼천여 편의 옛 시를 근거로 하여 중복된 것이나 합당하지 않은 것 등을 빼고 305편의 시를 엮어서 새롭게 편찬한 시집을 말한다. 시의 체제는 형식적인 면에서 보면 민요에 해당하는 풍(風)과 조정에서의 공식행사 때 사용하는 아(雅)와 왕실에서 조상에 제사 지낼 때 그들의 공덕을 찬양하는 내용인 송(頌)으로 되어 있고, 내용적인 면에서 보면, 시인의 심정을 직설적으로 읊는 부(賦)와 시인의 심정을 다른 사물에 빗대어 비유법으로 표현한 비(比), 그리고 다른 사물을 보고 일어난 느낌을 읊는 흥(興)의 세 요소로 되어 있다. 시는 형식으로 보면 풍(風)이 제일 많고, 내용으로 보면 흥(興)이 제일 많다.

흥(興)으로 되어 있는 시의 내용은 다른 생물체의 삶의 모습이나 다른 물체의 존재 형태를 보고 거기에서 느낀 것을 자신의 삶에 반영하는 형태를 취하고 있다. 이러한 의미에서 이 시의 내용은 격물치지의 한 형태로 이해할 수 있다. 격물치지(格物致知)란 『대학』에 나오는 말로서, 다른 것에 다가가 앎을 이룬다는 뜻이다. 모든 존재의 본질은 다 같으므로, 다른 생물이나 다른 물체의 본질을 연구하여 그것을 미루어 자기의 본성을 알 수 있고, 자기의 본성을 알면 천명을 알 수 있다. 오늘날의 생물학 물리학 동물

생태학 문화인류학 등을 통해서도 자기의 본성을 알 수 있는 계기가 될 수 있다.

2. 『예기』

예(禮)는 성인의 삶의 형태를 정리해 놓은 것이다. 탐욕스러운 사람은 천명에 어긋난 행동을 하므로, 자신의 행동 방식을 억제하고 성인의 방식을 따라야 한다. 이러한 의미에서 성인의 삶의 방식은 대단히 중요한 학문의 대상이 된다. 성인의 삶의 방식을 기록해 놓은 대표적인 책이 『예기(禮記)』이다. 현전하는 『예기』는 공자의 삶의 방식을 중심으로 후대에 기록해 놓은 것이 많아서 공자가 공부하고 가르쳤던 내용과 일치하지 않는 것이 많다. 공자가 공부했던 예의 내용을 파악하기 위해서는 『주례』와 『의례』도 함께 공부해야 할 것이다. 『예기』와 『주례』 및 『의례』를 합쳐 삼례(三禮)라 한다.

예는 매우 복잡하지만, 예의 원리를 압축하면 다섯 가지 유형의 인간관계에서 지켜야 하는 도리로 수렴된다. 모든 인간관계는, 부모와 자녀의 관계, 임금과 신하의 관계(이는 계급적인 모든 상하관계를 포함한다), 남편과 아내의 관계, 형과 아우의 관계(이는 선배와 후배, 연장자와 연소자의 관계를 포함한다), 친구 관계의 다섯 가지로 분류할 수 있다. 이 다섯 가지 유형의 인간관계에서 지켜야 할 인간의 도리는 부모와 자녀의 관계에서의 친(親), 임금과 신하 관계에서의 의(義), 남편과 아내 관계에서의 별(別), 형과 아우의 관계에서의 서(序), 친구 관계에서의 신(信)이다. 이 다섯 가지 도리를 오륜이라 한다. 『중용』에서는 이 다섯 가지 인간관계에서 지켜야 하는 도리를, 모든 것에 통용되는 다섯 가지 도리라는 의미로 '오달도(五達道)'라 했다.

오륜은 한마음이 다섯 가지 인간관계에서 다르게 나타나는 도리이다. 오륜은 성(性)을 따르는 길이고, 인을 실천하는 구체적인 방도이기 때문에, 예를 통해서 성(性)을 파악할 수 있고 천명을 알 수 있다.

3. 『서경』

『서경(書經)』은 상고시대 요(堯)가 다스리던 당(唐)나라에서 시작하여 주(周)나라에 이르기까지의 역대 성왕들과 현상(賢相)들의 정치적 발언과 행위를 기록한 책이다. 성왕과 현상은 하늘의 뜻을 대행한 자이므로, 성왕과 현상의 행동과 말을 통해 하늘의 뜻을 알 수 있다.

4. 『춘추』

『춘추(春秋)』는 원래 노나라의 역사서이었으나 공자가 춘추에 있는 기록 중에서 은공부터 애공(哀公)까지의 12공 242년간의 내용을 춘추필법으로 정리하였는데, 이것이 오늘날 전해지는 『춘추』이다. 『춘추』의 내용은 주로 제왕들과 고관들의 언행을 기록하고 그것을 평가한 것이다. 춘추시대의 제왕들이나 고관들은 그 이전의 성왕·현상들과 다르므로, 그들의 언행이 하늘의 뜻과 일치하지 않는 것이 많다. 하늘의 뜻이 실현된 경우와 그렇지 못한 경우를 변별해놓은 것이 『춘추』이므로, 『춘추』를 통해서 천명을 알 수 있다.

5. 『주역』

『주역(周易)』은 예순네 가지로 분류되는 인간의 삶의 유형에서 천명에 따르는 삶과 그렇지 않은 삶의 내용을 밝혀놓은 것이므로 『주역』은 천명을 알 수 있는 좋은 자료가 된다. 『주역』은 사람이 살면서 늘 부딪치게 되는 선택의 갈림길에서 하늘의 뜻에 따르는 길을 제시해 놓은 것이다.

공자는 『주역』을 특히 많이 공부했다. 『사기』에는 공자가 『주역』을 많이 공부했기 때문에 『주역』을 묶은 가죽끈이 세 번이나 끊어졌다고 했을 정도다.

공자는 "몇 년 더 공부하여 50세쯤 되었을 때 『주역』을 다 터득하면 잘못된 삶에서 벗어날 수 있겠다"[93]고 예측한 적이 있었다. 실제로 공자는 "50세가 되었을 때 천명을 알았다"라고 했다.

제2항 경을 통한 수양

욕심을 없애는 공자의 방법으로 대표적인 것이 경(敬)이다. 자로라는 제자가 군자에 관해 물었을 때, 공자는 경(敬)으로써 수신(修身)하는 사람이라 대답했다.[94] 욕심을 만들어내는 원인은 '내 것 챙기려는 계산' 때문이므로, 욕심이 생기지 않기 위해서는 '내 것 챙기려는 계산'을 하지 않으면 되는데, 그 방법이 바로 마음을 경건하게 유지하는 지경(持敬)이다. '내 것 챙기는 계산'을 하지 않는 방법이 모두 경의 내용에 포함된다. '내 것'을 챙기는 계산을 하지 않

---

93. 子曰 加我數年 五十以學易 可以無大過矣(『論語』述而).
94. 子路問君子 子曰 修己以敬(『論語』憲問).

는 방법에는 크게 두 가지가 있다. 하나는 '나'라는 개념을 없애버리는 것이고, 다른 하나는 아무런 계산을 하지 않도록 마음을 경건하게 간직하는 것이다.

1. '나'를 없애는 수양 방법

주역 박괘(剝卦)에는 '나'를 없애는 수양법이 설명되어 있다. '나'라는 것은 원래 없었다. 몸은 저절로 만들어진 하나의 물체이므로, 저절로 만들어졌다는 의미에서 다른 물체와 구별되지 않는 자연일 뿐이다. 그러던 것이 살아가면서 경험한 내용을 기억이라는 형태로 저장을 하고 저장된 기억이 많이 쌓여서 '나'라는 것으로 둔갑했다. 기억상실증에 걸린 사람이 '내가 누구입니까?'라고 하며 묻고 다니는 것은 잃어버린 자기의 기억을 찾으려는 것이다. 기억이 원래부터 있었던 것이 아니므로 '나'는 원래부터 있었던 것이 아니다.

사람에게 '나'라는 것이 만들어지면 '내 것 챙기려는 계산'으로 말미암아 욕심이 생겨나고, 사람은 그 생겨난 욕심에 갇힌다. 욕심은 사람을 가두는 감옥인 셈이다.

기억이 '나'를 만들었고, '나'가 욕심을 만들었으므로, 욕심을 없애기 위해서는 '나'를 없애면 되고 '나'를 없애기 위해서는 기억을 지우면 된다. '나'의 삶의 내용이 기억 속에 저장되어 있으므로 나의 삶의 내용을 지우는 것이 곧 기억을 지우는 것이다.

『주역』「박괘(剝卦)」는 살아온 내용을 없애는 방법과 과정을 설명한 것이다. 「박괘」에서는 삶의 터전을 침상에 비유했다. 「박괘」에서 삶의 터전을 침상에 비유한 것에서 우리는, 『주역』의 괘사와 효사(爻辭)가 주나라 사람에 의해 만들어진 것임을 알 수 있다. 중국의 서부 지역에 살던 주나라 사람들은 예로부터 침상을 사용했기 때문이다. 어릴 때부터 줄곧 침상에서 살아왔기 때문에 침상을 삶의 터전으로 설명했다. 삶의 내용을 지우는 것은 어릴 때부터 있었던 기억을 지우는 것에서 시작한다. 그것을 박괘에서는 침상의 발을 지우는 것으로 설명했다. 다음으로 침상의 몸체와 발을 연결한 부분을 지우고, 그다음 침상의 본체를 지운다. 침상의 본체를 지울 때는 아까운 부분도 있지만, 과감하게 지워야 한다. 좋은 기억들, 아름다운 기억들, 지우기 싫은 기억들도 쌓여 있지만, 미련 없이 모두 지워야 한다. 그리고 마지막에는 지금까지의 모든 기억을 한꺼번에 묶어서 모두 지운다. 그렇게 하고 나면 기억이 지워지는 것이 아니라 기억 속에 묻어 있는 감정이 지워진다. 감정이 없어지면 집착과 욕심이 없어지고, 욕심이 없어지면 욕심 속에 갇혀 있는 '나'가 없어져, 무아(無我)가 된다. '나'라는 가상의 욕심 덩어리가 없어지면, 자기의 뜻을 내세우지 않고, '반드시 해야 한다'라는 것이 없어지며, 고집부리는 것도 없어진다. 공자는 네 가지를 없앴다. 네 가지는 자기의 뜻을 내세우는 것, 반드시 해야 한다는 것, 고집을 부리는 것, '나'라는 것을 말한다.[95]

'나'라는 욕심 덩어리가 없어지면, '나'가 자리 잡기 이전의 '본래의 나'가 돌아온다. '본래의 나'는 자연의 생명력 그 자체였고, 하늘 그 자체였다. '본래의 나'는 몸에 갇혀 있는 '나'가 아니다. 하늘이 영원하듯이 '본래의 나'는 영원하다.

---

95. 子絶四 毋意 毋必 毋固 毋我(『論語』子罕).

농민들은 농사를 지은 후 제일 큰 과일을 먹지 않고 이듬해에 쓸 씨로 남겨 둔다. 그러므로 잘 익은 큰 과일은 생명을 영원히 이어간다. 사람도 이와 같다. '본래의 나'를 회복한 사람이 군자이므로 군자는 영원으로 가는 수레를 탄 사람이지만, 소인은 욕심이라는 감옥에 갇혀 몸과 함께 사라져가는 사람이다.

공자는 어느 날 자공에게 "나를 아는 사람이 없다"라고 했다. 자공이 "어떻게 다른 사람이 선생님을 모른다고 하십니까?" 하고 반문하자, 공자는 "하늘을 원망하지 않고, 사람을 탓하지 않으며, 하늘 아래의 것을 열심히 배워서 하늘에 도달했으니, 나를 아는 자는 하늘뿐이다"[96]라고 한 적이 있다. 바다에 떠 있는 얼음덩어리가 자기가 근본적으로 물임을 알고 물로서 존재한다면 그 얼음덩어리는 바다의 물 전체이다. 그러나 본질이 물임을 망각하고 얼음덩어리로서만 존재하는 얼음덩어리는 얼음덩어리인 줄로만 안다. 그런 얼음덩어리는 물로서 존재하는 얼음덩어리를 제대로 알 수 없다. 사람도 그렇다. 사람의 몸은 우주에 빈틈없이 존재하는 기(氣)가 모인 것이다. 그러므로 사람의 몸은 근본적으로 우주의 기 그 자체이다. 공자는 그것을 알았다. 자신이 우주 자체임을 알고 살았고, 하늘 자체임을 알고 살았다. 그러나 사람들은 본질을 잊어버리고 자기 자신을 작은 몸뚱이인 줄로만 생각한다. 그런 사람들은 공자를 보더라도 몸뚱이로서의 공자만 보기 때문에 공자를 제대로 알 수 없다.

---

96. 子曰 莫我知也夫 子貢曰 何爲其莫知子也 子曰 不怨天 不尤人 下學而上達 知我者 其天乎(『論語』憲問).

'내 것 챙기는 계산'을 하지 않는 방법 중에는 '나'를 없애는 방법도 있지만, 계산이나 헤아림을 하지 않는 방법도 있다. 다음에 소개되는 내용은 모두 이에 해당한다.

2. 의식하지 않기

계산과 헤아림은 의식에서 일어나는 작용이므로 의식을 가라앉혀서 일어나지 않도록 하는 방법이 있다. 생각을 멈추고 헤아림을 멈춘 상태를 지속하면 의식이 작용하지 않는다. 그런데 가만히 앉아서 의식을 가라앉히려고 하면 오히려 잡념이 더 생기므로 어느 것 하나만을 골똘히 생각하는 방법을 택할 수도 있다. 어느 것 하나만을 골똘히 생각하면 다른 잡념이 끼어들지 않기 때문이다. 그림 그리는 것, 음악에 몰입하는 것, 조각 작품을 제작하는 것, 경전의 내용을 베끼는 것 등에 몰입하는 것도 이러한 효과가 있을 수 있다.

3. 성의

모든 존재에게는 하늘의 명령이 전달된다. 사람에게도 마찬가지다. 하늘의 명령이 참된 삶을 살도록 쉬지 않고 전달되지만, 사람이 '내 것 챙기는 계산'을 하면, 그 명령을 바로 받아들이지 못하고 왜곡시켜 욕심을 만들어낸다. 그러므로 욕심을 만들지 않기 위해서는 처음 전달된 하늘의 명령을 유지해야 하는데, 『대학』에서는 그 방법을 성의(誠意)라 했다. 처음 전달되는 하늘의 명령이 의(意)이고, 그 의(意)를 유지하는 노력이 성(誠)이다. 성(誠)이란 조금의 쉼도 없이 지속하고 유지하는 것이다.

4. 호흡명상

경(敬)의 방법 중에 호흡명상이 있다. 호흡명상은 『삼일신고(三一神誥)』에 조식(調息)으로 설명되어 있다. 『논어』에는 호흡명상에 대한 기록을 찾을 수 없으나 『맹자』에 호흡명상에 대한 설명이 자세히 나오는 것을 보면 공자도 호흡명상을 했을 것으로 추정할 수 있다.

조식이란 호흡을 통해 나고 드는 숨의 양을 일정하게 유지하는 방법이므로, 조식하는 동안 집중하면, 잡념이 사라지고 고요해져서 깨달음이 다가온다. 공자가 자신의 삶을 세 요소로 표현하여 "묵묵히 알고, 배우기를 싫어하지 않으며, 남에게 가르치기를 게을리 하지 않는다"[97]라고 했는데, 묵묵히 안다는 것이 명상을 통해서 깨닫는 것을 의미하는 것으로 이해할 수 있다.

5. 생활 속의 경(敬)

'내 것' 챙기는 헤아림을 하지 않는 방법을 생활 속에서 실천하는 방법이 많다. 『대학』 전 7장에 '마음이 없으면 봐도 보이지 않고, 들어도 들리지 않으며, 먹어도 맛을 모른다'[98]라는 말이 있다. 무엇을 보고 있을 때도 마음이 딴 데 가 있으면 보이지 않고, 들을 때도 마음이 딴 데 가 있으면 들리지 않으며, 음식을 먹어도 마음이 딴 데 가 있으면 맛을 알 수 없다.

욕심 많은 사람은 마음이 욕심을 채우는 방향으로 달려가므

---

97. 子曰 黙而識之 學而不厭 誨人不倦 何有於我哉(『論語』述而).
98. 心不在焉 視而不見 聽而不聞 食而不知其味(『大學』 전7장).

로 집중하기 어렵다. 이를 해결하는 좋은 방법은 하나에 집중하는 것이다. 오직 하나에 집중하는 노력을 하면 욕심이 일어나지 않는다. 식사 중에는 식사에만 집중하고, 걸을 때는 걸음걸이에만 집중하며, 차 타고 갈 때는 차 타고 가는 것에만 집중하고, 잠자리에 들어서는 자는 것에만 집중하면 된다. 공자는 수레를 타고 갈 때는 손잡이를 잡고 반드시 서 있었고, 걸을 때는 허리에 찬 구슬 소리에 귀를 집중했으며, 잠자리에 들어서는 다른 사람에게 말을 걸지 않았다. 이런 일상이 모두 경으로 일관하는 수양이다.

제3항 예 실천을 통한 인심의 절제

욕심은 '내 것' 챙기는 마음이므로 욕심을 채우려고 하면 남과 갈등을 일으킬 일이 많다. 욕심은 남의 성공을 보면 질투하고 공격한다. 그런 행위는 욕심을 따르는 것이다. 욕심을 따를수록 욕심은 점점 커진다.

　한마음을 가진 사람은 이와 반대다. 한마음을 가진 사람은 남의 성공을 보면 질투하지 않고 기쁜 마음으로 축하한다. 그 모습은 아름답다. 욕심을 가진 사람이 이를 보고 질투하는 행위를 억제하고 한마음을 가진 사람의 아름다운 행동을 따르는 것이 예다. 예를 실천하면 탐욕이 밖으로 나오지 못하고 막힌다. 예 실천을 지속하면 욕심이 억제되어 결국 사라진다. 예를 실천하는 것이 수양의 핵심 중의 하나로 자리 잡는 이유가 여기에 있다.

　한마음을 가진 사람의 일거수일투족이 모두 예이므로 예는 너무나 다양하고 복잡하다. 복잡한 예를 다 알기 어려우므로, 우선 예의 원리를 이해하는 것이 중요하다. 예의 기본은 다양한 인간관계를 한마음으로 맺어가는 삶의 원리이다. 다양한 인간관계를 크게 분류하면 다섯 가지 유형으로 분류할 수 있다. 부모와 자녀의 관계, 임금과 신하의 관계, 부부의 관계, 붕우의 관계, 연장자와 연소자와의 관계 등의 다섯 가지 유형이 그것이다. 이 다섯 가지 관계를 서로 하나가 될 수 있도록 맺는 삶의 원리를 오륜(五倫)이라 한다. 오륜은 인간관계에서 나타나는 예의 실천원리인 것이다.

1. 부자유친

자녀는 부모에게서 분리되어 나온 부모의 분신이다. 부모와 자녀는 남남이 아니다. 부자유친(父子有親)이란 부모와 자녀가 하나라는 뜻이다. 부모와 자녀는 하나이기 때문에, 부모는 자녀를 자기처럼 여겨서 자애하고, 자녀는 부모를 자기처럼 여겨서 효도한다. 자애하고 효도하는 구체적인 모든 행위의 원리가 부자유친이다.

2. 군신유의

인간관계 중에 임금과 신하의 관계가 있다. 기업체의 사장과 사원의 관계, 스승과 제자의 관계 등도 이 유형에 속한다. 인간을 구성원으로 하는 조직 중에서 가장 바람직한 조직이 가정이기 때문에 국가를 가정처럼 만들기 위해 가정의 부모 역할을 하는 것이 임금이고, 가정의 자녀 역할을 하는 것이 신하이다. 임금과 신하의 관계는 본질적인 관계가 아니라 필요에 따라 맺어진 관계이기 때문에 임금과 신하의 관계에서 지켜야 할 행동 원리가 의(義)이다. 모든 인간은 근본적으로 하나이기 때문에, 임금과 신하의 관계를 하나인 관계로 유지하기 위해서는 임금은 부모 역할을 해야 하고,

신하는 자녀 역할을 해야 한다. 만약 임금이 도저히 부모 역할을 하지 못할 때는 그 임금을 축출하고 부모 역할을 할 수 있는 다른 사람을 임금으로 추대해야 한다. 신하 또한 자녀 역할을 하지 못할 때는 파면시키고 자녀 역할을 할 수 있는 사람을 다시 임명해야 한다.

3. 부부유별

부부가 가정에서 하나가 되기 위해서는 서로 다른 역할을 할 수 있어야 하는데, 이를 부부유별(夫婦有別)이라 한다. 한 그루의 나무가 제대로 자라기 위해서는 한 가지가 동쪽으로 뻗으면 다른 가지는 서쪽으로 뻗어야 한다. 이처럼 한 가정을 제대로 유지하기 위해서는 남편과 부인이 서로 다른 역할을 해야 한다. 남편은 치밀하지 못해 덤벙대기도 하고, 무모하기도 하다. 이런 점을 부인이 꼼꼼하게 견제하지 않으면 집안이 잘 유지되지 않는다. 부부는 모든 것을 같은 줄로 알고 처신하면 안 된다. 부부는 다른 점이 많다. 성격도 다르고 입장도 다르다. 남편에게는 가장 허물없는 존재가 어머니이고 누나이지만, 부인에게는 어려운 시어머니이고 시누이이다. 이런 다른 점들을 헤아려서 잘 배려하는 것이 부부의 도리이다.

4. 장유유서

사람은 원래 모두 하나로 연결되어 있고, 세상은 한 가정이다. 연장자와 연소자는 가정의 형과 동생의 관계와 같다. 연장자가 형이 아우를 보호하듯 연소자를 보호하고, 연소자가 동생이 형을 존경하듯 연장자를 존경하는 것이 연장자와 연소자 간의 도리이다. 이를 장유유서라 한다.

5. 붕우유신

친구 사이에는 믿음이 있다. 믿음이 없는 친구는 진정한 친구가 아니다. 친구란 서로 하나가 되는 관계이므로, 친구에게는 한마음으로 대해야 한다. 한마음은 변함이 없는 마음이고, 욕심은 채울 수 있는 방향으로 변하는 마음이다. 욕심 많은 사람은 친구를 사귀어도 이익을 챙기기 위해 사귄다. 그런 사람은 친구를 사귀는 것이 손해가 되면 바로 절교한다. 오직 한마음으로 사귀는 친구만이 끝까지 변하지 않는다. 그런 사람만이 믿을 수 있는 친구이고, 믿을 수 있는 친구만이 진정한 친구이다.

제4항 자애와 효도의 실천

욕심을 억제하고 한마음을 회복하는 방법 중에 자애와 효도가 있다. 사람 중에 남으로 보이지 않는 사람이 있다. 바로 부모와 자녀 사이이다. 부모는 자녀를 남으로 여기지 않으며, 자녀는 부모를 남으로 여기지 않는다. 부모와 자녀 사이에서 남으로 여겨지지 않는 마음을 실천하면 그것이 한마음을 회복하는 출발점이 된다.

　자녀와 부모는 하나이다. 부모는 자녀에게 자애하고 자녀는 부모에게 효도한다. 자녀가 부모에게 효도하여 부모와 하나가 되면, 형과 동생도 부모와 하나임을 알기 때문에 형제자매가 하나 된다. 형제자매가 하나 되면 숙질간에도 하나가 되고 사촌 간에도 하나가 된다. 이처럼 확산하면 결국 모두가 하나가 된다. 따라서 자녀에 대한 자애와 부모에 대한 효도는 한마음을 회복하는 출발점이 된다. 『논어』에 부모에 대한 효도와 형에 대한 공경심이 한마음이 되는 근원이라는 유약의 말과,[99] 효에 대한 수많은 공자의 말이 실려 있는 까닭은 이러한 중요성 때문이다. 『대학』에서 여러 자녀를 둔 부모가 모든 자녀에게 똑같은 사랑을 해야 함을 강조한 것도 이러한 맥락이다.[100]

제5항 충서의 실천

한마음을 실현하는 사람은 남을 나처럼 아끼고 사랑하므로 남에게 진실하게 대하고 내가 하기 싫은 일을 남에게 시키지 않게 되지만, 그렇지 못한 사람은 자기의 욕심 때문에 그와 반대로 행동하기 쉽다. 그러나 아직 한마음을 터득하지 못한 사람도 한마음을 실현하는 방법이 있다. 그것은 한마음을 실현하는 사람과 같은 행동을 의도적으로 하는 것이다. 충(忠)은 속을 의미하는 중(中)과 마음을 의미하는 심(心)을 합한 글자이다. 속에 있는 마음은 한마음이므로, 한마음을 가진 사람은 남을 나처럼 대하고, 남의 일을 돌봐줄 때 내 일을 하듯 한다. 그러나 아직 한마음이 되지 못한 사람은 남의 일을 돌봐줄 때 내 일을 하듯 하지 못하기 때문에 끊임없이 그것을 반성하고, 남의 일을 내 일처럼 하도록 노력하면

---

99. 孝弟也者 其爲仁之本與(『論語』學而).
100. 所謂齊其家 在修其身者 人之其所親愛而辟焉 之其所賤惡而辟焉 之其所畏敬而辟焉 之其所哀矜而辟焉 之其所敖惰而辟焉 故好而知其惡 惡而知其美者 天下鮮矣 故 諺有之 曰 人莫知其子之惡 莫知其苗之碩 此謂身不修 不可而齊其家(『大學』전8장).

한마음이 되살아난다.

서(恕)는 같다는 의미의 여(如)와 마음을 의미하는 심(心)을 합한 글자이므로 같은 마음을 의미한다. 모두가 다 함께 가지고 있는 똑같은 마음이 한마음이므로, 서(恕)는 한마음을 말한다. 한마음을 가진 사람은 남을 자기처럼 생각하기 때문에 자기가 하기 싫은 일을 남에게 시키지 않는다. 그러므로 탐욕이 많은 사람이라도 자기가 하기 싫은 일을 남에게 시키지 않도록 노력하면 한마음이 되살아난다.

제6항 남녀 간의 사랑

부모와 자녀 외에도 남으로 보이지 않는 사람이 또 있다. 바로 사랑하는 남녀 사이이다. 사랑하는 남녀끼리는 상대가 남으로 보이지 않는다. 그러므로 남녀 간의 사랑을 통해 두 사람이 완전히 하나가 될 수 있다. 사람은 본래 모두 하나이므로 그물처럼 하나로 연결되어 있지만, 물속에 가라앉아 있는 그물이 보이지 않는 것처럼, 하나로 연결된 연결고리가 보이지 않는다. 그러나 물속에 가라앉아 있는 그물의 코 하나를 들어 올리면 모든 그물이 따라 올라와 모두가 하나로 얽혀 있음을 알게 되는 것처럼, 어느 두 사람 사이가 완전히 하나가 되기만 하면, 모든 사람이 하나로 연결되어 있음이 드러난다.

남녀 간의 사랑에는 두 가지가 있다. 상대를 자기 것으로 만들고 싶은 탐욕에서 나온 사랑과 상대와 하나가 되고 싶은 사랑이 그것이다. 이 두 가지 사랑 중에서 탐욕에서 나온 사랑을 극복하여 하나가 되고 싶은 사랑으로 돌아가기만 하면, 남녀 간의 사랑이 한마음을 회복하는 수단이 될 수 있다. 『중용』에서 "군자의 도는 부부에서 실마리를 찾을 수 있다"[101]고 한 말이 이를 뜻한다. 남녀 간의 사랑을 서로 하나 되고 싶은 사랑으로 승화시키는 대표적인 노래가 『시경』의 첫 번째에 실려 있는 관저(關雎)이다. 관저의 내용은 한마음이 된 군자의 사랑을 노래한 것이다. 공자가 관저를 매우 높이 평가한 이유가 여기에 있다.

제3절 도심 회복의 결과

도심(道心)은 하늘마음이고, 한마음이며, 인(仁)이다. 도심을 완전히 회복하면 하늘과 사람이 하나가 된다. 하늘은 자연이다. 하늘과 하나 된 사람은 자연이 된 사람이다. 도심을 완전히 회복하여 하늘마음으로 사는 사람은 하늘이다. 도둑의 마음으로 사는 사람은 도둑이고, 천사의 마음으로 사는 사람은 천사이며, 하늘마음으로 사는 사람은 하늘이다. 하늘이 된 사람은 하늘의 삶을 산다.

제1항 천인일체의 삶

물 위에 떠 있는 얼음덩어리의 존재 방식에는 두 가지가 있다. 하나는 눈에 보이는 것만을 보고 얼음덩어리로서만 존재하는 얼음덩어리이고, 다른 하나는 얼음덩어리의 본질이 물임을 알아서 물로서 존재하는 얼음덩어리이다. 얼음덩어리로서만 존재하는 얼음

---

101. 君子之道 造端乎夫婦 及其至也 察乎天地(『中庸』 제12장).

덩어리는 녹는 것을 없어지는 것으로 알지만, 물로서 존재하는 얼음덩어리는 녹는 것이 없어지는 것이 아니라 본래의 모습으로 돌아가는 것임을 안다. 얼음이 얼었다 녹았다 하는 것은 형태만 바뀌는 것일 뿐 근본적으로 바뀌는 것이 없다. 따라서 물로서 존재하는 얼음덩어리는 생사가 없이 영원하다. 사람의 삶도 이와 같다. 사람은 몸뚱이를 가지고 있다. 몸뚱이는 우주에 빈틈없이 존재하는 기(氣)가 모여서 엉켜 있는 것이므로, 눈에는 각각 독립적으로 존재하는 개체로 보이지만, 근본적으로는 우주에 빈틈없이 존재하는 기 그 자체이다. 이 두 가지 요소 중에서 몸뚱이만을 인정하여 몸뚱이로서만 존재하는 사람이 있고, 몸뚱이의 본질을 알고 우주의 기로 존재하는 사람이 있다. 전자는 사람의 삶을 사는 것이지만, 후자는 하늘과 하나 된 삶을 사는 사람이다.

몸에는 마음이 들어 있다. 몸에 들어 있는 마음 중에는 몸뚱이만을 '나'로 인정하는 마음이 있고, 우주에 가득한 기를 '나'로 인정하는 마음이 있다. 전자가 인심이고 후자가 도심이다. 우주에 가득한 기 자체가 하늘의 기이고, 그 기에 들어 있는 마음이 하늘마음이므로, 도심은 하늘마음이고 도심으로 존재하는 사람의 몸은 하늘 몸이다.

도심을 회복한다는 것은 몸에 들어 있는 마음이 인심에서 도심으로 바뀌는 것을 말한다. 얼음덩어리의 마음이 물의 마음이 되는 것은 얼음덩어리로서 존재하는 마음에서 물로서 존재하는 마음으로 바뀌는 것이다. 얼음덩어리의 마음이 물로서 존재하는 마음이 되면, 얼음덩어리는 물로서 존재하는 것이 되고, 얼음덩어리의 마음은 물의 마음이 된다. 얼음덩어리의 마음이 물의 마음이 되기 위해서는 얼음덩어리의 마음이 얼음덩어리가 되기 이전의 물로서 존재할 때의 마음을 깨달을 때 가능하다. 사람이 도심을 회복하는 것도 이와 같다. 사람이 자기의 마음 깊은 곳에 내재해 있는 우주의 기일 때의 마음을 깨달아 그 마음으로 바뀌는 것이 도심의 회복이다. 공자가 하늘과 하나 된 것은 하늘의 마음을 깨달아 하늘마음으로 바뀐 것을 말한다. 부모가 자녀를 살리기 위해 자녀에게 "밥 먹어라", "쉬어라" 등등으로 명령을 하듯이, 하늘마음은 만물을 살리기 위해 하나하나 명령하는 것임을 공자는 알았다. 공자가 천명을 알았다는 말이 이를 의미한다.

하늘마음을 알고 하늘마음으로 산 공자는 하늘이다. 마음도 하늘이고 몸도 하늘이다. 얼음덩어리로서만 존재하는 얼음덩어리는 물로서 존재하는 얼음덩어리를 봐도 물로서 존재하는 줄을 모르고 얼음덩어리인 줄만 안다. 그러나 물인 줄 알고 물로서 존재하는 얼음덩어리는 다른 얼음덩어리를 봐도 그것이 물임을 안다. 하늘과 하나인 본질을 알고 본질로 사는 공자는 하늘이었다. 공자가 자공에게 "나를 아는 사람이 없다"라고 한 말의 뜻도 그 뜻이었다. 공자는 의아해하고 있는 자공에게 "하늘을 원망하지 않고 남의 탓으로 돌리지 않으며, 아래에 있는 것을 배워서 위에 있는 하늘에 도달했으니 나를 아는 자는 하늘뿐이다"[102]라고 설명해주었다.

사람들은 하늘을 원망하는 일이 많다. 부잣집에 태어나지 않

---

102. 子曰莫我知也夫 子貢曰 何爲其莫知子也 子曰 不怨天 不尤人 下學而上達 知我者 其天乎(『論語』憲問).

은 것에 대해서도 하늘을 원망하고 큰 나라에 태어나지 않은 것에 대해서도 원망하며, 좋은 때에 태어나지 않은 것도 원망한다. 또 잘못된 일이 있을 때는 그 원인을 남 탓으로 돌리기도 한다. 그러나 공자는 그렇지 않았다. 불우한 환경에서 태어난 것에 대해서도 하늘을 원망하지 않았고 힘든 환경에서 어렵게 자라면서도 남 탓을 하지 않고 오직 배우기에 바빴다. 하늘마음에 대해서도 배우고, 하늘마음을 회복하는 방법에 대해서도 배웠다. 이런 배움의 내용은 모두 문헌에 나와 있는 것들이고, 눈에 보이는 것들이므로, 아래에 있는 것이다. 배움의 내용 중에 최고의 배움은 하늘과 하나 되는 방법을 배우는 것이다. 공자는 최고의 배움을 통해 하늘에 도달했다.

자공은 나중에 공자가 하늘임을 알았다. 자공은 공자를 하늘에 있는 해와 달에 비유한 적도 있고, 공자의 경지에 도달할 수 없는 것을 하늘에 올라갈 수 없는 것에 비유한 적도 있다.

제2항 이 세상이 바로 천국

도둑들이 사는 나라는 도둑의 나라이고, 하늘같은 사람이 사는 나라는 천국이다. 하늘마음을 회복한 사람은 자기만 하늘이 되는 것이 아니라, 이 세상이 하늘나라로 바뀐다. 어느 날 안연이 인(仁)을 물었을 때, 공자는 다음과 같이 답변한 적이 있다.

자기를 이겨 예를 회복하는 것이니, 어느 날 자기를 이겨 예를 회복하면 천하가 인의 상태로 돌아온다.[103]

마음속의 욕심을 없애는 것이 극기이고, 인이 외부로 드러난 상태가 예다. 욕심을 남김없이 다 없애면 하늘마음이 회복된다. 회복된 하늘마음이 인이고, 인이 밖으로 번져 나왔을 때의 모습이 예의 상태이다. 예와 인은 표리관계이다. 말하자면 인의 드러난 모습이 예이고, 예에 들어 있는 마음이 인이다. 여기에서 공자가 인을 설명할 때 한마음으로만 설명하지 않고 예를 회복하는 것까지를 설명한 것은 인의 내면과 외형까지를 동시에 다 설명한 것이다.

사람들이 '나'를 주체로 하여 '나'의 삶을 살면, '남'과 갈등하는 마음을 가지고 남과 갈등하면서 살 수밖에 없다. 남과 갈등하면서 사는 모습은 예(禮)가 아니다. 오직 한마음의 삶이 외부로 드러날 때만이 예가 된다.

'나'라는 주체는 원래 없었다. 얼음덩어리가 아무리 많이 생겨도 근본적으로는 여전히 물이기 때문에, 물의 차원에서는 개별적인 얼음덩어리는 존재하지 않는다. 사람도 그렇다. 사람의 몸이 아무리 많이 생겨나도 근본적으로는 모두 생겨나기 이전의 우주의 기 그 자체이므로, 다른 것과 구별되는 것이 하나도 없다. 그러나 몸에 '나'라는 가상의 존재가 들어가면 달라진다. 내가 '나'라는 것을 만들어 나를 제한하는 순간 다른 모든 존재들을 '너', '그', '산', '물', '나무', '바위', '새', '물고기', '숲' 등등으로 제한하고 만다. 만물을 만물로 규정한 것은 나를 '나'로 규정한 바로 나의 마음이다. '나'는 진짜의 나가 아니라, 마음이 만들어낸 가짜의 '나'이다. 진짜의 나는 모두와 구별되지 않는 하나이지만, 가짜의 '나'는 모

---

103. 顔淵問仁 子曰 克己復禮爲仁, 一日克己復禮 天下歸仁焉(『論語』 顔淵).

두와 구별되는 개체로서의 '나'이다.

　내가 '나'를 만들어 몸에 넣기 전에는 나와 만물이 분리되지 않은 상태로 존재했었지만, 내가 '나'를 만든 뒤에 만물은 '나'와 분리되어 만물 각각의 이름을 가지고 독립적으로 존재하게 된 것이다. 만물을 만물로 만든 장본인은 바로 나이다. 내가 '나'를 만들기 전에는 만물은 구별되지 않는 하나였었다. 그러다가 내가 나를 '나'로 만들고, 만물을 '만물'로 만든 뒤에는 '나'와 '만물'이 서로 구별되는 개별적 존재가 되어 긴장 관계에 놓인다. '나'와 '만물'이 긴장하여 갈등하는 이 세상은 낙원일 수 없다.

　내가 '나'라는 것을 만들어 나의 몸속에 가둔 뒤의 나는 몸이라는 감옥에 갇힌 죄수 신세가 된다. 죄수 신세인 나는 남들과 경쟁해야 하고, 늙고 죽어야 하는 불쌍한 '나'이다. 나는 불쌍한 '나'에서 벗어나야 한다. 그것이 극기이다. 극기란 내가 '나'와 만물을 구분하는 칸막이를 제거하여 나와 만물이 구별되지 않은 원래의 모습을 회복하는 것이다. 내가 어느 날 원래의 모습을 회복하면 그 순간 만물 또한 만물에서 벗어나 본래의 모습을 회복한다. 나와 만물이 본래 모습을 회복하여 모두 하나로 연결되어 모든 갈등 관계가 해소된 상태가 인(仁)이다. 온 세상이 인으로 돌아와 완전한 모습을 갖추는 것은 나에게 달려 있다. 내가 '나'를 극복하면 세상은 인한 상태가 되지만, 내가 나를 극복하지 못하면 세상은 불인한 상태가 된다.

　사람들이 남남으로 나뉘어 다투는 것을 보고 괴로워하는 까닭은 내가 '나'를 만들어, 다투고 있는 세상 속에 있기 때문이다. 내가 '나'를 극복하는 순간, 세상은 바로 낙원으로 바뀐다. 내가 만들어낸 '나'는 진짜가 아니고 가짜이다. 가짜는 꿈과 같은 것이고, 소꿉장난하고 있는 것과 같은 것이다. 꿈속에서 고통 받는 것은 가상의 세계에서 일어나고 있는 것일 뿐, 진짜 고통은 아니다. 그러므로 '나'를 극복한 사람에게는 고통스러운 세상이 없다. 그런 사람은 세상에 초연하여 풍류를 즐길 수 있다.

제3항 풍류를 누리는 삶

공자는 극기한 사람이다. 공자에게는 고통이 남아 있지 않다. 고통이 없는 사람에게는 혼란한 세상이 없다. 그러므로 고통이 없는 사람은 혼란한 세상에서도 풍류를 즐길 수 있다. 『논어』에는 공자의 풍류를 엿볼 수 있는 대목이 있다.

> 자로·증석·염유·공서화가 (공자를) 모시고 앉아 있을 때, 공자께서 말씀하셨다. "나를 너희들보다 다소 (나이가) 많다고 생각하지만, 나를 그렇게 생각하지 말라. 평소에 '나를 알아주지 아니한다'라고 하는데, 만약 어떤 사람이 너희들을 알아준다면 무엇을 하겠느냐?" 자로가 경솔하게 대답했다. "천승의 나라가 큰 나라 사이에 끼어 있어 군대가 압박해오고, 그로인해 기근이 들더라도, 제가 다스리면 3년쯤에 이르러 용맹이 있게 하고, 또 방향을 알도록 하겠습니다." 공자께서 비웃으셨다. "구야 너는 어떠하냐?" (염유가) 대답했다. "사방 6~70리 혹은 5~60리를 제가 다스리면 3년쯤에 이르러 백성들을 풍족하게 할 수 있거니와 예악과 같은 것은 군자를 기다리겠습니다." "적아 너는 어떠하냐?" (공서화가) 말했다. "제가 잘 할 수 있다고 말하는 것이

아니라 배우기를 원합니다. 종묘의 일과 혹은 제후들이 회동할 때, 현단복을 입고 장보관을 쓰고서, 조금 돕는 역할을 하겠습니다." "점아 너는 어떠하냐?" (증석이) 비파를 타는 속도를 줄이더니 쨍그랑 소리 내며 비파를 놓고 일어나 대답했다. "세 제자가 이야기한 것과 다릅니다." 공자께서 말씀하셨다. "무슨 상관이 있겠는가? 또한 각기 자기의 뜻을 말한 것이다." "늦봄에 봄옷이 만들어지고 나면, 갓을 쓴 사람 5~6명, 동자 6~7명과 더불어 기수에서 목욕하고, 무우에서 바람 쐬고 노래하면서 돌아오겠습니다." 공자께서 아! 하고 감탄하시면서 말씀하셨다. "나는 점과 함께하겠다." 세 제자가 나가자 증석이 뒤에 남았다가 말했다. "저 세 제자의 말이 어떠합니까?" 공자께서 말씀하셨다. "또한 각각 자기의 뜻을 말했을 뿐이다." "선생님께서는 무엇 때문에 유를 비웃으셨습니까?" "나라를 다스리는 것은 예로써 해야 하는데, 그 말이 겸손하지 않았다. 그래서 비웃었다." "오직 구는 나랏일이 아닙니까?" "사방 6~70리, 또는 5~60리가 되면서 나랏일이 아닌 것을 어디에서 보겠느냐?" "오직 적은 나랏일이 아닙니까?" "종묘의 일과 회동하는 일이 제후의 일이 아니고 무엇이겠느냐? 적의 일이 작은 것이라고 한다면 누구의 일이 큰 것이라고 할 수 있겠느냐?"[104]

춘추시대는 혼란기였다. 그런 혼란기에 살면서도 공자는 태연하게 풍류를 즐길 수 있는 초연한 사람이었다. 제자 중에서 공자처럼 풍류를 즐길 수 있는 사람은 증석이었다. 다른 제자들은 극기복례(克己復禮)의 수준에 이르지 못했다. 극기복례에 이르지 못한 사람은 욕심에 갇혀 있는 사람이다. 욕심에 갇혀 있는 사람이 정치를 하면 세상을 인의 모습으로 인도할 수 없다. 세상에 초연하여 풍류를 즐길 수 있는 사람이 정치를 해야 비로소 세상을 인의 모습으로 인도할 수 있다.

공자는 도심의 회복에 주력하여 극기복례의 경지에 도달하였지만, 공자의 철학은 거기에서 끝나는 것이 아니었다. 마음은 몸에 들어 있으면서 늘 몸과 함께한다. 마음은 몸과 분리되어 존재하지 않는다. 따라서 마음 챙김에 주력하는 공자의 철학은 몸 챙김에 소홀할 수 없다. 마음 챙김에 못지않게 몸 챙김에 주력하는 것이 공자 철학의 특징이기도 하다.

---

104. 子路曾晳冉有公西華侍坐 子曰以吾一日長乎爾 毋吾以也 居則曰不吾知也 如或知爾則何以哉 子路率爾而對曰千乘之國 攝乎大國之間 加之以師旅 因之以饑饉 由也爲之 比及三年 可使有勇 且知方也 夫子哂之 求 爾何如 對曰方六七十 如五六十 求也爲之 比及三年 可使足民 如其禮樂 以俟君子 赤 爾何如 對曰非曰能之 願學焉 宗廟之事 如會同 端章甫 願爲小相焉 點 爾何如 鼓瑟希 鏗爾舍瑟而作 對曰異乎三子者之撰 子曰何傷乎 亦各言其志也 曰莫春者에 春服旣成 冠者五六人 童子六七人 浴乎沂 風乎舞雩 詠而歸 夫子喟然嘆曰吾與點也 三子者出 曾晳後 曾晳曰夫三子者之言何如 子曰亦各言其志已矣 曰夫子何哂由也 曰爲國以禮 其言不讓 是故 哂之 唯求則非邦也與 安見方六七十 如五六十而非邦也者 唯赤則非邦也與 宗廟會同 非諸侯而何 赤也爲之小 孰能爲之大(『論語』先進).

제4절 공자의 몸의 철학

공자는 한마음을 회복하여 천인일체가 되는 것에 주력하였지만, 몸 챙기는 것에도 소홀하지 않았다. 마음과 몸이 늘 함께 있는 것이므로 마음이 착해져야 몸이 넉넉해지고, 몸이 넉넉해져야 마음이 착해진다. 엷은 몸에 착한 마음이 깃들기 어렵고, 악한 마음을 가진 몸이 넉넉해지기 어렵다. 『서경』「홍범(洪範)」에는 사람의 다섯 가지 복으로, 장수, 부유함, 건강함, 덕을 좋아하는 것, 죽음을 잘 맞이하는 것을 들었다.[105] 다섯 가지 복 중에 장수하는 것과 부유한 것과 건강한 것은 몸에 관계되는 것이고, 덕을 좋아하는 것과 죽음을 잘 맞이하는 것은 마음에 관계되는 것이다. 사람의 요소 중에 기(氣)의 개념으로 보면, 기가 맑으면 오래 살고, 기가 탁하면 요절한다. 죽음을 잘 맞이하는 것은 하늘마음을 회복하여 죽음을 초월했을 때 가능하다. 다섯 가지 복은 사람의 온전한 삶을 표현한 것이다. 사람의 몸과 마음 중에서 어느 하나에만 치중하고 나머지를 방치하는 것은 바람직하지 못하다. 공자에 따르면 그것은 이단(異端)이다. 이단이란 한쪽에만 치우치는 것으로 몸과 마음의 두 요소에서 몸에만 치우쳐도 이단이고 마음에만 치우쳐도 이단이다. 몸을 잘 챙겨 건강하게 살고, 마음을 잘 챙겨 착한 마음으로 살아야 온전한 삶이 된다. 몸을 챙기기 위해서는 기본적으로 의식주를 해결해야 한다. 『주역』「계사전」에는 인간의 몸을 유지하는 수단에 해당하는 것들, 예를 들면 집을 짓는 일,

---

105. 五福 一日壽 二日富 三日康寧 四日攸好德 五日考終命(『書經』洪範).

옷을 만드는 일, 농사를 짓고 사냥을 하고 물고기를 잡는 일, 불을 지펴 음식을 만드는 일, 의약을 만들어 질병을 치료하는 일, 교통수단을 만들어 왕래를 편리하게 하는 일 등을 성인이 만들어 낸 공적이라 하여 중시한다. 오늘날의 용어로 말하면 산업 의학 등을 중시하는 것에 해당한다.

공자의 몸 챙기는 내용으로는 대체로 다음과 같은 것들이 있다.

제1항 체온유지

『삼일신고』에서는 몸을 넉넉한 몸과 빈약한 몸으로 분류하고, 넉넉한 몸은 귀하게 보이고, 빈약한 몸은 천하게 보인다고 했다. 공자의 몸 챙김은 『삼일신고』의 가르침에 영향을 받은 것으로 보인다. 몸을 넉넉하게 보존하기 위해서는 우선 몸을 따뜻하게 보존하는 것이 중요하다. 『논어』에는 공자의 생활상이 다음과 같이 기록되어 있다.

> 평상시에 입는 갖옷은 길게 하되 오른쪽 소매는 짧게 하셨다. 반드시 잠옷이 있었으니 길이가 한 길 하고 또 반이 있었다. 여우와 담비의 두꺼운 가죽옷으로 거처하셨다.[106]

『논어』「향당편」에서 기록한 공자의 생활상은 남들의 생활상과 달랐다. 만약 공자의 생활상이 남들과 같았다면 기록하지 않았을 것이다. 외투를 길게 입는 것은 체온유지에 도움이 되기 때

---

106. 褻裘長 短右袂 必有寢衣 長一身有半 狐貉之厚以居(『論語』鄉黨).

문이고, 오른쪽 소매를 짧게 한 것은 오른손이 사용하기에 편리하기 때문이다. 공자의 잠옷 길이가 몸길이의 1.5배가 되었다는 것은 매우 의아하다. 평소에 그런 잠옷을 보기 어려우므로, 제자들이 기록으로 남겼을 것이지만, 보기에도 우스꽝스럽다. 이 우스꽝스러운 잠옷을 입었다는 것은 체온유지의 차원에서 생각해볼 때 비로소 이해할 수 있다. 낮에는 두꺼운 옷을 입으면 체온을 유지할 수 있다. 여우와 담비의 두꺼운 가죽옷을 입고 거처하셨다는 기록을 보면 낮 동안의 체온유지를 위한 것이었음을 알 수 있다. 낮에는 의도적으로 체온을 유지할 수 있지만, 밤에 잘 때는 그렇지 않다. 자기도 모르게 이불을 차 던져버리기 때문에 체온유지를 하기 어렵다. 이러한 문제점을 보완하는 방법이 바로 공자의 잠옷이다. 두툼한 잠옷을 몸길이의 1.5배 정도 길게 하고 자면 아무리 차 던져도 몸이 잠옷 밖으로 나가지 않기 때문에 체온이 유지된다. 공자의 잠옷은 공자가 직접 디자인했을 것이다.

체온유지에 중요한 것 중의 하나가 과식을 하지 않는 것이다. 공자가 많이 먹지 않았다는 향당편의 기록은 몸의 건강을 위한 것이 되기도 하지만, 체온유지를 위한 것이기도 하다. 그러나 공자가 과식하지 않았다는 것은 몸 건강과 체온유지를 위한 수단이었던 것이라기보다는 욕심 없는 사람의 식습관으로 보아야 할 것이다. 제대로 된 식습관은 결과적으로 체온유지와 몸 건강에 도움이 된다.

제2항 음식과 의복
몸을 챙기는 데 중요한 것 중의 하나가 음식을 먹는 것과 옷을 입는 것이다. 깔끔한 음식을 정갈하게 먹으면 몸이 귀해지지만, 너절한 음식을 게걸스럽게 먹으면 몸이 천박해진다. 『논어』 「향당」편에는 공자의 식습관이 기록되어 있다.

밥은 곱게 빻은 것을 싫어하지 않으셨고, 회는 가늘게 썬 것을 싫어하지 않으셨다. 밥이 상하여 쉬었거나, 생선이 상하고 고기가 부패했으면 먹지 않으셨다. 빛깔이 나쁜 것은 먹지 않으셨고, 냄새가 나쁜 것도 먹지 않으셨다. 요리가 잘못된 것은 먹지 않으셨고, 덜 익은 것은 먹지 않으셨다. 반듯하게 자르지 않은 것은 먹지 않으셨고, 찍어 먹는 장이 없어도 먹지 않으셨다. 고기가 많아도 밥 기운을 능가하도록 많이 먹지는 않으셨고, 술의 양은 일정하지 않았으나 정신이 흐트러질 정도로 마시지는 않으셨다. 밖에서 사 온 술과 시장에서 만든 포를 먹지 않으셨다. 생강 먹는 것을 그만두지 않으시고, 많이 먹지 않으셨다. 나라에서 제사 지내고 받은 고기는 밤을 재우지 않으셨고, 집에서 제사 지낸 고기는 3일을 넘기지 않으셨으며, 3일이 지난 고기는 먹지 않으셨다. 음식을 먹을 때는 말씀하지 않으시며, 잠자리에 누웠을 때도 말씀하지 않으셨다. 비록 거친 밥과 나물국이라도 고수레를 하시되, 반드시 마음을 가다듬으셨다.[107]

---

107. 食不厭精 膾不厭細 食饐而餲 魚餒而肉敗 不食 色惡不食 臭惡不食 失飪不食 不時不食 割不正 不食 不得其醬 不食 肉雖多 不使勝食氣 唯酒無量 不及亂 沽酒市脯 不食 不撤薑食 不多食 祭於公 不宿肉 祭肉 不出三日 出三日 不食之矣 食不語 寢不言 雖疏食菜羹 瓜祭 必齊如也(『論語』 鄕黨).

깔끔한 음식을 정갈하게 먹는 것은 몸을 귀하게 유지하는 중요한 방법이다. 욕심을 채우려는 사람은 음식을 가리지 않고 먹기도 하고, 고기가 있을 때는 밥을 먹지 않고 고기만 먹기도 한다. 약간 상한 것도 아까워서 먹고, 덜 익은 것도 먹는다. 음식을 먹을 때 떠들기도 하고, 정신을 잃을 때까지 술을 마시기도 한다. 그러나 공자의 음식 습관은 그렇지 않았다. 공자의 음식 습관이 까다로운 것이 아니다. 어린아이들의 식습관도 그렇다. 자연의 생명력에 충만한 사람은 몸에 해로운 것은 저절로 피하게 된다. 그런 음식 습관이 몸을 넉넉하게 유지하는 비법이다.

『논어』「향당」편에는 공자의 옷 입는 습관에 대해서도 기록하고 있다.

> 군자는 감색과 검붉은 빛으로 옷 가장자리의 선을 두르지 않으셨으며, 다홍색과 자주색으로 평상복을 만들지 않으셨다. 더위를 당해서는 가는 갈포와 굵은 갈포로 만든 홑옷을 반드시 걸쳐서 (바깥으로) 내셨다. 검은 옷에는 염소 가죽으로 만든 갖옷을 입고, 흰옷에는 사슴 가죽으로 만든 갖옷을 입고, 노란 옷에는 여우 가죽으로 만든 갖옷을 입으셨다.[108]

공자가 옷에 현란하거나 자극적인 색으로 장식하지 않은 까닭은 순수함을 좋아하기 때문이었고, 더울 때 시원한 옷을 입은 까

---

108. 君子는 不以紺緅飾 紅紫不以爲褻服 當署 袗絺綌必表而出之 緇衣羔裘 素衣麑裘 黃衣狐裘(『論語』鄕黨).

닭은 실용적이었음을 말해주는 것이며, 옷의 색상을 조화롭게 유지한 것은 옷 하나를 입는 것에도 조화의 정신이 들어 있음을 말해주는 것이다. 몸에는 마음이 들어 있다. 마음이 순수하여 가식이 없고 조화로워야 몸을 넉넉하고 귀하게 간직할 수 있다.

제3항 가정 꾸리기

몸을 챙기는 것은 몸 하나만을 챙기는 것이 아니다. 몸은 시간적·공간적으로 고립된 것이 아니다. 모든 사람의 몸은 시공간을 초월하여 하나로 연결되어 있다. 공간적으로는 남과 내가 하나로 연결되어 있고, 시간상으로는 조상에서 자손으로 이어져 있으므로, 남과 나를 연결해서 살아야 제대로 사는 것이다. 자기 몸 하나만을 챙기며 사는 것은 잘못 사는 것이다. 남과 나를 하나로 연결하는 최소한의 단위가 가정이다. 가정 안에서 부모와 자녀가 하나로 연결되고 형제자매가 하나로 연결된다. 부모와 자녀의 연결은 조상에서 후손으로 이어지는 시간상의 연결이고, 형제자매의 연결은 사촌·육촌·팔촌 등으로 이어지는 공간적인 연결이다.

　몸을 넉넉하게 유지하는 것은 자기의 몸이 시공간적으로 연결되도록 유지하는 것이기 때문에 가정을 중시하지 않을 수 없다. 가정 안에서 부모와 자녀가 하나 되는 것은 자녀에 대한 부모의 자애로움과 부모에 대한 자녀의 효도이며, 형제가 하나 되는 것은 형제간의 우애이다. 『논어』 「위정」편에 "효로다. 오직 효도하며 형제간에 우애하여 정사에 펼친다"[109]는 공자의 말씀이 있다. 부

---

109. 書云孝乎惟孝 友于兄弟 施於有政 是亦爲政(『論語』 爲政).

모와 형제는 몸을 시간상으로 연결하고 공간적으로 연결하는 출발점이다. 가정에서 부모에게 효도하고 형제간에 우애 있게 되는 것은 시간상으로 연결된 몸 전체와 공간적으로 연결된 몸 전체를 연결하는 출발점이 된다. 시간적·공간적으로 연결된 전체의 몸이 바로 우주의 몸이다. 따라서 가정에서 부모에게 효도하고 형제간에 우애 있게 사는 것은 우주의 몸을 실천하는 출발점이 된다. 우주의 마음과 우주의 몸으로 사는 것이 인(仁)이다. 인은 가정 안에서 효도와 우애를 통해서 시작된다.

유학에서 성직자가 인정되지 않는 이유가 여기에 있다.

제4항 예와 중용의 몸가짐

몸을 넉넉하게 유지하는 방법으로서 몸가짐 또한 중요하다. 몸을 귀하게 간직하면 귀한 몸이 되고, 천하게 간직하면 천한 몸이 된다. 비싼 음식을 먹고 비싼 옷을 입으며 비싼 주택에 사는 것이 몸을 귀하게 간직하는 것이 아니다. 몸을 귀하게 간직하는 방법 중에서 중요한 것은 몸속에 들어 있는 마음을 착하게 간직하는 것이다. 마음을 착하게 간직하는 방법의 하나는 착하지 않은 마음이 외부로 나타나지 않도록 절제하는 것이다. 착한 마음이 외부로 드러나는 것은 예에 해당하지만, 착하지 않은 마음이 외부로 드러나는 것은 예가 아니므로, 예가 아닌 것을 억제하고 예에 따르기만 하면, 착한 마음이 잘 보존된다. 공자는 인을 보존하는 구체적인 방법에 대해 질문한 안연에게 예에 따를 것을 강조한 바 있다.

예가 아니면 보지 말고, 예가 아니면 듣지 말며, 예가 아니면 말하지 말고, 예가 아니면 움직이지 말라[110]

보고 듣고 말하고 움직이는 몸가짐을 예에 맞게 하면, 착한 본마음이 몸에 충만하여 귀한 몸이 된다. 예는 한마음이 외부로 드러난 형식이기는 하지만, 그 형식이 고정된 것이 아니라 상황에 따라서 늘 바뀐다. 공자가 제사에 참석하기 위해 태묘에 들어갔을 때 제사의 절차와 방법을 일일이 물었다. 그것을 본 어떤 사람이 공자는 예를 아는 사람이 아니라고 비판한 일이 있었는데, 그것을 전해 들은 공자는 그렇게 하는 것이 예라고 말한 적이 있다. 어떤 삶의 형식에 한마음이 내포되어 있지 않다면 그 형식에 한마음이 내포되도록 바꾸어야 한다. 제사에 참여하는 사람은 그 제사를 주관하는 사람의 뜻에 따르는 것이 예다. 예에 맞는 형식이 있다는 고정관념을 가지고 그 형식을 고집하면, 다른 형식을 고집하는 사람과 충돌하게 된다. 남과 충돌하는 것은 예가 아니다. 한마음은 언제나 남과 조화를 이루는 방향으로 나타나므로, 한마음을 가진 사람은 남들의 방식에 맞추어 조화를 이룰 수 있다.

사람이 상황에 맞도록 다양하게 처신하는 것이 예이기 때문에, 예는 시중(時中)과 일치한다. 시(時)는 상황을 말하고 중(中)은 알맞다는 뜻이다. 맹자는 공자의 특징을 표현할 때 성인 중에서 시중을 하는 사람이란 의미에서 성지시자(聖之時者)라 표현하고, 구체

---

110. 非禮勿視 非禮勿聽 非禮勿言 非禮勿動(『論語』顔淵).

적인 내용을 다음과 같이 설명했다.

> 벼슬해야 할 상황에서는 벼슬하고 멈추어야 할 상황에서는 멈
> 추며, 오래 머물러야 할 상황에서는 오래 머물고, 빨리 떠나야
> 할 상황에서는 빨리 떠나는 사람이 공자다.[111]

상황에 맞게 대처하는 것은 먼저 상황을 파악해야 가능하지만, 상황은 시간적·공간적 조건에 따라 늘 변하는 것이기 때문에, 과거 상황에서의 알맞은 대처방안이 지금 상황에서도 맞는다는 보장이 없다. 따라서 의식 속에 대처방안을 담아 두면, 상황에 맞게 대처하는 시중이 불가능하다. 오직 의식 속에 아무런 대처방안을 가지고 있지 않으면서 그때그때 느낌으로 대처할 때만 가능하다. 그러한 대처 방식을 권(權)이라 한다. 권(權)은 저울의 추를 의미한다. 저울의 추는 한 지점에 고정된 것이 아니라, 다는 물건의 무게와 형평을 이루도록 좌우로 이동한다. 인간의 삶의 방법도 상황에 따라 알맞게 바뀌어야 한다. 그렇게 하는 것을 저울추에 비유하여 권(權)이라 한다. 권은 인간의 몸가짐이 최고의 경지에 도달한 상태이다. 공자가 "해야 한다는 것도 없고, 하지 않아야 한다는 것도 없으며, 오직 상황에 따라 알맞게 대처할 뿐이라"[112]라고 한 군자의 몸가짐이 바로 권이다.

공자의 몸가짐은 완전의 경지에 도달했다. 마음이 내키는 대로

---

111. 可以仕則仕 可以止則止 可以久則久 可以速則速 孔子也(『孟子』公孫丑上).
112. 子曰 君子之於天下也 無適也 無莫也 義之與比(『論語』里仁).

행동해도 잘못될 일이 없을 정도로 완전의 경지에 도달했다. 공자는 모든 고통에서 벗어났다. 더는 자기완성을 위한 노력을 하지 않아도 되었다. 완성된 사람의 눈에 비친 이 세상은 천국의 모습 그 자체였다. 세상의 혼란은 진짜의 혼란이 아니라, 꿈속에서 일어나는 가상의 혼란이므로, 거기에 관여할 필요도 없는 것이었다. 그러나 공자는 그럴 수 없었다. 공자는 꿈같은 가상세계에서 고통 받으며 살았었기 때문에, 공자에게는 고통 받고 있는 사람들이 남으로 느껴지지 않았다. 공자에게는 세속 사람들의 고통이 자기의 고통으로 다가왔기 때문에 다시 세속으로 들어갈 수밖에 없었다. 다시 세속으로 들어가 고통 받는 사람들을 깨우치기 위해 최선을 다할 수밖에 없었다.

제4장
타인 완성을 위한 공자의 치인 철학

공자가 진리에 도달한 것은 학문이었으므로 세속 사람들을 깨우치는 방법 또한 사람들에게 학문을 하도록 유도하는 교육이었다. 공자는 다음과 같이 자기를 표현한 적이 있다.

> 공자께서 말씀하셨다. 묵묵히 알았고, 배우기를 싫어하지 않았으며, 깨우치기를 게을리 하지 않았다. 이외에 나에게 무엇이 있었겠는가!113

공자의 일생은 배우고 가르치는 것으로 일관했다. 배움을 완성한 공자가 사람들을 깨우치기 시작한 것은 바로 교육으로부터였다.

제1절 교육을 통한 타인 완성

공자는 학문을 통해서 진리를 얻었으므로, 타인에게 진리를 얻도록 유도하는 방법도 교육을 통해서였다. 공자가 세상에 등장한 것은 인류의 스승으로서였다. 진리를 얻어 행복해져야 하는 사람은 따로 있지 않다. 모든 사람이 예외 없이 진리를 얻어야 하고 행복해야 한다. 진리를 얻지 않아도 되는 사람은 한 사람도 없고, 행복하지 않아도 되는 사람은 한 사람도 없다. 진리를 얻는 것은 수기를 통해서 가능하다. 수기가 수신이고, 수도이며, 수양이다.

『대학』에는 천자에서부터 서인에 이르기까지 한 사람도 예외 없이 수신을 근본으로 삼아야 한다고 말한다.[114]

제1항 교육 내용

『중용』에서는 교육의 내용을 '도를 닦도록 하는 것'[115]이라고 정의했다. 도를 닦는 목적은 본성을 회복하기 위한 것이고, 천명을 알기 위한 것이다. 가르치는 측면에서 말하면 교육이고, 배우는 측

---

113. 子曰 黙而識之 學而不厭 誨人不倦 何有於我哉(『論語』述而).
114. 自天子以至於庶人 壹是皆以修身爲本(『大學』經1章).
115. 修道之謂敎(『中庸』第1章).

행단현가도

면에서 말하면 학문이다. 따라서 교육의 내용과 학문의 내용은 일치한다. 공자는 본성을 회복하기 위한 학문을 다른 배움과 차별해서 대학(大學)이라 했다. 오늘날의 학문은 여러 가지가 있지만, 대부분이 경쟁력을 강화하기 위한 지식을 쌓는 것이므로, 공자가 말하는 대학은 아니다. 공자가 말하는 교육은 대학을 가르치는 것이다.

공자는 학생들을 취직시키는 데 관심이 없었다. 공자의 관심은 오직 학생들을 군자가 되도록 인도하는 데 있었다. 군자는 참된 사람이다. 군자가 아닌 소인은 사람의 모습을 하고 있어도 참된 사람이 아니다. 타락해서 참된 사람의 모습을 잃어버린 당시의 사람들을 참된 사람이 되도록 깨우치는 것이 공자의 교육목표였다. 참된 사람이 되지 못한 사람은 아무리 부귀영화를 누려도 행복할 수 없다. 학문이 완성되지 않은 사람은 자신이 불행할 뿐만 아니라, 남도 불행하게 만든다. 학문이 완성되지 않은 사람이 취직하면 자기를 망치고, 남도 망친다. 공자는 아직 학문이 완성되지 않은 제자를 취직시킨 자로에게 남의 아들 하나를 망쳤다고 나무랐다.

> 자로가 자고(子羔)를 비(費)라는 읍의 읍재로 삼자 공자께서 말씀하셨다. "남의 아들을 해쳤구나!" 자로가 말했다. "백성이 있고 나라가 있으니 하필 글을 읽은 뒤라야 학문을 하는 것이겠습니까?" 공자께서 말씀하셨다. "이래서 말재주 있는 자를 미워한다."[116]

---

116. 子路使子羔 爲費宰 子曰賊夫人之子 子路曰有民人焉 有社稷焉 何必讀書 然後 爲學 子曰是故 惡夫佞者(『論語』「先進」).

학문을 완성하여 참된 사람이 되는 것보다 더 중요한 것이 없다. 참된 사람이 된 뒤에라야 참된 삶이 보장된다. 나라를 다스리고 백성을 위하는 일이 아무리 급해도 참된 사람이 되는 것보다 더 급하지 않다. 참된 사람이 되지 않으면 백성을 위하는 일이나 나라를 다스리는 일이 불가능하다.

제2항 교육 방법

공자의 교육은 학생들을 분발시키는 데서부터 시작한다. 배움의 의지가 없는 학생을 가르치는 것은 도움이 되지 않는다. 공자는 학생에게 먼저 의지가 있는지 확인했다. 공자는 학생들에게 먼저 배움의 목적을 말로 선언하게 한 뒤에 그 말에 따를 것을 강조했다.

> 자공이 군자에 관해서 묻자, 공자께서 말씀하셨다. "먼저 말을 하고, 그 뒤 그 말을 따른다."[117]

배움의 목적은 진리를 얻는 것이다. 학생들이 배움의 목적을 분명하게 선언했더라도 분발하지 않으면 진리에 도달할 수 없다. 공자는 분발하지 않는 학생들에게는 이끌어주지 않았다. 한 모퉁이를 들면 세 모퉁이를 들고 따라올 정도로 적극성을 보여야 가르침을 계속했다. 마치 미치광이처럼 학문에 뛰어드는 학생을 좋아할 정도였다. 학문을 좋아하는 것처럼 위장하는 사람은 결코 진리에 도달할 수 없다. 공자는 그런 부류의 사람을 향원(鄕原)이라 했

---

117. 子貢問君子 子曰 先行其言 而後從之(『論語』爲政).

다. 향원이란 학문에 상당한 조예가 있는 것처럼 둘러대면서, 스스로 인격자로 자처하는 사람이다. 학문을 좋아한다고 말하면서도 학문에 뛰어들지 않는 사람은 진정으로 좋아하는 사람이 아니다. 진정으로 학문을 좋아하는 사람은 물불을 가리지 않고 오직 학문의 길에 뛰어든다. 학문에 미치지 않고 진리에 도달할 수는 없다. 진리에 도달하는 것은 자기 자신이다. 남이 진리에 도달하게 해줄 수는 없다.

> 함께 배울 수는 있어도 함께 도에 나아갈 수는 없으며, 함께 도에 나아갈 수는 있어도 함께 도를 파악하게 할 수는 없으며, 함께 도를 파악하게 할 수는 있어도 함께 권(權)을 행할 수는 없다.[118]

학문은 권(權)을 행할 수 있는 데까지 가야 완성된다. 하늘마음으로 가득해진 사람은 의식이 생기기 이전의 상태를 회복한다. 도를 배우고 도가 무엇인지를 파악하는 것은 의식의 작용을 통해서 가능하지만, 도를 완전히 터득하는 것은 의식을 통해서 가능한 것이 아니다. 도를 의식하는 경지를 넘어서 도와 완전히 하나가 되어야 도를 터득하는 것이다.

공자는 분발하지 않는 학생들을 방치한 것은 아니다. 진리에 도달하는 것보다 더 좋은 것은 없으므로, 분발하지 않는 학생을 안타까워했다. 공자의 안타까움은 분노가 되어 폭발할 때도 있었다.

---

118. 子曰 可與共學 未可與適道 可與適道 未可與立 可與立 未可與權(『論語』子罕).

재여가 낮잠을 자니까, 공자께서 말씀하셨다. "썩은 나무에는 조각할 수 없고, 똥거름 흙을 쌓아 만든 담장은 흙손질할 수 없다. 재여에게 무엇을 꾸짖겠는가!" [119]

학문에 뜻을 두고서도 게으름피우고 있는 제자를 보면 공자는 무섭게 몰아세웠다.

제3항 교육자의 자세와 자격

교육은 한마음을 회복한 사람이 그렇지 못한 사람을 깨우치는 것이다. 주의해야 할 것은 교사가 섣불리 학생을 깨우친다고 생각하면 학생과 하나 되기가 어려울수 있다. 교사가 학생을 깨우치려고 하면 깨우치는 교사와 배우는 학생 사이에 간극이 생기고, 간극이 생기면 교육효과가 적어진다. 교육효과가 극대화되는 것은 교육자와 학생이 하나가 될 때이다. 교육자가 학생과 하나 되는 것은 교육자가 한마음을 회복했을 때만 가능하다. 한마음을 회복한 교육자는 학생과 하나가 되므로, 학생의 처지가 되어 학생에게 적합한 교육을 할 수 있다.

여러 작은 산봉우리를 거쳐야 정상에 도달할 경우, 정상으로 가는 길을 묻는 학생에게 정상을 설명해주는 것은 아무런 도움이 되지 않는다. 그 사람에게 가장 절실한 것은 눈앞의 산봉우리부터 오르는 것이다. 공자는 학생과 하나가 되어, 학생이 올라가야

---

119. 宰予晝寢 子曰 朽木 不可雕也 糞土之墻 不可杇也 於予與 何誅(『論語』公冶長).

하는 눈앞의 산봉우리를 가르쳐 주었다. 공자는 학생들이 똑같은 질문을 해도 학생에 따라 대답이 달랐다. 특히 인(仁)에 관한 질문에 대해서는 더욱 그러했다. 사마우는 말꼬리를 물고 늘어지는 습관이 있었다. 그런 사마우가 인을 물었을 때, 공자는 말꼬리를 물고 늘어지지 않는 것이라고 답했다. 중궁은 사람을 무시하는 경향이 있었다. 그런 중궁이 인을 물었을 때는 사람을 손님 대하듯 하고, 사람을 부릴 때는 제사를 받들 듯이 받들어야 하며, 자기가 싫어하는 일을 남에게 시키지 않아야 한다고 했다. 공자는 학생과 완전히 하나가 되어, 학생에게 가장 긴요한 가르침을 실시했다.

학생과 하나가 되어 학생에게 필요한 것을 해결해줄 때 학생은 스승에게 감동하고 존경한다. 존경심을 가지면 닮아지고 싶어진다. 학생들이 스승을 닮고 싶어 할 때 비로소 교육이 효과를 발휘할 수 있다.

진리의 정상은 하늘이다. 수많은 산봉우리를 오르고 또 올라서 마지막에 도달하는 정상이 하늘이다. 하늘에 도달한 사람이 아니면 학생들을 진리로 인도할 수 없다.

공자의 제자 안연은 공자의 가르침에 따라 수많은 산봉우리를 오르고 또 올랐지만, 그 산봉우리들이 끝이 없는 듯하였다. 눈앞의 산봉우리를 오르면 이제 끝인 줄 알았지만, 오르고 보면 그다음의 산봉우리가 또 있었다. 그렇다고 해서 포기할 수도 없었다. 공자가 앞에 있는 산봉우리들을 너무나 순조롭게 오를 수 있도록 깨우쳐주었기 때문이다. 안연은 그의 심정을 다음과 같이 술회한 적이 있다.

안연이 '아!'하고 탄식하며 말했다. "우러러볼수록 더욱 높아지시고, 뚫을수록 더욱 단단해지시며, 쳐다보면 앞에 계셨는데, 홀연히 뒤에 계시는 도다! 선생님께서는 순조롭게 사람을 잘 이끌어주신다. 나에게 교양을 가르쳐 넓은 교양인으로 만들어 주시고, 나에게 예를 가르쳐 세련된 사람으로 만들어주신다. 그만두고자 해도 그만둘 수 없다. 이미 내 재주를 다했으나, (선생님께서) 서 계신 곳은 우뚝해서 아무리 좇아가려 해도 어찌할 도리가 없다."[120]

스승은 학생들에게 진리로 인도하는 사람이기 때문에 진리를 완전히 터득한 사람만이 진정한 스승이 될 수 있다.

제2절 정치를 통한 타인 완성

교육을 통한 타인 완성보다 더 효과적인 방법은 정치다. 한 개인이 아무리 열심히 교육하더라도 모든 사람을 다 가르칠 수는 없으므로, 정치의 역할을 활용하는 것이 효과적이다. 정치를 통한 교육은 먼저 경제를 살려, 사람들이 먹고살 수 있게 한 뒤에라야 가능하다. 교육이 경제보다 더 중요하다 하더라도 순서상으로 경제가 교육보다 우선되는 이유가 여기에 있다. 공자는 위나라로 가

---

120. 顔淵 喟然歎曰 仰之彌高 鑽之彌堅 瞻之在前 忽焉在後 夫子 循循然善誘 人 博我以文 約我以禮 欲罷不能 既竭吾才 如有所立 卓爾 雖欲從之 末由 也已(『論語』子罕).

면서 염유와 다음과 같은 대화를 나눈 적이 있다.

> 공자께서 위나라로 가실 때 염유가 마차를 몰았다. 공자께서
> 말씀하셨다. "사람이 많구나!" 염유가 말했다. "이미 사람이 많
> 으면 다음에 무엇을 해야 합니까?" "부유하게 해야 한다." "부유
> 하게 된 뒤에는 무엇을 해야 합니까?" "가르쳐야 한다."[121]

　몸과 마음 중에서는 마음이 몸보다 더 중요하지만, 몸이 망가
지고 나면 마음을 챙길 수 없으므로, 먼저 몸을 챙긴 뒤에 마음
을 챙기는 것이 순서이다. 『대학』에서는 "모든 것에는 근본과 말
단이 있고, 일을 처리하는 데는 먼저 해야 하는 것과 나중에 해야
하는 것이 있으니, 먼저 해야 하는 것과 나중에 해야 하는 것을
알아야 모든 것이 제대로 된다"[122]고 했다. 몸과 마음의 관계가
그러하다. 마음이 근본이고 몸이 말단이지만, 먼저 챙겨야 하는 것
이 몸이고, 나중에 챙겨야 하는 것이 마음이다. 몸 챙기는 것이 먼
저라고 해서 몸을 챙기는 데 집중하다가 마음 챙기는 일을 놓치면
큰 불행에 빠진다. 경제건설도 마찬가지다. 경제를 챙기는 데 집중
하여 끝없이 경제건설에만 매달리면 국가 단위로 큰 불행에 빠진
다. 몸이 어느 정도 챙겨지면 바로 마음 챙기는 길로 들어서야 하
고, 경제가 어느 정도 안정되면 바로 교육에 주력해야 한다.

---

121. 子適衛 冉有僕 子曰 庶矣哉 冉有曰 旣庶矣 又何加焉 曰富之 曰旣富矣 又
　　何加焉 曰敎之(『論語』子路).
122. 物有本末 事有終始 知所先後 則近道矣(『大學』經1章).

백성들이 부유해진 뒤에라도 외침을 당하여 국가의 안전이 보장되지 않으면 교육할 수 없으므로, 교육 이전에 또 국방을 먼저 해야 한다. 공자는 자공에게 다음과 같이 말한 적이 있다.

> 자공이 정치를 묻자, 공자께서 대답하셨다. "먹을 것을 풍족하게 하는 것, 병력을 풍족하게 하는 것, 백성들에게 신뢰받는 것이다." 자공이 물었다. "반드시 부득이하여 하나를 없애야 한다면 이 세 가지 중에서 무엇을 먼저 해야 합니까?" "병력을 없애야 한다." 자공이 말했다. "반드시 부득이하여 하나를 없애야 한다면, 나머지 두 개 중에서 어느 것을 먼저 해야 합니까?" "먹는 것을 없애야 한다. 자고로 모두 죽는 일은 있지만, 백성들에게 신뢰받지 못하면 정치가 성립되지 않는다."[123]

국민을 위해서 국가가 있고 정치가 있는 것이다. 국민이 원하지 않는 국가는 국가가 아니고, 국민이 원하지 않는 정치는 정치가 아니다. 정치는 정치를 하는 정부가 있을 때 가능하지만, 정부가 있다고 해서 다 정치가 가능한 것은 아니다. 국민에게 신뢰받지 못하는 정부는 국민이 원하는 정치를 할 수 없으므로, 국민에게 신뢰받지 못하는 정부가 하는 정치는 정치가 아니다. 정치의 중요한 과제인 경제나 국방은 정치가 이루어졌을 때 성립된다.

---

123. 子貢問政 子曰 足食 足兵 民信之矣 子貢曰 必不得已而去 於斯三者 何先 曰去兵 子貢曰 必不得已而去 於斯二者 何先 曰去食 自古皆有死 民無信 不立(『論語』顔淵).

국민으로부터의 신뢰가 국민으로부터의 지지율과 일치하는 것은 아니다. 신뢰는 한마음에서 나오는 것이지만, 지지율은 욕심에 좌우되기 쉽다. 오늘날의 사람들은 한마음보다 욕심이 많으므로, 욕심을 채워주는 정치를 따르는 경향이 있다. 정치인은 선거에 승리하기 위해 유권자들의 욕심을 채워주려 하므로, 선거가 거듭될수록 사람들의 욕심은 커지기 마련이다. 욕심이 커지면 사람이 불행해진다. 민주주의 정치제도에서는 사람들이 정신적 행복을 얻기 어렵다. 선거에서 표를 많이 얻은 정부가 반드시 신뢰할 수 있는 정부인 것은 아니다.

참다운 신뢰는 한마음으로 하나가 될 때의 신뢰이다. 국민의 한마음에서 신뢰받는 정부라야 참으로 신뢰받는 정부이다. 공자가 말하는 백성들로부터의 신뢰란 백성들의 한마음에서 나온 신뢰를 말한다. 백성들의 한마음에서 나온 신뢰는 자녀가 부모를 신뢰하는 것과 같다. 부모에 대한 자녀의 신뢰는 부모의 사후에까지 이어지듯이, 정부에 대한 백성들의 한마음에서 나온 신뢰는 정치인의 사후에까지 이어진다.

따라서 정치를 논할 때는 정치가의 자격을 가장 먼저 논의해야 한다. 자격 없는 사람이 하는 정치는 정치가 아니므로, 경제정책이나 국방정책 등을 논하기 전에 먼저 정치가의 자격부터 논해야 한다.

제1항 정치가의 자격

정치가가 갖추어야 할 자격 요건 중의 첫 번째는 덕의 유무에 관한 것이다. 덕을 가진 사람이 정치를 하면 북극성처럼 된다.

공자께서 말씀하셨다. "덕을 가지고 정치하는 것을 비유하면, 북극성이 제자리에 머물러 있어도 모든 별이 그에게로 향하는 것과 같다."[124]

밤하늘의 별을 보면 북극성은 언제나 제자리에 있고, 다른 별들은 북극성을 가운데 두고 원을 그리며 돈다. 덕 있는 사람이 정치를 해도 그렇다. 임금이란 글자의 임은 애인이란 뜻이고, 금은 검, 즉 거룩하다는 뜻이므로, 임금은 '거룩한 애인'이란 뜻이다.

덕 있는 사람은 한마음을 실천한다. 덕 있는 사람은 남을 자기처럼 아끼고 사랑한다. 우리는 덕 있는 사람의 한마음을 자녀에 대한 부모의 마음에서 가장 잘 이해할 수 있다. 자녀에 대한 부모의 마음은 한마음이다. 부모는 자녀에게 헌신한다. 그 때문에 자녀들은 객지에 나가 있어도 마음은 언제나 고향에 계신 부모님을 향한다. 날씨가 추워지면, 부모님께서 감기 걸릴까 걱정한다. 돈을 벌어도 부모님께 드리고 싶어진다.

부모는 자기 자녀에게만 한마음으로 대하지만, 성인은 모든 사람에게 한마음으로 대한다. 성인은 온전하게 덕을 갖춘 사람이다. 성인이 정치를 하면 자녀들의 마음이 부모를 향하듯이, 온 백성의 마음이 성인을 향한다. 마치 밤하늘의 북극성이 제자리에 있지만, 모든 별이 북극성을 향하는 것과 같다.

부모가 자녀를 위해 일생을 희생하는 것처럼, 임금은 백성을 위해 일생을 희생한다. 백성에게 희생하지 않는 임금은, 임금 자리에

---

124. 子曰 爲政以德 譬如北辰 居其所而衆星共之(『論語』爲政).

있어도 임금이 아니다. 공자는 고(觚)라고 일컫는 술잔을 보고 다음과 같이 말한 적이 있다.

고(觚)가 고 같지 않으니 고(觚)인가! 고인가!125

고(觚)는 각이 진 술잔이다. 술잔을 만드는 사람이 각지게 만들기 어려우므로 원형으로 만들었는데도 이름은 여전히 고(觚)라고 불리고 있었다. 공자가 보기에 각이 없는 술잔은 고(觚)라고 할 수 없는데도 여전히 고(觚)라고 부르고 있는 것은 잘못이다. 고(觚) 같지 않은 고(觚)는 고(觚)가 아니다. 공자의 이 말은 모든 것에 적용되지만, 임금에게 가장 잘 적용된다. 임금의 자격을 갖추지 않은 임금은, 임금 자리에 앉아 있어도 임금이 아니다. 공자는 자격 없는 임금이 임금 자리에 있는 것은 남의 자리를 훔친 도둑이라고까지 말한 적이 있다.

공자께서 말씀하셨다. "장문중은 자리를 훔친 자이다. 유하혜의 현명함을 알고서도 함께 조정에 서지 않았다."126

자리가 있으면, 그 자리에 앉아 있어야 하는 적합한 적임자가 있게 마련이다. 그런데 만약 그 자리에 있지 않아야 할 사람이 그 자리에 앉아 있다면 적임자의 자리를 훔친 도둑이다. 장문중은

---

125. 子曰 觚不觚 觚哉 觚哉(『論語』雍也).
126. 子曰臧文仲 其竊位者與 知柳下惠之賢而不與立也(『論語』衛靈公).

유하혜가 자기보다 훌륭하다는 것을 알면서도 유하례를 천거하여 자리에 앉지 않고, 자기가 그 자리에 계속 있었으므로 남의 자리를 훔친 자이다. 모든 자리에는 자격 있는 적임자가 앉아야 하지만, 정치인의 자리는 더욱 그러하다.

제2항 정치의 내용

1. 바로잡는 것

정치는 바로잡는 것이다. 잘못된 사람을 바른 사람으로 만드는 것이고, 잘못된 세상을 바른 세상으로 만드는 것이다. 세상을 구성하는 요소는 국가이고, 국가를 구성하는 요소는 가정이며, 가정을 구성하는 요소는 가족이다. 그러므로 세상을 바로잡기 위해서는 먼저 국가를 바로잡아야 하고, 국가를 바로잡기 위해서는 먼저 가정을 바로잡아야 하며, 가정을 바로잡기 위해서는 먼저 자기를 바로잡아야 한다. 바르게 된 사람만이 남을 바르게 할 수 있고, 가정을 바르게 할 수 있으며, 국가를 바르게 할 수 있고, 세상을 바르게 할 수 있다. 그러므로 정치의 출발점은 수신이다. 수신과 정치가 별개의 것이 아니다. 수신이 안 된 사람이 정치에 참여하는 것은 앞뒤가 맞지 않는다.

자기를 닦아서 자기를 바르게 하는 것이 정치의 시작이고 사람을 가르쳐서 모든 사람을 다 바르게 하는 것이 정치의 완성이다. 모든 사람이 다 바르게 되면 사람들 각각이 자기의 역할을 제대로 하게 되어 세상이 낙원으로 바뀐다.

세상이 어지러워지는 원인은 수신이 안 된 사람이 정치에 관여하기 때문이다. 『대학』에서는 이 점을 정확하게 지적한다.

옛날에 천하에 진리를 실현하려고 하면 먼저 자기 나라를 다스리고, 자기 나라를 다스리고자 하면 먼저 자기 집을 안락하게 하고, 자기 집을 안락하게 하고자 하면 먼저 자기 몸을 닦고, 자기 몸을 닦고자 하면 먼저 자기 마음을 바르게 하고, 자기 마음을 바르게 하고자 하면 먼저 자기의 뜻을 정성스럽게 하고, 자기의 뜻을 정성스럽게 하고자 하면 먼저 자기의 지혜를 이룬다. 지혜를 이룸은 사물에 접하여 사물을 연구하는 데 있다. 사물이 연구된 뒤에 지혜가 이루어지고, 지혜가 이루어진 뒤에 뜻이 정성스러워지고, 뜻이 정성스러워진 뒤에 마음이 바르게 되고, 마음이 바르게 된 뒤에 몸이 닦이고, 몸이 닦인 뒤에 가정이 안락해지고, 가정이 안락해진 뒤에 나라가 다스려지고, 나라가 다스려진 뒤에 세상이 화평해진다.[127]

많은 사람이 세상을 걱정하고 세상의 평화를 논하지만, 자기 나라를 잘 다스리지 않은 상태에서 세상의 평화를 논하는 것은 현실성 없는 뜬구름 잡는 이야기다. 자기의 가정을 안락하게 하지 못하면서 나라 다스릴 생각을 하는 것도 현실성이 없다. 세계평화를 생각하기보다 먼저 자기 나라를 걱정해야 하고, 자기 나라를 걱정하기보다 먼저 자기 가정을 걱정해야 하고, 자기 가정을 걱정하기보다 먼저 자기 몸 닦는 것을 걱정해야 한다. 자기 몸이 닦이면 저절

---

127. 古之欲明明德於天下者 先治其國 欲治其國者 先齊其家 欲齊其家者 先修其身 欲修其身者 先正其心 欲正其心者 先誠其意 欲誠其意者 先致其知 致知在格物 物格而后知至 知至而後意誠 意誠而後心正 心正而後身修 身修而後家齊 家齊而後國治 國治而後天下平(『大學章句』經1章).

로 가정이 안락해지고, 자기 가정이 안락해지면 저절로 나라가 다스려지고, 나라가 다스려지면 저절로 세상이 평화로워진다.

『대학』의 이론체계에서 보면, 수신보다 중요한 것이 없다. 자기가 수신하여 성인이 되면 모든 것이 저절로 이루어진다. 문제는 늘 성인이 못된 사람이 나서는 데서 생긴다. 재주 있는 사람이 더욱 그렇다. 재주 있는 사람은 빨리 지혜를 얻고 빨리 수신하여, 스스로 지혜가 얻어졌고 수신이 완성되었다고 착각하고 성급하게 정치에 뛰어드는 데서 문제가 생긴다. 수신이 완전해지면, 저절로 가정과 나라와 세계가 평화롭게 될 것이므로, 철저하게 수신에 치중하기만 할 뿐, 성급하게 나서지 않아야 한다. 공자에게 정치에 나서라고 권유하는 사람이 있었지만, 공자는 선뜻 나서지 않았다.

> 어떤 사람이 공자에게 말했다. "선생께서는 왜 정치를 하지 않으십니까?" 공자께서 말씀하셨다. "『서경』에 이르기를 '효도로다! 오직 효도하고 형제간에 우애하여 정사(政事)에 이른다'라고 하였다. 이 또한 정치하는 것인데 어찌 정치한다고 나서야 하겠는가?"[128]

자기완성이 정치이다. 자기가 완성되면 정치는 저절로 된다. 완성되지 않은 사람이 정치에 나서는 데서 늘 문제가 생긴다. 공자도 정치에 나선 적이 있었지만, 나라가 저절로 안정되지 않고

---

128. 或謂孔子曰 子奚不爲政 子曰 書云 孝乎惟孝 友于兄弟 施於有政 是亦爲政 奚其爲爲政(『論語』爲政).

일이 꼬이면 공자는 바로 사퇴했다. 공자가 정치에 나섰으나 성공하지 못한 것은 공자의 수신이 부족해서가 아니라, 때가 되지 않았기 때문이다. 사람들은 그것을 하늘의 뜻이라 한다. 공자의 영향으로 세상이 평화로워진 것은 공자 사후 한참 지난 뒤였다.

2. 정명사상

공자 정치사상의 핵심은 정명사상(正名思想)이다. 공자의 정명사상은 제나라 경공과의 문답에서 잘 설명되어 있다.

> 제나라 경공이 공자에게 정치에 관해 묻자, 공자께서 대답하셨다. "임금은 임금답고 신하는 신하다우며 아버지는 아버지답고 아들은 아들답게 되는 것입니다."[129]

공자의 이 말에는 임금과 신하, 아버지와 아들만이 해당하는 것이 아니라, 모든 사람이 해당한다. 남편은 남편답고 부인은 부인다우며, 선생은 선생답고 학생은 학생다우며, 사장은 사장답고 사원은 사원다우며, 노인은 노인답고, 젊은이는 젊은이다우며, 선배는 선배답고 후배는 후배다우며, 주인은 주인답고 손님은 손님다우며, 친구는 친구답게 되는 것이다. 모든 사람이 바르게 되어 각각의 자리에서 각각의 역할을 제대로 할 때 정치는 완성된다. 이와 같은 정치사상을 공자의 정명사상(正名思想)이라 한다.

모든 사람이 각각의 위치에서 각각의 역할을 할 수 있도록 만

---

129. 齊景公問政於孔子 孔子對曰君君臣臣父父子子(『論語』顔淵).

드는 데는 시간이 걸린다. 사회가 혼란할수록 사람들은 오랜 시간이 걸리는 것을 참지 못한다. 오랜 시간이 걸리는 것은 바른 해답이 아니라고 생각하는 사람도 있다. 공자의 제자인 자로도 그랬다. 춘추시대는 매우 혼란한 시대였으므로 자로는 혼란을 해결할 수 있는 빠른 해결책이 필요하다고 생각했다. 그러나 빠른 해결책은 거의 미봉책이므로 미봉책으로 해결하면 나중에 더 큰 혼란이 일어난다. 공자가 자로에게 제시한 혼란의 해결책은 정명이었다. 사람들이 각각의 역할을 제대로 해야 사회가 제대로 돌아간다.

세상의 혼란을 막는 근본 처방은 사람들을 바르게 되도록 하는 것이다. 사람들을 바르게 되도록 하는 것은 사람들의 마음을 바르게 하는 데서 시작해야 한다. 사람들의 마음을 바르게 하는 것을 놓아두고 다른 방법을 찾으면 빠른 효과가 있을 수 있지만, 나중에 더 큰 혼란이 생긴다.

3. 정치의 구체적 방안

『중용』에는 정치의 구체적인 방법을 아홉 가지로 나누어 설명하고 있다.

> 무릇 천하 국가를 다스리는데 아홉 가지 원칙이 있으니, 다스리는 사람 자신의 수신·현명한 사람을 높이는 것·친족과 하나가 되는 것·대신을 공경하는 것·여러 신하를 자기 몸처럼 여기는 것·서민을 아들처럼 여기는 것·여러 기술자를 오게 하는 것·멀리 있는 사람을 보살피는 것·이웃 나라들과의 외교를 돈독하게 하는 것이다.[130]

덕 있는 사람이 정치하는 것이 정치의 기본이므로, 정치가의 수신이 가장 먼저 갖추어야 하는 정치의 요건이다. 다음으로는 정치의 목표를 확실하게 정하는 것이다. 부국강병이 정치의 목표가 되어서는 안 된다. 정치의 목표는 오직 사람을 바르게 되도록 하는 것이어야 한다. 사람들을 바르게 되도록 하는 효과적인 방법은 사람들에게 닮아야 할 기준을 제시하는 것이고, 기준을 제시하는 가장 좋은 방법은 바른 사람을 공경하는 것이다. 권력자가 기준이 되어도 안 되고 부자가 기준이 되어도 안 된다. 오직 바른 사람이 기준이 되어야 사람들이 바르게 될 수 있다. 바른 사람을 기준으로 정하는 방법으로는 바른 사람을 현명한 사람으로 받들고 모시는 분위기를 만드는 것이 중요하다. 바른 사람을 총리로 추대하는 것도 좋은 방법이 된다. 정치를 할 때 다음으로 주의해야 하는 것은 친족들과 한마음의 되는 것이다. 나라의 혼란이 친족들과의 다툼에서 비롯되는 것이 많으므로, 친족들과의 관계를 주의하지 않으면 안 된다. 다음으로 대신을 공경하는 것이다. 대신은 총리와 각부 장관들이다. 각부 장관들은 각 분야에서 임금의 스승들이다. 각 분야에서 최고의 스승을 찾아 각부 장관으로 임명하면 각부 장관이 모든 문제를 해결할 것이므로, 임금은 할 일이 없다. 할 일이 없는 임금이 가장 훌륭한 정치가다. 다음으로는 여러 하급 관리들을 자기 몸처럼 아끼는 것이다. 국민과 접하는 정부의 대변자는 하급 관리들이다. 하급 관리들은 정부의 얼굴이다. 국민은 그

---

130. 凡爲天下國家有九經 曰修身也 尊賢也 親親也 敬大臣也 體群臣也 子庶民也 來百工也 柔遠人也 懷諸侯也(『中庸』 제20장).

들을 통해 정부를 접한다. 그들이 잘못하면 국민의 불만이 많아진다. 하급 관리들을 제 몸처럼 사랑하면 그들이 역할을 제대로 할 수 있다. 다음으로는 일반 국민을 아들딸처럼 여기는 것이다. 부모가 자녀들에게 한마음으로 대하듯이, 온 국민을 한마음으로 대하면 국민은 임금을 부모처럼 믿고 따를 것이다. 다음으로는 기술을 개발하여 경제를 부강하게 하는 것, 멀리 있어 혜택을 받지 못하는 국민을 위로하는 것, 이웃 나라들과 외교 관계를 돈독하게 하여 나라를 안정시키는 것, 등이 정치의 주요한 내용이다.

제3항 이상사회 실현의 단계

공자는 춘추시대의 혼란을 극복할 수 있는 빠르고 효과적인 방법을 찾기 위해 역사를 살펴보았다. 역사 속에서 가장 혼란했던 시기가 있었고 그 혼란을 극복한 이론이 있었다면 그 이론을 참고하는 것이 가장 효과적일 것이기 때문이다. 역사 속에서 가장 혼란한 시기는 은나라 말기이었고 그 혼란을 극복한 것이 바로 주공의 예치였다. 따라서 공자는 주공의 예치를 회복하는 것을 일차적인 목표로 삼았다. 이에 대해서 공자는 『논어』 팔일편에서 다음과 같이 말하고 있다. "주나라의 문물제도는 하나라와 은나라의 것을 거울삼아 만든 것이므로, 가장 찬란하다. 따라서 나는 주나라의 것을 따르겠다." 눈앞에 전개되는 현실이 혼란하면 혼란할수록 공자에게는 주대의 예치를 회복하는 것이 시급했다. 공자가 『논어』 술이편에서 "나는 몹시 쇠약해졌다. 주공을 꿈에서 뵙지 못한지도 오래되었다"라고 술회할 정도로 주공에 대한 그리움을 표현한 까닭은 나라의 안정을 위해 예의 회복이 필요했기 때문이었다. 혼란을 극복하여 안정으로 이끌었던 시대는 은의 탕과 주의 무왕 및 주공이었고, 그 시대가 소강이었으므로, 공자가 추구했던 사회적 안정은 우선 소강사회를 회복하는 것이었다.

그러나 소강사회는 이상사회가 아니다. 이상사회가 무너진 뒤 혼란해진 사회를 극복한 것이 소강사회이며 그 혼란을 극복한 원리가 예(禮)를 실현하는 것이었다. 이상사회는 요순시대의 대동사회이다. 공자가 주공의 예를 회복하고자 노력했지만, 그것이 최종의 목표는 아니었다. 소강사회의 실현은 대동사회를 실현하기 위한 과정에 불과했다. 대동사회가 무너지고 소강사회가 출현하였으며 소강사회가 무너지고 춘추시대가 도래하였으므로, 춘추시대에서 대동사회를 회복하기 위해서는 소강사회의 단계를 거치는 것이 현실성 있는 방안이 될 수 있기 때문이다. 그러므로 공자가 실현하고자 했던 주의 문물은 대동사회로 가는 과정으로서의 의미를 갖는다. 공자가 순 임금의 음악에 대해서는 "착함을 다했고 아름다움을 다했다"라고 했지만, 무왕의 음악에 대해서는 "아름다움은 다했지만 착함은 다하지 못했다"라고 한 까닭도 바로 그러한 의미로 이해할 수 있다.

소강의 회복이 목표가 되면 문제가 생긴다. 소강을 일차적인 목표로라도 정하면 대동이 멀어질 가능성이 있기 때문이다. 그러므로 대동을 목표로 추진하되 그 과정에서 나타나는 사회의 모습이 소강이어야 한다. 소강에서의 정치형태는 예치인데, 예치에서 말하는 예가 인의 표현으로서의 예이어야 한다. 사람이 인위적으로 만든 예가 예의 기준이 되면 안 된다.

제5장
공자 사상의 특징과 영향

공자 사상의 특징은 인간의 정신적 삶과 육체적 삶의 조화를 이루는 중용적 삶을 추구하는 데 있다. 공자의 사상에는 부작용이 없다. 사람이 정신적 삶에 치우치면 육체적·현실적 삶이 소홀하게 되어 삶이 공허해지기 쉽고, 또 육체적 삶에 치우치면 정신적 삶이 등한해지고 물질적 가치에 집착하게 되므로 삶이 천박해지기 쉬우며, 또한 육체적 삶의 한계성 때문에 허무주의와 쾌락주의에 빠지기 쉽다. 사람이 어느 한쪽의 삶에 치우치면 반드시 부작용이 생기지만, 중용적 삶을 추구하는 공자의 사상에서는 부작용이 생기지 않는다. 이러한 의미에서 공자의 사상은 우리가 평생을 먹어도 부작용이 없는 밥과 같은 것으로 이해할 수 있다. 밥은 평상시에는 가장 좋은 음식이지만, 몸에 병이 들었거나 과식했을 때는 좋은 음식의 역할을 할 수 없다. 그때는 약을 먹어야 하므로 밥은 한계를 가진다.

공자 사상의 한계도 이와 마찬가지다. 사람이 의식주를 해결하지 못하거나 전쟁이나 질병 등으로 인하여 목숨을 보장하지 못할 때는 정신적 삶에 관심을 가질 겨를이 없으므로, 육체적 삶을 강조하고 육체적 삶을 확보하는 데 주력하는 이론에 더 관심을 두게 될 것이다. 이처럼 극한적인 상황에서는 공자의 사상이 관심의 대상에서 제외되기 쉽다. 또 사람들이 육체적 삶을 확보한 뒤 정신적 삶을 강렬하게 추구할 때는 정신적 삶을 강하게 추진하는 종교적인 가르침에 더 많은 관심을 두게 될 것이므로, 역시 공자의 사상은 관심의 대상에서 제외되기 쉽다.

공자의 사상은 양면을 아우르는 중용사상이기 때문에 어느 한 분야로 규정할 수 없다. 공자의 사상은 종교이면서 과학이 될 수 있고, 철학이면서 윤리학일 수 있으며, 정치학이면서 교육학일 수 있다. 공자의 사상은 인간의 삶에서 나타나는 모든 영역을 포괄한다.

아파서 견디기 어려운 환자는 부작용이 적은 약보다 부작용이 많아도 아픔을 멈추게 하는 진통제를 원한다. 춘추시대는 전쟁이 수백 년간 지속되어 사람들이 몸 하나도 건사하기 힘든 극한 상황이었다. 그럴 때는 부작용이 없는 공자의 사상보다 부작용이 많은 것이라도 몸 하나만을 챙길 수 있는 강력한 것이 있으면 많은 사람이 좋아하고 따른다. 공자 이후에 극단적인 사상을 들고나온 양주와 묵적에게 많은 사람이 따랐다.

묵적의 말을 빌리면, 끝없이 지속되는 전쟁으로 말미암아 사람들은 배가 고파도 먹을 수가 없었고 추위도 옷을 입을 수가 없었으며, 지칠 대로 지쳤어도 쉴 수가 없었다.[131] 길에서 병들어 죽는 자는 그 수를 이루 다 헤아릴 수 없었으며, 전사하는 군인들 역시 그 수를 헤아릴 수 없었다.[132] 이러한 상황 속에서 끝없이 피해당한 사람들은 '도대체 무엇 때문에 하는 전쟁이며, 누구를 위해 하는 전쟁인가?'라는 식의 회의에 빠지는 사람도 있을 수 있고, 또

---

131. 民有三患 飢者不得食 寒者不得衣 勞者不得息 三者民之巨患也(『墨子』 非樂上).
132. 百姓之道疾病而死者不可勝數 喪師多不可勝數(『墨子』 非攻中).

비참하게 죽어가는 사람들을 구제하기 위해 자기 몸을 돌보지 아니하는 사람도 있을 수 있다. 맹자에 따르면, 머리털 하나를 뽑아서 천하를 이롭게 한다고 하더라도 하지 않는 극단적 이기주의자 양주가 전자의 경우이고, 이마에서 발꿈치까지 몸 전체를 갈아서라도 천하를 이롭게 하는 일이라면 하겠다는 극단적 이타주의자 묵자가 후자의 경우이다.[133] 양주와 묵적의 공통점은 인간의 육체적 삶의 확보에만 전념한다는 사실이다. 공자의 사상은 중용철학을 지향했지만, 양주와 묵적의 사상은 형하판에서 형성된 것이다. 양주의 사상은 『장자』나 『열자』 등에서 단편적으로 전해지는 것 외에 남아 있는 것이 없고, 묵자의 사상은 『묵자』라는 책 속에 고스란히 전해오고 있다.

묵자의 성은 묵(墨), 이름은 적(翟)이다. 송나라의 대부라고도 하고, 노나라 사람이라고도 하며, 초나라 사람으로 보아야 한다는 설도 있다. 그의 생몰연대는 확실하지 않지만 대체로 기원전 460년경에서 기원전 370년경 즉, 춘추시대 말기에서부터 전국시대 초기에 걸쳐 삶을 영위하였던 사람으로 추정한다.

묵자는 끝없이 지속되는 전쟁의 회오리 속에서 굶주리는 사람에게 먹을 양식을 주고 헐벗은 사람에게 입을 옷을 주기 위해 손수 밭을 갈고 베를 짜려고 하였으나, 그것은 몇 사람을 구제하는 데 그칠 뿐, 큰 효과를 거둘 수 없다는 사실을 깨달았으므로, 그는 모두를 다 구제하는 방안을 생각하기에 이르렀다. 묵자가 생각

---

133. 孟子曰 楊子取爲我 拔一毛而利天下不爲也 墨子兼愛 摩頂放踵利天下爲之(『孟子』盡心上).

하기에 사람들이 헐벗고 굶주리게 되는 원인은 전쟁과 혼란에 있으므로, 모든 사람을 동시에 구제하는 방법은 전쟁과 혼란을 중지시키는 방법밖에 없었다.

묵자는 반전운동의 기치를 들고 사람들에게 호소하기 시작했다. 전쟁 때문에 극도의 피해를 본 당시의 많은 사람이 묵자의 반전운동에 동조하기 시작했으므로, 묵자와 그 추종자들은 순식간에 거대한 집단을 형성했다.

거대한 집단이 형성되면 그 집단을 지속시키기 위한 이론이 필요한 법이다. 그 이론이 우수하면 우수할수록 그 집단은 오래 유지될 수 있다. 침략전쟁을 직접 중지시키기 위하여 동분서주하였던 실천가로서의 묵자는 묵자 집단을 유지하기 위해서라도 전쟁을 중단시킬 수 있는 이론과 실천방안을 제시해야만 했다. 묵자가 제시한 전쟁 중단 이론과 그 실천방안은 전쟁이 일어나는 원인을 찾아내어 그것을 제거하는 방법이었다. 묵자가 찾아낸 전쟁의 원인은 첫째, 자기와 남을 구별하여 남의 것을 자기의 것으로 만들고, 남의 집의 것, 남의 나라의 것을 빼앗아 자기 집의 것, 자기 나라의 것으로 만들려고 하는 데 기인하는 것이므로, 겸애교리(兼愛交利)를 실천하여 남과 나, 남의 것과 나의 것을 구별하지 말고 똑같이 사랑하고 아끼면 중단될 수 있을 것이며, 둘째, 전쟁이나 혼란은 사람들이 이론이나 주장을 달리하는 데 기인하는 것이므로, 정치적 지위의 정점에 있는 천자를 중심으로 모든 사람의 이론과 주장을 획일적으로 통일해야 한다는 상동론(尙同論)을 실천하기만 하면 중단될 수 있을 것이며, 셋째, 전쟁이나 쟁탈은 의식주 등의 물질이 부족하여 그것을 서로 차지하려는 데서 기인하므로, 예식에 드는 돈을 절용하고 음악 등의 비생산적인 예술을 하지 않으며, 운명론에 빠지지 말고 열심히 노동하여 물질을 풍요하게 하기만 하면 중단될 수 있다는 것이다.

위와 같은 묵자의 사상은 전쟁을 억제하기 위한 직접적인 방법이긴 하지만, 그 방법이 자연스러운 것이 아니었다. 남의 아버지와 우리 아버지를 똑같이 사랑한다는 것은 자연스럽지 않다. 또 윗사람의 이론이나 주장을 무조건 따른다는 것 역시 자연스럽지 않다. 비생산적인 음악을 하지 말고 장례식 등의 예식에서 돈을 쓰지 않는 것 또한 자연스럽지 않다. 자연스럽지 않은 이론을 강압적으로 강행하면 처음에는 어느 정도 시행되다가 나중에 가서는 큰 혼란에 빠진다. 이를 우려하여 양주와 묵적의 사상을 세상에서 제거해야 한다고 주장하고 나선 사상가가 등장했다. 바로 맹자였다.

제5부

■

공자 유학의 계승과 유학의 세 요소

제1장
맹자의 유학사상

제1절 맹자의 생애와 시대적 배경

맹자(孟子: 기원전 372?~289?년)는 노나라의 추(鄒)라는 곳(지금의 산동성 곡부(曲阜)현 추성(鄒城)시에 위치)에서 태어났다. 성은 맹(孟), 이름은 가(軻)이다. 『사기』에 따르면 맹자는 자사(子思)의 문인에게서 배웠다고 한다. 자사는 공자의 손자이고 정통 유학을 공부한 사람이므로, 맹자는 바로 공자의 사상을 계승한 것이 된다. 공자의 학문이 중용에 초점이 맞추어져 있지만, 공자를 계승한 맹자는 양주와 묵적의 물질주의에 반발하여 나온 것이기 때문에 강한 형이상학적 성격을 띤다. 맹자의 사상이 동이족의 사상을 이은 것이기 때문이기도 하다. 맹자는 순 임금을 가장 이상적 인물로 삼았다. 또 『맹자』에 기록되어 있는 문장은 목적어가 동사 앞에 나오는 경우가 많은데, 이는 오늘날 한국어의 어순과 일치한다. 이러한 점에서 보면 맹자의 철학은 전형적인 형상판의 철학으로 볼 수

맹모교자상

있다. 그에 비해 양주와 묵적의 철학은 형하판의 철학이므로, 맹자가 양주와 묵적의 철학을 맹렬하게 비난한 까닭은 판의 충돌에 기인하는 것으로 이해할 수 있다.

맹자의 구체적인 성장 과정이나 생애에 대해서는 전하는 바가 없지만, 맹자가 홀어머니 슬하에서 어렵게 자랐다는 것은 잘 알려져 있다. 맹자의 어머니는 맹자의 성장 환경을 위해서 세 번 이사했고[孟母三遷之敎], 맹자가 학업을 도중에 포기할까 염려하여 단기지교[孟母斷機之敎]를 했다는 것은 그 진위의 문제는 남아 있지만, 맹자의 학문적 완성을 위해 맹자의 어머니가 많이 노력했다는 것을 짐작할 수 있다.

맹자는 춘추시대보다 더욱 혼란한 전국시대에 살았다. 공자처럼 일찍 아버지를 여의고, 어려운 환경 속에서 고생하면서 자랐다. 맹자도 어릴 때부터 삶에 대해 고뇌했지만, 맹자의 고뇌는 공자의 학문을 통하여 극복할 수 있었으므로, 맹자에게 공자의 학문은 인생의 목표가 되었다. 그는 공자를 배우는 것이 그의 최고의 희망이라고 술회한 적도 있다. 맹자는 공자와 마찬가지로 수양을 통해 자기완성을 했고, 교육과 정치를 통해 세상을 구제하는 타인 완성을 사명으로 삼았다.

당시의 사회는 대단히 혼란한 전국시대였다. 양주와 묵자의 사상이 천하에 유행하여 많은 사람이 그들을 추종하고 있었다. 이를 직시한 맹자는 심각하게 우려하지 않을 수 없었다. 그는 양주와 묵자의 사상이 세상에 전파되면 심각한 폐해를 일으킨다는 사실을 분명하게 파악했다. 특히 묵자의 사상이 실현되면 당장은 세상에 평화가 올지 모르지만, 나중에 걷잡을 수 없는 혼란에 빠질 것임을 잘 알고 있었다. 묵자의 물질주의 사상을 실천하면 한 몸을 유지하는 데는 효과적일지 모르지만, 사람이 결국 진실한 삶을 상실하고 거짓되고 불행한 삶을 살게 된다는 사실도 잘 알고 있었다.

공자 사상의 핵심은 중용사상이므로 공자의 사상을 전파하는 것은 중용사상을 전파하는 것이 되지만, 양주와 묵적의 물질주의 사상을 배격하기 위해서는 공자의 중용사상보다는 인간의 정신적 요소를 명확히 제시해야 했고 또 정신적 삶의 방법과 내용을 확립해야만 했다. 그것이 맹자가 처한 당시의 상황에서 추구할 수 있는 중용이었다.

맹자는 묵자의 주장을 하나하나 반박한다. 먼저 장례식의 유래를 설명하여 묵자의 잘못을 지적한다. 옛날에는 부모의 시신을 언덕 아래에 가져다가 버렸었는데, 나중에 파리나 등에 등이 붙어서 시신을 뜯어먹고 있는 것을 본 자녀가 차마 볼 수 없어 흙을 덮은 데서 장례식이 유래된 것이다. 장례식을 치르는 것은 인정의 자연스러운 발로였으므로, 억지로 절약하는 것은 인정에 맞지 않는다. 또 이론이나 주장을 위 사람의 것에 따름으로써 하나로 통일하는 것 역시 맞지 않는다. 윗사람의 주장과 이론이 옳을 때는 받아들여야 하지만, 만약 잘못된 것이면, 윗사람에게 저항하거나 윗사람을 축출해야 한다는 혁명이론을 제기하여, 묵자의 상동론을 비판한다. 맹자는 또 사랑의 단계적 실천이론은 제시함으로써 겸애설의 문제점을 보완한다. 먼저 자기 부모부터 잘 모신 다음 남의 부모를 모시고, 먼저 자기 아이를 잘 보호한 다음 남의 아이를 보호한다는 단계적 실천이론이 그것이다. 『천부경』에서는 마음을 태양에 비유했다. 태양은 거리에 상관없이 모든 물체에 똑같이 열을 보내주지만, 거리가 먼 곳에서는 열의 밀도가 적기 때문에 열이 적게 전달될 뿐이다. 사람에 대한 사랑도 이와 같다. 먼 곳에 있는 사람에게는 사랑의 밀도가 적기 때문에 사랑의 깊이가 얕을 수밖에 없다. 먼저 부모와 하나가 되고 다음으로 다른 사람과 하나가 되며 다음으로 물체를 사랑한다고 한 맹자의 말도 이와 같은 맥락으로 이해할 수 있다. 이런 의미에서 보면 과학적으로도 묵자보다 맹자의 설명이 옳다는 것이 증명된다.

맹자가 가장 강조하는 것은 본래의 마음이다. 사람은 태어나면서 본래의 마음을 가지고 있었으나, 나중에 들어온 욕심이 본래의 마음을 밀어내고 대신 그 자리를 차지하게 되었다. 마치 뻐꾸기 새끼가 뱁새 둥지에 들어와 뱁새 새끼를 밀어내고 대신 그 자리를 차지하고 있는 것과 같다. 본래의 마음을 잃고 사는 것은 거짓된 삶이고 불행한 삶이다. 뻐꾸기 새끼가 어미 뱁새에게 배를 채워달라고 보채듯이, 욕심은 사람에게 욕심을 채워달라고 보챈다. 그러나 욕심의 요구를 들어주는 것은 뱁새가 뻐꾸기 새끼를 기르는 것처럼, 불행하기 짝이 없는 것이다. 맹자는 "사람이 기르던 닭이나 개가 없어지면 온 동네를 찾아다니지만, 자신의 마음을 잃어버리고는 찾을 줄 모른다. 학문의 길이란 다른 것이 아니다. 잃어버린 마음을 도로 찾는 것일 뿐이다"[134]라고 했다. 본마음을 회복하지 않고는 진실하고 행복한 삶을 살 수 없다.

---

134. 人有鷄犬放則知求之 有放心而不知求 學問之道 無他 求其放心而已矣(『孟子』告子上).

맹자가 주장한 세계평화의 이론이나 인간의 행복한 삶의 내용
은 모두 인간의 내면세계에 바탕을 두는 것이므로, 맹자는 자신
의 이론을 확고하게 하려면 마음의 본질이 무엇인지를 논증하지
않으면 안 되었다. 맹자의 사상이 형이상학적 성격을 강하게 띠게
된 이유가 바로 여기에 있다.

제2절 맹자의 철학사상

제1항 하늘, 모든 존재의 바탕

맹자는 공자의 학문을 계승했기 때문에 학문의 제일 큰 목적은
공자 사상의 핵심인 하늘을 아는 것이었다. 맹자는 말한다.

> 마음을 다하면 성(性)을 알 수 있고, 성을 알면 하늘을 알 수 있
> 다.[135]

『중용』 제1장에 "하늘의 명(命)을 성이라 한다"라는 말이 있다.
맹자는 『중용』의 이 말을 하늘을 알 수 있는 근거로 삼았다. 부
모가 자녀에게 하나하나 명령하듯, 하늘은 사람에게 일일이 명령
하지만, 하늘의 명령은 하늘 위에서 내려오는 것이 아니다. 하늘
의 명령은 이미 사람의 마음 깊은 곳에 들어와 있다. 그것을 성(性)
이라고 한다. 하늘의 명령은 느낌으로 받아들인다. 느낌은 하늘

---

135. 盡其心者 知其性也 知其性則 知天矣(『孟子』盡心上).

위에서 내려오는 것이 아니다. 마음 깊은 곳에서 일어난다. 성은 '살려는 의지'이다. 사람의 모든 느낌은 삶의 방향으로 진행된다.

마음을 다한다는 것은 사람의 의식작용인 사고력·분별력·판단력·계산능력 등을 다 발휘한다는 것이다. 사람이 스스로 결정할 수 있는 자유의지는 의식작용밖에 없다. 하늘의 명령이나 성에서 주어지는 느낌은 사람이 자유로 결정할 수 있는 것이 아니다. 성을 알기 위해 사람의 마음 능력을 최대한 발휘하면 마음 깊숙한 곳에 있는 성을 알 수 있다. 성이 하늘의 명령이므로 성을 알면 하늘을 알 수 있다.

사람들이 서로 다투는 것은 하늘을 모르기 때문이다. 형제간의 다툼은 부모에게 불효하는 데서 기인한다. 부모에게 효도하여 부모와 하나가 되면 형제가 하나라는 것을 알기 때문에 형제간의 다툼이 사라진다. 하늘은 모든 존재의 공통분모이므로, 하늘을 알면 모두가 하나임을 알기 때문에 다툼이 사라진다. 맹자는 공자의 학문을 통해 하늘을 알았고, 하늘의 뜻으로 살게 되었다. 그것은 모두와 하나 되는 삶이고, 하늘과 하나 되는 삶이며, 우주와 하나 되는 삶이다. 그보다 더 행복한 일은 없다. 그렇지만 완전한 행복을 얻었을 때 새로운 고통이 다가온다. 하늘을 알고 나면 모두와 하나가 되기 때문에, 다른 사람의 고통이 자기의 고통으로 다가온다. 맹자도 그랬다. 맹자의 사명은 사람을 구하고 세상을 구하는 것이었다. 사람을 구하는 일은 사람들에게 하늘을 알게 하고, 하늘처럼 살도록 인도하는 것이었다.

양주나 묵적의 사상에 오염된 사람들을 구제하기 위해서는 공자보다 더 하늘의 뜻을 강조하고, 하늘의 뜻으로 살도록 깨우쳐야 했다. 맹자는 우선 인간의 삶과 하늘의 관계에 대해 역설하기 시작한다.

하늘은 부모와 같다. 부모가 자녀의 본질이고 뿌리인 것처럼, 하늘은 만물의 본질이고 뿌리이다. 부모는 자녀를 낳고 기르며 자녀의 삶을 위해 쉬지 않고 노력한다. 하늘이 하는 일도 그렇다. 하늘은 백성을 낳아 지상으로 내려 보내는 존재이고,[136] 개인의 모든 행위를 일일이 지시하는 명령자이기도 하며,[137] 우주 또는 인류사회 전체의 변화를 주관하는 총감독자이기도 하다.[138] 하늘이 하는 일은 잠시도 쉬지 않는다. 마치 잠시도 쉬지 않고 흐르는 거대한 강물의 흐름과도 같다. 사람들은 이 거대한 흐름에 편승하면 삶이 순조롭지만, 그렇지 못하면 망하고 만다.[139]

그러므로 가장 중요하고 시급한 것은 사람들에게 먼저 하늘을 알고, 하늘의 뜻을 따르게 하는 것이다. 하늘과 사람은 떨어져 있는 것이 아니다. 하늘은 사람과 다른 곳에 있으면서 사람에게 명령하는 존재가 아니다. 하늘의 뜻은 사람의 마음속에 있는 성을

---

136. 맹자는 '天生蒸民'(『맹자』 고자상), '天降下民'(『맹자』 양혜왕하) 등으로 표현하여, 하늘이 직접 인간을 만드는 창조주라고 설명하고 있다.
137. 맹자는 "가는 데도 누가 혹 그렇게 시키며 멈추는 데도 혹 누가 그렇게 시키는 것이니 가고 머무는 것은 사람이 능히 할 수 있는 것이 아니다. 내가 노나라 임금을 만나지 못한 것은 하늘의 뜻이다"(『孟子』 梁惠王下)라고 하여, 하늘을 개인의 행동을 지시하는 명령자임을 표현하고 있다.
138. 맹자는 "요가 천하를 순에게 주었다고 하는데 그런 사실이 있습니까?"라고 한 만장의 질문에 "아니다. 천자가 천하를 다른 사람에게 줄 수가 없다"(『孟子』 萬章上)라고 한 답변과 "공을 이루고 못 이루는 것은 하늘의 뜻에 달린 것이다"(『孟子』 梁惠王下)라고 한 말에서, 하늘을 우주 또는 인류사회 전체의 변화를 주관하는 존재로 설명한 바 있다.
139. 順天者存 逆天者亡(『孟子』 離婁上).

통해서 전달되기 때문에, 성을 알면 하늘을 알 수 있지만, 그것은 쉽지 않다. 하늘은 모든 샘에 솟아나는 하나의 지하수와 같다. 하나의 지하수가 모든 샘에 솟아나는 것처럼, 모든 사람의 마음은 하늘이라는 지하수에서 솟아나는 샘물과 같은 것이다.

사람은 지하수를 직접 볼 수 없고, 직접 알 수 없다. 다만 지하수에서 솟아나는 물을 통해 간접적으로 알 수 있다. 하늘도 이와 마찬가지다. 하늘의 마음이 사람의 마음속으로 흘러들어오기 때문에, 마음속에 흘러들어와 있는 것을 통해서 간접적으로 알 수 있고, 간접적으로 증명할 수 있다.

수많은 샘에서 솟아나는 샘물을 보고, 그 샘물의 원천인 지하수가 하나의 지하수라는 것을 확인하기 위해서는 모든 샘물이 다 같다는 것을 증명하면 된다. 그런데 사실은 샘에서 지하수가 솟아날 때 진흙이 섞여 들어가면 흙탕물이 되고, 약초가 섞여 들어가면 약수가 되듯이, 섞여 들어가는 물질에 따라 달라지기 때문에, 모든 샘물이 다 같다는 것을 증명하기 위해서는 섞여 들어가기 전의 샘물을 찾아서 확인해야 한다. 아무것도 섞여 들어가지 않은 샘물을 채취하여 조사한 결과 모두 다 같은 물이라는 것을 증명하면, 모든 샘물에 솟아나는 지하수가 하나라는 것을 알 수 있다. 맹자는 이와 같은 방법으로 하늘의 존재를 증명한다.

하늘의 마음은 하나이므로, 사람의 마음속에 들어와 있는 마음 또한 다 같아야 하지만, 하늘마음이 들어올 때 생각이나 계산 등이 섞여 들어가서 달라지기 때문에, 생각이나 계산 등이 개입하기 전의 마음을 찾아내어, 그 마음이 다 같다는 것을 증명하면 하늘의 존재가 증명된다. 맹자는 이러한 방법으로 하늘과 하늘의 마음을 증명했다.

> 사람은 다 같이 남에게 차마 하지 못하는 마음이 있다. 지금 사
> 람들이 어린아이가 우물에 들어가려는 것을 보고는 모두가 깜
> 짝 놀라고 측은하게 여겨 구하려는 마음을 갖는 것이니, 그렇
> 게 함으로써 어린아이의 부모와 교분을 맺으려는 것이 아니며,
> 그렇게 함으로써 마을 사람들과 벗들에게 명예롭게 되기를 구
> 하려는 것도 아니며, 그렇게 하지 않으면 비난하는 소리가 들릴
> 까 해서 그렇게 하는 것도 아니다.[140]

맹자의 이 말은 모든 사람이 다 같이 가지고 있는 하나의 마음
이 있음을 증명한 것이지만, 이 증명은 하늘과 하늘의 마음을 증
명하는 좋은 예가 된다. 하늘은 모든 존재의 바탕이기 때문에 하
늘을 매개로 하면 모든 것이 하나임을 알 수 있다. 맹자는 하늘을
알았기 때문에, 모든 사람이 같은 마음을 가지고 있다는 것을 알
았고, 그것을 논증했지만, 맹자의 논증은 역으로 하늘의 존재를
증명하는 좋은 방법이 된다.

사람마다 생각이 다르고 계산법이 다르므로, 하늘마음이 마음
속으로 들어갈 때 다른 생각과 다른 계산이 개입하면 마음이 달
라진다. 맹자가 어린아이가 우물에 빠지려고 하는 다급한 상황을

---

140. 人皆有不忍人之心者 今人乍見孺子將入於井 皆有怵惕惻隱之心 非所以內
交於孺子之父母也 非所以要譽於鄉黨朋友也 非惡其聲而然也(『孟子』公孫
丑上).

설정한 것은 그런 상황에서는 사람의 생각이나 계산이 들어갈 여지가 없기 때문이다.

어린아이가 물에 빠지려는 것을 본 사람은 아무 계산이 들어가지 않은 상태에서 깜짝 놀라며 구하려고 한다. 아무 계산이 들어가지 않은 그 마음은 변질하지 않은 본래의 마음 그 자체이다. 그런데 그 마음이 모든 사람이 다 같이 가지고 있는 마음이라면 그 마음은 바로 하나의 마음에서 나오는 것이다. 하나의 마음은 하늘마음이다. 하늘마음이 증명되면 하늘의 존재는 저절로 증명된다.

하늘의 마음을 아는 것은 사람의 의식으로 파악하는 것이다. 의식을 통해서 안다는 것은 의식의 주체인 내가 앎의 대상인 객체를 아는 것이다. 주체인 내가 객체를 안다는 것은 주체와 객체가 하나 되는 것은 아니다. 하늘을 알고 난 뒤에는 하늘과 하나 되는 과제가 남는다. 하늘은 결국 의식으로 아는 존재가 아니라 몸과 마음으로 하나 되는 존재이다. 하늘과 하나 되는 것은 의식 속의 분별심이 모두 사라질 때 가능하다. '나'와 '남'을 구별하는 것은 의식 속의 분별심이므로, '나'와 '남'이 하나 되는 것은 의식 속의 분별심이 사라질 때 가능하다. 모든 분별심이 사라져 남과 내가 하나 될 때, 하늘과도 하나가 된다. 분별을 넘어 하늘과 하나 되는 것은 분별을 통해 하늘을 알고 난 뒤의 일이다. 하늘과 하나 되면 내가 하는 일이 하늘의 일이 된다. 맹자는 하늘을 아는 과정을 설명한 뒤에 하늘과 하나 되는 방법에 대해 다음과 같이 설명한다.

그 마음을 보존하여 그 성을 기르는 것이 하늘을 섬기는 방법이 된다.[141]

마음을 보존한다는 것은 본래의 마음이 욕심으로 흐르는 것을 방지하는 것을 말한다. 하늘의 마음이 어떻게 욕심으로 흘러가는지를 알고 그것을 방지하면 본래의 마음이 보존된다. 본래의 마음은 모두 다 같이 가지고 있는 한마음이다. 한마음이 보존되는 것은 그 마음의 바탕인 성이 온전하게 유지되는 것이다. 맹자가 성을 기른다고 한 것은 성이 욕심으로 흘러가지 않게 하는 것을 말한다. 성이 왜곡되지 않고 마음속으로 흘러나와 마음이 본래의 마음으로 가득한 사람은 하늘과 하나가 되어 하늘의 일을 한다. 섬긴다는 뜻인 사(事)의 원래 뜻은 일한다는 의미이다. 하늘을 섬기는 것은 하늘의 일을 대행하는 것이다. 하늘을 알아서 하늘처럼 되어야 하늘의 일을 할 수 있다.

하늘마음은 만물을 낳고 기르고 싶은 마음이다. 하늘마음이 드러나는 것이 천명(天命)이다. 하늘은 만물을 살리기 위해 봄·여름·가을·겨울을 순환시키는 것과 같은 일정한 길을 가기 때문에, 천도(天道)라고도 하고, 만물을 살리려는 의지가 있으므로, 천의(天意) 또는 천지(天志)라고도 한다.

사람의 마음속에 있는 성(性)이 하늘의 마음이기 때문에, 하늘을 알기 위해 바깥을 살필 필요가 없다. 마음속의 성을 알면 그것이 바로 하늘을 아는 것이다. 성에 따라 살면 하늘의 마음으

---

141. 存其心 養其性 所以事天也(『孟子』盡心上).

로 사는 것이고, 하늘처럼 사는 것이다. 사람은 누구나 태어날 때 성을 가지고 태어난다. 갓 태어난 아이의 오염되지 않은 마음이 바로 성에서 나온 마음이다. 성을 잊어버리지 않고 유지하기만 하면 성에 따라 살 수 있다. 그런 사람이 성인이고,[142] 대인이다.[143]

그런데 사람은 살면서 탐욕에 가리어 차츰 그 성을 잊어버리기 때문에 사람에게는 그 잊어버린 성을 회복해야 하는 숙제가 부과된다.[144]

하늘의 마음은 사람에게 뿐만이 아니라 모든 생물에게도 흘러 들어오는데, 모든 생물에 들어와 있는 그 마음을 성(性)이라 한다. 사람의 성을 사람 이외의 동식물의 성과 구별하여 인(仁)이라 한다. 사람에 국한해서 말하면 인이 성이고 성이 인이다. 성과 인은 맹자 철학에서 중시되는 핵심 개념이다. 맹자는 또 인을 구체적으로 설명하면서 의(義)와 연결하여 인의(仁義)로 설명하기도 하고, 더욱 구체화하여 인의예지로 설명하기도 한다.

제2항 성과 인의예지

『중용』에서 천명을 성(性)이라고 했다.[145] 하늘은 만물에 쉬지 않고 명령한다. 그 명령은 상황에 따라 다양하게 나타나고 구체적으

---

142. 맹자는 "堯舜은 性之也"라고 하여 요순을 성(性)대로 산 사람이라고 했다(『孟子』盡心上).
143. 대인이란 그 갓난아이 때의 마음을 잊어버리지 않는 자이다(『孟子』告子上).
144. 學問之道 無他 求其放心而已矣(『孟子』告子上).
145. 天命之謂性(『中庸』제1장).

로 나타난다. 그러나 그 명령의 내용을 한마디로 집약하면, 그것은 "살아라"라는 뜻이다. 마치 부모가 자녀에게 수많은 것을 바라지만, 그 바람의 가장 밑바닥에 있는 것을 한마디로 집약하면 '살아 달라'는 것과 같다.

하늘이 만물에 내리는 "살아라"라는 명령이 만물의 마음으로 자리 잡은 것이 '살고 싶은 마음'이고, '살고 싶은 마음'이 성(性)이다. 성(性)은 마음[忄]과 산다는 뜻의 생(生)이 합해진 글자다. 성은 "살아라"고 하는 하늘의 명령이고, '살고 싶은' 만물의 마음이다. 살고 싶은 마음은 모두가 다 같이 가지고 있는 하나의 마음이므로, 나도 살고 싶고, 남도 살리고 싶은 마음이다. '살고 싶은 마음'이면서 동시에 '살리고 싶은 마음'을 온전히 가지고 태어난 존재가 사람이기 때문에 특히 사람의 성을 사람 이외의 존재와 차별하여 인(仁)이라 부른다.

인은 모든 사람이 다 함께 가지고 있는 '한마음'이다. 한마음은 '하늘의 마음'이기도 하고, '나의 살고 싶은 마음'이기도 하며, '남을 살리고 싶은 마음'이기도 하다. 하늘의 마음은 영원하므로, 인은 영원하다. 그래서 영원한 생명을 인으로 표현하기도 한다. 복숭아나 살구의 과육은 썩어 없어지지만, 씨의 생명은 봄에 싹이 터서 영원히 이어진다. 살구씨를 행인(杏仁)이라 하고, 복숭아씨를 도인(桃仁)이라 하는 이유가 그 때문이다. 부모와 자녀 사이는 한마음이 유지될 수 있다. 그래서 맹자는 부모와 자녀가 하나 되는 것, 즉 친친(親親)을 인으로 설명했다.[146] 사람은 원래 인의 마음으로

---

146. 親親 仁也 (『孟子』 告子下 또는 盡心上).

살았으므로, 본래의 모습을 인으로 설명하기도 한다. 예를 들면 팔이나 다리가 불편하거나 불구인 경우는 본래의 모습을 하고 있지 않으므로, 팔이나 다리가 불인하다고 하는 것이 그것이다.

경쟁해야 하는 현실의 삶에서 한마음을 유지하기는 어렵기도 하지만, 많은 갈등이 따르기도 한다. 이러한 갈등을 해소하는 방향으로 발휘되는 것을 맹자는 의(義)로 설명한다. 인과 의는 다른 마음이 아니다. 인이 구체적으로 드러나는 마음이 의(義)이고, 의의 바탕이 인이다. 예를 들면 학교에 입학을 해야 하는 경우, 한마음을 가진 사람은 모두 다 입학하는 것을 희망한다. 그러나 그것은 현실적으로 불가능하다. 이 경우 어떻게 해야 할 것인가? 권력자가 입학하고 그렇지 못한 사람이 불합격한다면 그것은 옳지 않다. 또 돈 많은 사람이 합격하고 그렇지 못한 사람이 불합격한다면 그것도 옳지 않다. 가장 좋은 방법은 시험을 통해 성적이 좋은 사람이 합격하고 그렇지 못한 사람이 불합격하는 방법이다. 그런 방식을 택하는 마음이 의(義)이다. 만약 이 경우 합격한 사람이 기뻐하고, 불합격한 사람이 슬퍼한다면 그것은 의롭지 않다. 합격한 자는 불합격한 자와 한마음이 되기 때문에 불합격한 자를 위해 슬퍼하는 마음이 있어야 의롭고, 불합격한 자는 합격한 자와 한마음이 되기 때문에 합격한 자를 위해 기뻐하는 마음이 있어야 의롭다. 사람은 몸과 마음이 함께 조화를 이루며 사는 것이 이상적이다. 그러나 몸의 생명을 지키고자 하면 한마음을 유지하기 어려운 경우 갈등이 생긴다. 이때는 몸의 생명을 버리더라도 한마음을 유지하는 방법을 택한다. 한마음을 유지하는 방법이 의(義)이므로, 맹자는 몸의 생명을 버리더라도 의로운 마음을 취한다고 했다.[147] 의롭게 사는 것은 한마음으로 사는 것이다. 한마음으로 사는 것이 영원히 사는 것이다.

부모와 자녀 사이는 한마음이 유지되는 관계이기 때문에 인의 관계라 한다. 형이나 동생도 부모와 한마음이 유지되는 인의 관계이기 때문에, 형제는 한마음을 유지해야 한다. 형제 사이의 한마음은 인의 확대된 개념이다. 형제 사이에도 원래 인의 관계이어야 하지만, 현실적으로 남남인 것 같아 그것을 유지하기 어렵고, 갈등이 생기기도 한다. 이 경우 부모와의 관계를 바탕으로 해서 형제 사이를 하나인 관계로 유지하는 마음가짐이 또한 의(義)이다. 따라서 맹자는 형제의 관계를 의로 설명한다.[148] 팔이나 다리가 불인한 경우는 몹시 불편하여 갈등이 생긴다. 이를 해결하기 위해 인조 팔이나 다리를 만들어 끼우는데, 인조 팔을 의수(義手)라 하고, 인조 다리를 의족(義足)이라 한다. 의형(義兄), 의부(義父), 의치(義齒) 등의 의미도 이와 같다. 또 사회의 구성원들을 가장 이상적인 모습으로 조화되게 하기 위해서는 가족처럼 만드는 것이 이상적이다. 그러기 위해서 임금을 추대하여 부모의 역할을 하게 하고, 신하에게 자녀의 역할을 하게 하는데, 임금과 신하의 관계가 의로 설명된다. 부모와 자녀의 관계는 본질적인 관계이고 절대적인 관계이기 때문에, 자녀는 부모를 바꿀 수 없고, 부모는 자녀를 바꿀 수 없다. 그러나 임금과 신하의 관계는 다르다. 임금은 부모의 역할을 하기 위해 존재하는 것이고, 신하는 자녀의 역할을 하기 위

---

147. 生亦我所欲也 義亦我所欲也 二者 不可得兼 舍生而取義者也(『孟子』告子上).
148. 義之實從兄是也(『孟子』離婁上).

해 존재하는 것이므로, 임금답지 못한 임금을 계속 받들 이유가 없고, 신하답지 못한 신하를 계속 보살필 이유가 없다. 임금이 임금답지 못하면, 임금다운 임금으로 만들든가 임금을 추방하고 임금다운 임금을 다시 추대하면 된다. 신하가 신하답지 못해도 마찬가지다. 신하다운 신하로 만들든가 신하를 파면하고 신하다운 신하를 다시 임명하면 된다. 이러한 임금과 신하의 관계가 의이다.

맹자는 인을 구체적으로 실현해야 하는 시대에 살았으므로, 특히 의를 강조하여 인과 병칭하여 인의라는 말을 많이 했다.

맹자는 의(義) 외에도 인이 나타나는 형태를 기준으로, 예(禮) 또는 지(智) 등으로 표현하고, 전체를 하나로 아울러 인의예지(仁義禮智)라는 말로 설명하기도 한다. 인의예지라고 한다 해서 사람의 마음이 넷인 것은 아니다. 하나의 마음이 표현되는 형태에 따라 각각 다르게 붙인 이름이다. 예컨대 부모의 조건 없는 사랑의 마음이 인이지만, 그 마음은 여러 가지로 나타난다. 자녀가 사랑스러울 때 꼭 안고 품어주는 마음을 인이라 하고, 자녀가 잘못할 때 회초리 드는 마음을 의라고 하며, 자녀에게 양보하는 마음을 예라고 한다. 또 자녀를 사랑하는 부모는 자녀에게 일어나는 일을 바로 알고 대처한다. 그런 마음의 능력을 지(智)라고 한다. 모두 하나의 마음에 대한 다른 표현일 뿐이다.

하늘처럼 사는 것은 마음속에 있는 인의 마음으로 사는 것이고, 구체적으로는 인의예지의 마음으로 사는 것이다. 그렇지만 인의예지의 마음은 마음속 깊은 곳에 있는 것이어서 들여다보아도 잘 보이지 않고 알기도 어렵다. 이를 간파한 맹자는 인의예지를 알고 실천하는 방법을 제시했다. 지하수가 솟아나 샘물이 되므로,

샘물을 통해서 지하수가 있음을 미루어 알 수 있는 것처럼, 인의예지에서 흘러나와 사람의 정이 되므로, 정을 통해서 인의예지가 있음을 알 수 있다. 맹자에 따르면, 인의예지에서 흘러나온 정이 사단(四端)이다. 사단을 알면 그것을 통해 인의예지를 알 수 있다. 사단을 실천하는 것이 인의예지를 실천하는 것이고, 하늘을 따르는 것이다.

제3항 사단과 성선설

샘에 들어 있는 물이 샘물인 것처럼, 사람의 마음속에 들어 있는 것이 정(情)이다. 정은 누구나 다 알 수 있으므로, 정을 이야기하면 사람들이 공감할 수 있다. 정을 말하지 않고 하늘을 말하거나 인의예지를 말하면 사람들은 이해하기도 어렵고, 공감하기도 어렵다. 공자가 성과 천도에 대해서 자주 말하지 않았던 이유도 이 때문이다. 정을 통해서 하늘을 말하고 인의예지를 말해야 사람들은 쉽게 이해할 수 있다.

샘물이 지하수에서 솟아나올 때 이물질이 끼어들지 않으면, 샘물이 지하수 그 자체이듯, 인의예지에서 정이 흘러나오는 과정에서 사람의 생각이나 계산이 개입하지 않으면, 정은 인의예지의 발현 그 자체이다. 맹자는 그러한 정을 찾아내어 사단(四端)이라 불렀다. 단(端)에는 실마리라는 의미도 있고, 끝이라는 의미도 있다. 사단은 인의예지를 알 수 있는 실마리이다. 인의예지의 발현이 사단이므로, 사단은 인의예지를 알 수 있는 실마리이다. 하늘의 마음이 성이고, 성이 사단의 정으로 발현된 것이므로, 사단을 맨 끝에 나타난 마음이란 뜻으로 이해할 수도 있다.

사단은 측은지심(惻隱之心), 수오지심(羞惡之心), 사양지심(辭讓之心), 시비지심(是非之心)의 네 정을 말한다. 측은지심은 인(仁)에서 흘러나온 마음이고, 수오지심은 의(義)에서 흘러나온 마음이며, 사양지심은 예(禮)에서 흘러나온 마음이고, 시비지심은 지(智)에서 흘러나온 마음이다. 이 마음은 모두 정이다. 인의예지와 사단은 모두 마음 보따리 속에 들어있는 것이므로 모두 마음이지만, 인의예지는 성이라 하고, 사단은 정이라 한다. 성은 지하수에 비유할 수 있고, 정은 샘물에 비유할 수 있다. 성은 알기가 어렵지만, 정은 바로 알 수 있다. 인의예지가 하나의 성이듯이 사단 또한 네 가지 정이 아니다. 하나의 정이지만, 표현되는 모습이 다르므로 다르게 이름 붙인 것일 뿐이다.

측은지심은 인에서 흘러나온 마음이다. 인은 나를 사랑하듯 남을 사랑하는 마음이며, 내가 살고 싶은 마음이고 남을 살리고 싶은 마음이다. 사람은 누구나 이 측은지심을 가득 타고 태어났다. 측은지심을 가진 사람은 음식을 먹을 때 부끄러운 마음을 가진다. 예를 들면 음식이란 사랑스러운 소를 죽여서 만든 것이며 사랑스러운 돼지를 죽여서 만든 것이기 때문에, 음식을 먹는 것은 부끄럽다. 음식을 의미하는 글자인 수(羞)는 부끄러움을 의미하는 글자이기도 하다. 측은지심을 가진 사람은 음식을 먹을 때 부끄러운 마음을 가지고 조용히 먹으며 적게 먹는다. 그리고 될 수 있는 대로 덜 부끄러운 방식으로 먹는다. 덜 부끄러운 방식이란 먹히는 자의 처지에서 생각해보면 알 수 있다. 가까이에서 봉사하던 짐승을 잡아먹으면, 먹히는 자가 너무 슬플 것이므로, 그런 음식을 먹는 것이 가장 부끄럽다. 가까이에 있는 짐승보다는 바다에 사는

鄒國亞聖公

맹자

생선을 먹는 것이 덜 부끄러울 것이고, 채소를 먹는 것이 덜 부끄러울 것이다. 전혀 부끄럽지 않은 것도 있다. 과일이나 꿀 등은 먹히고 싶어서 만들어진 것이므로, 그런 음식을 먹을 때는 부끄럽지 않을 수 있다.

『맹자』에는 죽는 곳으로 가는 소를 본 임금이 소를 불쌍하게 생각하여 양으로 바꾸도록 한 이야기가 나온다. 소 대신 죽는 양 또한 불쌍하기는 마찬가지이지만, 소는 가까이에서 보았고 양은 보지 않았기 때문에 차이가 있다. 불쌍하게 여기는 마음은 다 같지만, 눈앞에 가까이 있는 것에 대해서는 불쌍하게 여기는 마음의 밀도가 높으므로 사랑의 강도가 더 강할 수밖에 없다. 맹자가 말하는 측은지심은 눈앞에서 나타나는 살아 있는 마음을 말하는 것이지, 머릿속의 생각을 통해서 나오는 마음이 아니다. 『맹자』에는 음식을 먹을 때의 이야기가 나온다. 측은지심을 가진 사람은 살아 있을 때의 모습을 본 일이 있는 짐승의 고기는 차마 먹지 못하고, 죽을 때의 비명을 들은 짐승의 고기는 차마 먹지 못한다. 부끄러운 마음은 음식을 먹는 일 외에도 얼마든지 있다. 측은지심을 가진 사람은 남을 괴롭히는 사람을 미워한다. 괴롭힘을 당하는 사람을 사랑할수록 그 미움은 더 커진다. 히틀러가 밉고 이토 히로부미가 밉다.

부끄러워하는 마음이 수(羞)이고 미워하는 마음이 오(惡)이므로 맹자는 부끄러워하고 미워하는 마음을 수오지심(羞惡之心)이라 불렀다. 수오지심은 의(義)에서 나온 마음이다. 의가 인의 한 표현이듯이, 수오지심 역시 측은지심의 한 표현이다. 안중근 의사에게 의사(義士)라는 이름을 붙인 것은 이토 히로부미를 죽였기 때문이다.

측은지심을 가진 사람은 남에게 사양을 잘한다. 부모가 자녀에게 양보를 잘하는 것이 그런 이유이다. 맹자는 사양지심(辭讓之心)을 예에서 나온 마음이라 불렀다. 측은지심을 가진 사람은 잘잘못을 바로 안다. 측은지심을 가진 사람은 하늘의 마음을 가진 사람이므로, 옳고 그른 것, 좋고 나쁜 것, 안전하고 위험한 것, 맞고 틀린 것, 등을 바로 알 수 있다. 인자한 어머니가 자녀를 보는 순간 그의 상태가 어떠한지 바로 알 수 있는 것도 자녀에 대해서 하늘마음을 가졌기 때문이다. 이러한 마음을 맹자는 시비지심(是非之心)이라 불렀다. 시비지심은 지(智)에서 나온 마음이다.

측은지심은 인을 알 수 있는 단서이고, 수오지심은 의를 알 수 있는 단서이며, 사양지심은 예를 알 수 있는 단서이고, 시비지심은 지를 알 수 있는 단서이기 때문에, 측은지심·수오지심·사양지심·시비지심을 네 가지 단서라는 의미에서 맹자는 사단(四端)이라 불렀다.

사단은 누구나 알 수 있으므로, 인간의 문제는 사단을 기준으로 논의해야 뒤탈이 없다. 하늘이나 성은 알기 어렵다. 알기 어려운 것을 기준으로 인간의 문제를 논의하면 얼마든지 왜곡시킬 수 있다.

맹자에 따르면, 만물이 모두 성을 가지고 생겨나지만, 만물 중에서 오직 인간의 성을 다른 존재와 차별화해서 인의예지로 설명하고, 인의예지가 구체적으로 발현된 것을 사단이라 했으므로, 인간이 인간일 수 있는 조건은 사단으로 귀결된다.

측은지심이 없으면 사람이 아니고, 수오지심이 없으면 사람이 아니며, 사양지심이 없으면 사람이 아니고, 시비지심이 없으면 사람이 아니다. 측은지심은 인을 알 수 있는 실마리이고, 수오지심은 의를 알 수 있는 실마리이며, 사양지심은 예를 알 수 있는 실마리이고, 시비지심은 지를 알 수 있는 실마리이다. 사람에게 이 사단이 있는 것은 사지가 있는 것과 같다. 이 사단이 있는데도 자기는 할 수 없다고 하는 것은 자기를 해치는 것이고, 자기 나라의 임금은 할 수 없다고 하는 것은 자기 나라의 임금을 해치는 것이다.[149]

인간이 인간일 수 있는 조건은 사단에 의해서 결정된다. 인간이 사단으로 살지 못하면 인간이 아니다. 고대 단군조선 때에는 인간의 마음을 상실한 인간을 짐승으로 보았고, 공자는 소인으로 보았다. 맹자가 파악한 인간의 조건은 위의 두 전통을 이어받은 것으로 이해할 수 있다. 인간의 조건을 사단으로 본다면, '나는 사단으로 살 수 없다'고 하는 사람은 인간이기를 포기한 사람이고, '우리나라 임금은 사단으로 살 수 없는 사람이다'고 말하는 사람은 자기 나라의 임금을 무시하는 사람이다.

사람의 마음은 태어날 때는 사단으로 가득하지만, 자라면서 차츰 상실한다. 사단을 상실하는 가장 큰 원인은 '자기 것만 챙기

---

149. 無惻隱之心 非人也 無羞惡之心 非人也 無辭讓之心 非人也 無是非之心 非仁也 惻隱之心 仁之端也 羞惡之心 義之端也 辭讓之心 禮之端也 是非之心 智之端也 人之有是四端也 猶其有四體也 有是四端而自謂不能者 自賊者也 謂其君不能者 賊其君者也(『孟子』公孫丑上).

려는 잘못된 생각' 때문이다. 지하수가 솟아날 때 진흙이 끼어들면 흙탕물이 되듯이, 인의예지가 흘러나올 때 '자기 것만 챙기려는 잘못된 생각'이 끼어들면 변질이 되어 욕심으로 바뀐다. 우물에 빠지려는 어린아이를 구하려는 마음은 '어린아이의 부모와 교분을 맺으려는 생각이 끼어든 것도 아니고, 마을 사람들과 벗들에게 명예롭게 되려는 생각이 끼어든 것도 아니며, 남들로부터 비난하는 소리를 듣기 싫어하는 생각이 끼어든 것도 아니다. 그럴 때 측은지심이 온전하게 발휘된다. 만약 '자기 것만 챙기려는 잘못된 생각'이 끼어들면 측은지심이 변질하여 욕심으로 바뀐다. 사

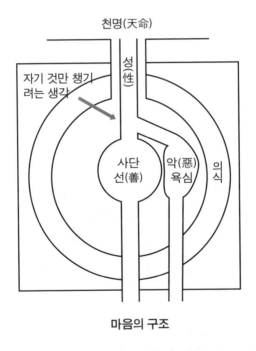

마음의 구조

단과 욕심이 갈라지는 구조를 그림으로 표현하면 다음과 같다.

성이 사단으로 발휘되다가 '자기 것만을 챙기려는 잘못된 생각'의 개입으로 인해 변질하는 것은, 앞으로 나아가는 당구공을 측면에서 다른 당구공으로 때리면 방향이 굴절하는 것과 같은 이치다.

성이 발휘될 때 '자기 것만을 챙기려는 잘못된 생각'이 개입되지 않는다면 마음은 사단으로 가득 찬다. 사단으로 가득한 사람이 사단으로 움직이는 것은 자연의 모습 그 자체다. 졸리면 자고, 피곤하면 쉬고, 배고프면 먹는다. 이는 선도 아니고 악도 아니다. 그러나 '자라'고 하는 하늘의 명령으로 잠이 올 때, '자기 것만을 챙기려는 잘못된 생각'이 개입하여, 자면 손해라는 생각을 하면 자고 싶은 마음이 자기 싫은 마음으로 바뀐다. 자고 싶은 마음이 첫 번째로 나온 마음이라면 자기 싫은 마음은 두 번째로 나온 마음이다. 두 번째로 나온 마음이 악(惡)이다. 악은 두 번째를 의미하는 아(亞)와 마음을 의미하는 심(心)을 합한 글자다. 자기 싫은 마음인 악이 생겨나면, 그 반대인 자고 싶은 마음이 비로소 선이 된다. 선이란 악이 생겨날 때 성립되는 상대적인 개념이다.

성은 상대개념이 아니기 때문에 선과 악으로 표현할 수 없다. 샘에 고여 있는 샘물에는 맑은 것도 있고 흐린 것도 있다. 그러므로 '샘물이 맑다' 또는 '샘물이 흐리다'라는 말은 성립되지만, 지하수는 흐린 물이 없으므로 '지하수는 맑다'라는 말이 성립되지 않는다. 맑다는 말은 흐리다는 말이 있을 때 성립되는 말이다.

지하수는 맑다 흐리다 등의 말로 표현할 수 없지만, 샘물의 차원에서 보면 맑은 물은 지하수와 일치하지만, 흐린 물은 지하수가 왜곡된 것이므로 지하수와 일치하지 않는다. 그러므로 샘물의 차원에서 표현하면 '지하수는 맑다'라는 말이 성립한다. 사람의 삶을 이끌어가는 주체가 정이므로, 맹자는 정을 중시한다. 사람은 정으로 살고, 정으로 죽는다. 사람의 삶에 대한 모든 것은 정의 차원에서 판단해야 한다. 정의 차원에서 보면 성은 선한 정인 사단과 일치하므로, 그런 의미에서 맹자는 '성이 선하다'고 하는 성선설(性善說)을 주장했다.[150]

맹자의 성선설은 사람이 사단으로 살아야 하는 당위성을 제공하는 것이기도 하고, 한마음의 존재를 증명하는 것이기도 하므로 맹자 철학의 핵심에 해당하는 논의이다.

지금까지의 논의를 요약하면, 사람의 본질은 하늘이고, 하늘의 마음은 사람의 마음속에 있는 성이며, 그 성이 변하지 않고 발휘된 것이 사람의 마음속에 있는 사단이고, '자기 것만을 챙기려는 잘못된 생각'에 의해 변한 것이 욕심이다. 그렇다면 이제 사람의 삶은 사단으로 사는가, 욕심으로 사는가에 따라 갈라진다. 사단으로 살면 군자의 행복한 삶이 되지만, 욕심으로 살면 소인의 불행한 삶이 된다. 이에서 보면 사람이 해야 할 가장 중요한 일은 욕심을 줄이고 사단을 확충하는 것으로 귀결되는데, 이것이 맹자가 제시한 군자 되는 길의 핵심 내용이다.

---

150. 맹자는 "성에서 변하지 않고 나오는 정이 선한 것이기 때문에 '성이 선하다'라고 한다[若其情則 可以爲善矣 乃所謂善也]"(『孟子』 告子上)라고 하여, 정의 차원에서 성의 선함을 설명한 바 있다.

제3절 맹자의 수양이론

참된 사람이 되는 길은, 다시 말하면 군자가 되는 길은 사단을 확충하는 것[151]과 욕심을 줄이는 것[152]으로 귀결된다.

사단을 확충하는 방식 중에 가장 적극적인 것은 먼저 사단의 원천인 성을 알고, 또 성의 원천인 하늘을 아는 것이다. 사람들이 하늘의 뜻을 따르지 않는 것은 하늘을 모르기 때문이다. 맹자는 군자가 되는 가장 적극적인 방법으로 성을 알고 하늘을 알 것을 제시했다. 하늘을 알면 사단의 마음을 잘 보존하여 하늘처럼 살 수 있다. 하늘을 아는 방법에는 학문적인 방법이 있고 실천적인 방법이 있다. 학문적인 방법에도 여러 가지가 있다. 경전은 성인의 삶의 내용을 기록한 것이므로 경전을 공부하여 성인의 삶의 내용을 알면 그것을 미루어 하늘의 뜻을 알 수 있다. 동물이나 식물들의 삶을 통해서도 하늘의 뜻을 짐작할 수 있는 것이 많다. 동물이나 식물도 기본적으로는 하늘의 뜻에 따라 살고 있으므로, 동식물의 삶의 방식에서도 하늘의 뜻을 유추할 수 있는 것이 있다. 동

---

151. 맹자는 『孟子』「公孫丑上」에서 다음과 같이 말했다. "나에게 있는 사단을 넓혀서 채울 줄을 안다면 불이 처음 타오르는 것 같고, 샘이 처음 솟아나는 것 같다. 참으로 채울 수만 있다면 사해를 보호할 수 있지만, 채울 수 없다면 부모도 섬길 수 없다[凡有四端於我者 知皆擴而充之矣 若火之始然 泉之始達 苟能充之 足以保四海 苟不充之 不足以事父母]"라고 했다. 사단을 채운다는 것은 한마음으로 돌아간다는 것을 의미하고, 한마음이 된다는 것은 천하를 보호하는 하늘마음이 된다는 것을 의미한다. 하늘마음을 가진 사람은 세상을 평화롭게 할 수 있다.

152. 맹자는 『孟子』「盡心下」에서 "마음을 기르는 데는 탐욕을 줄이는 것보다 더 좋은 것이 없다[養心莫善於寡欲]"고 했다.

식물의 삶의 방법과 인간의 삶을 연결한 대표적인 경전이 『시경』이기 때문에 『시경』 공부가 특히 중요하다. 공자와 맹자는 『시경』을 많이 읽었고, 제자에게도 많이 가르쳤다. 공자가 아들에게 공부하도록 주문한 경전의 첫 번째가 『시경』이었던 이유도 여기에 있다.

경전 공부 외에 생활 속에서 사단을 확충하는 방법으로 매우 중요한 것이 부모에 대한 효도이다. 부모에게 효도하여 부모와 하나가 되면, 형제끼리 하나가 되고, 나아가 삼촌·사촌·오촌·육촌 등으로 하나 되는 관계가 확대되어, 결국 모든 사람이 하나가 된다.[153] 모두와 하나가 되어 모두에게 한마음으로 대하면 마음속이 사단으로 가득해진다. 효도가 진리를 얻는 출발점이 되는 이유가 여기에 있다.

효도 외에도 사단을 확충하는 방법으로 맹자가 제시한 것에는 성실하게 사는 것, 억지로라도 남과 한마음의 입장에서 행동하는 것, 남들과 즐거움을 함께 나누는 것 등이 있다.

'욕심을 줄이는 방법'으로 맹자가 제시한 것에는 매사에 '의(義)를 따르는 것'이 있다. 인의 마음이 발휘되는 구체적인 원리가 의이기 때문에 매사에 의로운지 아닌지를 따져서 의에 따라 행동하면 욕심이 줄어든다. 계속 의에 따라서 살면 욕심이 차츰 줄어들다가 결국 사라지게 된다.

---

153. 맹자는 『孟子』「盡心上」에서 만물과 하나 되는 순서를 "우선 부모와 하나가 되고, 모든 백성과 하나가 되며, 다음으로 만물과 하나가 되어 만물을 아끼고 사랑한다[親親而仁民, 仁民而愛物]"고 했다. 원래 만물이 하나로 연결되어 있다는 맹자의 사상을 만물일체사상이라 한다.

위에서 열거한 방법 외에도 『맹자』에는 사단을 확충하고, 욕심을 줄이는 구체적인 방법이 소개되고 있다. 맹자에게는 단군조선시대의 수양법이 그대로 이어지고 있다. 『삼일신고』에서는 하늘과 사람의 요소를 세 요소로 설명하였는데, 그것이 맹자에게 그대로 전해졌다.

> "마음은 기를 움직이는 장군이고 기(氣)는 몸에 가득하다. 마음이 으뜸이고 기는 다음이다. 그러므로 말하기를 '마음을 잘 간직해야 하지만, 기를 함부로 하면 안 된다'라고 했다." "이미 마음이 으뜸이고 기가 다음이라 하시고, 또 마음을 잘 간직해야 하지만, 기를 함부로 하면 안 된다'라고 하신 까닭은 무엇입니까?" "마음이 한결같아도, 기를 움직일 수 있지만, 기가 한결같아도 마음을 움직일 수 있기 때문이다. 가령 넘어지거나 황급히 달리는 것은 기(氣)이지만, 도리어 마음을 움직인다.[154]

『삼일신고』에서는 사람의 세 요소를 마음[心]과 기(氣)와 몸[身]으로 분류했다. 일반적으로 사람의 요소를 몸과 마음의 두 요소로 설명하고 마음이 몸을 움직이고 몸이 마음을 움직이는 것으로 설명하는 경우가 대부분이다. 그러나 이 경우에 바로 설명할 수 없는 것이 있다. 마음이 몸을 움직인다고 하지만, 병든 사람은 마음이 몸을 움직일 수 없다. 이러한 것은 몸과 마음 가운데 기라

---

154. 夫志 氣之帥也 氣體之充也 夫志至焉 氣次焉 故曰 持其志 無暴其氣 旣曰 志至焉 氣次焉 又曰 持其志 無暴其氣者 何也 曰志壹則動氣 氣壹則動志 也 今夫蹶者趨者 是氣也而反動其心(『孟子』公孫丑上).

는 요소를 설정해야 이해할 수 있다. 마음은 기를 움직이는 것이고 기가 몸을 움직이는 것이다. 기운이 없으면 마음이 기를 움직일 수 없고, 기가 몸을 움직일 수 없다. 맹자는 마음을 구체적으로 표현하여 마음의 뜻[志]이라 하고, 몸[身]을 체(體)로 바꾸어 설명했다.

『삼일신고』에서는 사람의 세 요소 중에서 마음은 원래 착한 마음이었고, 기는 원래 맑은 기였으며, 몸은 원래 넉넉한 몸이었지만, 사람이 망령되어 악한 마음이 생겼고, 탁한 기가 생겼으며 빈약한 몸이 생겼다고 하고, 착한 마음과 맑은 기와 넉넉한 몸의 회복을 제시했는데, 특히 기를 맑게 하는 방법으로 제시한 것이 조식(調食)이라는 호흡법이었다. 맹자의 수양법도 기본적으로 이를 따랐지만, 이 중에서 착한 마음과 맑은 기의 회복에 초점을 맞추었다.

맹자는 착한 마음의 회복을 위한 방법을 지언(知言)으로 설명하고, 맑은 기의 회복을 위한 방법을 양호연지기(養浩然之氣)로 설명했다. 맹자의 이 두 방법은 부동심을 설명하면서 나온 것이다. 부동심은 생사 앞에서도 동요하지 않고 초연할 수 있는 마음을 말한다. 부동심은 마음이 사단으로 가득하고 기가 호연지기로 충만할 때 가능하다. 호연지기가 충만하지 않은 상태에서 사단이 가득할 수 없고, 사단이 가득하지 않은 상태에서 호연지기가 충만할 수 없으므로, 지언 공부와 호연지기를 기르는 공부는 동시에 추진해야 한다.

제1항 지언

맹자는 마음을 다스리는 방법으로 말을 아는 것[知言]을 제시한다. 맹자는 인의예지를 알기 위해서 사단을 설명한 것처럼, 마음을 알기 위해서 마음에서 나온 말을 가지고 설명한다. 말은 마음이 밖으로 나온 것이므로 누구나 들을 수 있다. 맹자가 말을 통해 마음을 설명한 것은 그것이 알기 쉬운 방법이기 때문이다. 말에는 여러 가지가 있다. 한마음이 왜곡되지 않고 나온 말도 있지만, 왜곡되어서 나온 말도 있다. 말이 왜곡되는 원인은 마음에 있다. 맹자는 다음과 같이 말한다.

> 삐딱한 말을 들으면 욕심에 덮여 있음을 알 수 있고, 어지러운 말을 들으면 욕심에 빠져 있음을 알 수 있고, 사악한 말을 들으면 본심에서 이탈했음을 알 수 있고, 피하는 말을 들으면 마음이 극도로 곤궁해져 있음을 알 수 있다. 마음에서 생겨나 정책이 잘못되고, 정책이 잘못되어 일을 그르친다. 성인이 다시 일어나도 반드시 내 말을 따를 것이다.[155]

맹자가 살았던 전국시대는 춘추시대보다 더 혼란했다. 맹자는 혼란의 근본 원인이 사람들의 잘못된 마음에서 기인하는 것임을 알았다. 사람들은 혼란을 해결하기 위해 정책의 잘잘못을 따지지만, 정책이 잘못되는 것은 잘못된 마음에서 기인하는 것이므로,

---

155. 詖辭知其所蔽 淫辭知其所陷 邪辭知其所離 遁辭知其所窮 生於其心 害於其政 發於其政 害於其事 聖人復起 必從吾言矣(『孟子』公孫丑上).

마음 고치는 것을 놓아두고는 근본해결책이 나올 수 없다. 마음을 바로잡아야 비로소 사람을 바르게 할 수 있고, 세상을 바로잡을 수 있다. 마음을 바로잡기 위해서는 마음에서 나온 말을 살피면 된다. 하늘마음에서 나오는 말은 간단명료하면서도 바르고 순조롭다. 그렇지만 욕심에 갇혀 있는 사람은 자기 것 챙기는 것만 알고 바른 것을 보지 못하므로, 남과 화합하는 말을 하지 못하고 남과 갈등을 일으키는 말만 한다. 축하해야 할 상황에서도 오히려 '별것 아니야'라는 식으로 비난을 한다. 말이 삐딱해질 수밖에 없다. 욕심이 더 커지면 사람이 욕심에 빠진다. 욕심에 빠진 사람은 늪에 빠져서 허우적거리는 사람처럼 욕심에서 빠져나오지 못하고 허우적거린다. 안정되고 차분한 말을 하지 못하고, 어지럽고 번잡한 말을 끝없이 늘어놓는다. 욕심에 빠져 허우적거리는 사람에게도 아직 측은지심이 남아 있으므로, 어지러운 말을 횡설수설하면서도 때로는 측은지심을 보이기도 한다. 그런 사람은 자기가 한 일에 대해 후회하기도 하고, 때로는 반성하기도 한다.

욕심이 더욱 커져 본심에서 이탈할 정도가 되면 측은지심이 사라진다. 측은지심이 없는 사람은 온갖 사악한 말을 다 한다. 말이라는 비수로 사람의 가슴을 찌르기도 하고, 폭력적인 말로 사람을 곤경에 몰아넣기도 하며, 갖가지 감언이설로 사기를 치기도 한다. 그런 사람은 반성하거나 후회하는 일이 없다. 그런 사람은 욕심을 양심으로 착각하기도 한다. 사이비종교의 교주들·정치에 중독된 사람들·극악한 사기꾼·마음속에 우상을 만들어 놓고 섬기는 사람·사이비종교나 사이비 이론의 노예가 되어 현실을 보지 못하는 사람 등등이 그런 사람들이다. 그런 사람들의 판단기준은 자기의 욕심이므로 욕심 채우는 자기의 행위를 정상으로 판단하고 항상 자기가 옳다고 주장한다. 그런 사람들이 악마다.

악마의 말로는 비참하다. 악마는 남과 소통하지 못하기 때문에 고독하다. 최후에는 가장 가까운 사람에게서도 버림받는다. 악마는 절망적인 최후를 맞이할 수밖에 없다. 고독과 절망이 엄습해오면 거기에서 벗어나기 위해 '나는 아니야', '난 그런 적이 없어', '난 죄 없어요', '나 좀 도와줘' 등과 같은 회피성 발언을 하기도 하고, 극도의 우울증에 빠져 고통 받기도 한다.

사람의 마음이 욕심에 빠져들수록 말이 달라진다. 말을 잘 듣고 그 마음의 상태를 알면 다른 사람을 깨우칠 수도 있지만, 더 중요한 것은 다른 사람을 거울삼아 자기의 상태를 알 수 있는 것이다. 자기가 한 말을 돌아보고 자기의 마음이 어떠한지를 알면 자기의 마음을 바로잡을 수 있다. 만약 자기의 마음이 악마의 방향으로 가고 있다는 것을 알면 빨리 방향을 돌려 본래 마음을 찾는 노력을 할 수도 있다.

마음을 바로잡지 않고는 행복해질 수 없고, 바르게 될 수 없다. 공자도 사람을 바르게 하고 세상을 바르게 하려면 마음을 바로잡는 것부터 시작했다는 것을 맹자는 알았기 때문에, 공자가 이 세상에 다시 나오더라도 지금 자기가 한 말을 인정할 것이라고 확신했다. '성인이 다시 나오더라도 내 말을 인정할 것이다'라는 이 말은 후대에 자기의 말을 가장 강조할 때 쓰는 상투어가 되었다.

제2항 양호연지기

사람의 몸은 기의 흐름에 의해 생명이 유지되고 있다. 사람의 몸에 흐르는 기(氣)는 우주에 흐르는 기(氣) 그 자체이다. 우주의 기로 말미암아 밤낮이 교차하고, 사계절이 순환한다. 사람이 밤에 자고, 낮에 일어나 활동하는 것도 우주의 기운에 편승하고 있는 것이고, 겨울에 웅크리고 여름에 활동하는 것도 우주의 기운에 편승하고 있는 것이다. 우주의 기운으로 움직일 때는 우주와 하나이다. 우주의 기운을 맹자는 호연지기로 표현한다.

호연지기는 지극히 크고 굳센 것이니, 곧은 마음으로 길러서 해침이 없으면 천지 사이에 꽉 찰 것이다. 이 호연지기는 의(義)와 도(道)에 짝이 되는 것이니, 의와 도가 없어지면 줄어든다. 이 호연지기는 의로움을 지속할 때 생겨나는 것이지, 한 번 의롭게 행동해서 얻을 수 있는 것이 아니다. 행동할 때 마음에 흡족하지 않음이 있으면 줄어든다. 나는 그 때문에 고자는 의를 알지 못한다고 한다. 그는 의를 마음 밖에 있는 것으로 여기기 때문이다. 반드시 일삼아야 하지만, 도달할 목표를 미리 설정하지 말 것이며, 마음속에서 잠시도 잊지 않아야 하고, 조장하지도 말아서 송나라 사람처럼 하지 않아야 한다. 송나라 사람 중에 자기 곡식의 싹이 자라지 않는 것을 걱정하여 뽑아 올려놓은 자가 있었는데, 그는 헐떡거리며 집에 가서 집의 사람들에게 "나는 오늘 몹시 피곤하다. 싹을 도와 자라게 했다"라고 말했다. 그 아들이 좇아가서 보니 싹이 말라 죽어 있었다. 세상에 싹을 도와 자라게 하지 않는 사람이 드물다. 도움이 안 된다고 생각하고 놓아두는 것은 밭의 김을 매지 않는 것이고, 자라는 것을 돕는다는 것은 싹을 뽑아 올리는 것이다. 도움이 되지 않

을 뿐만 아니라 더욱 해치게 된다.[156]

　　사람의 몸에 흐르는 기(氣)는 원래 호연지기였다. 호연지기는 맑은 기였다. 그러던 것이 자기 것을 챙기느라 탐욕이 생겨 호연지기를 상실하고 기가 탁해졌다. 바다 속 물통에 들어 있는 물은 바닷물 전체와 하나의 물이지만, 그 물통이 자기 것을 챙기느라 뚜껑을 닫으면 물통 속의 물은 바닷물과 격리된다. 사람의 기도 그렇다. 사람의 몸과 우주의 호연지기는 호흡을 통해 연결되어 있지만, 사람이 자기 것을 챙기느라 욕심을 부리면 호흡이 가빠져 호연지기를 흡수하지 못하므로 몸속의 기가 호연지기와 격리되어 위축되고 탁해진다. 몸속의 기가 탁해지면 건강을 유지하기 어려우므로 호연지기를 다시 회복해야 한다. 기에는 마음이 실려 있으므로 호연지기를 회복하는 방법에는 마음을 바로잡는 것과 기 자체를 맑게 하는 두 가지가 있다. 맹자는 이 두 가지 방법을 다 설명한다. 우선 마음을 바로잡기 위해 마음을 곧게 유지하는 것을 강조한다. 인간의 마음에는 두 마음이 있다. 하늘마음에서 곧게 내려온 마음과 내려오다가 왜곡된 마음이다. 곧게 내려온 마음은 하늘마음이 변하지 않은 것이기 때문에 하늘마음 그 자체이다. 하늘마음은 하늘의 기에 담겨 있다. 하늘의 기가 호연지기이다.

---

156. 其爲氣也 至大至剛 以直養而無害 則塞於天地之間 其爲氣也 配義與道 無是 餒也 是集義所生者 非義襲而取之也 行有不慊於心則餒矣 我故曰告子未嘗知義 以其外之也 必有事焉而勿正 心勿忘 勿助長也 無若宋人然 宋人有閔其苗 之不長而揠之者 芒芒然歸 謂其人 曰今日 病矣 予助苗長矣 其子趨而往視之 苗則槁矣 天下之不助苗長者寡矣 以爲無益而舍之者 不耘苗者也 助之長者 揠苗者也 非徒無益 而又害之(『孟子』公孫丑上).

사람도 원래는 하늘마음으로 살았기 때문에 사람의 기 또한 호연지기였다. 사람이 자라면서 하늘마음을 곧게 발휘하지 못하고 욕심으로 살게 되면서 사람의 기 또한 호연지기로부터 격리되었으므로, 호연지기를 되찾기 위해서는 하늘마음을 곧게 실천해야 한다. 곧은 마음을 계속 실천하여 호연지기를 해치지 않으면 원래의 호연지기가 온전히 회복되어 하늘과 땅 사이에 가득한 호연지기와 하나가 된다. 호연지기는 하늘의 마음을 싣고 있는 것이므로 맹자는 의(義)와 도(道)에 짝이 되는 것이라고 했다. 하늘의 마음이 도이고, 하늘마음이 내 마음에 들어와 있는 것이 인의예지이다. 그런데 맹자는 인의예지의 실천 방법을 중시해서 의(義)를 강조했으므로 인의예지를 대표해서 의만 언급한 것이다. 나의 인의예지가 한마음이고, 인의예지의 짝이 되는 나의 기가 호연지기이므로, 나의 인의예지가 위축되면 호연지기도 위축된다. 호연지기가 의와 도에 짝이 된다는 것은 하늘마음과도 짝이 되고, 사람의 마음과도 짝이 된다는 것이다.

사람이 항상 의롭게 살아야 호연지기가 위축되지 않고 유지된다. 호연지기를 상실한 사람이 잠깐 의로운 행동을 한다고 해서 호연지기가 회복되는 것은 아니다. 호연지기는 의로움을 지속할 때 회복된다. 의로운 행동을 할 때는 늘 흡족하지만, 의롭지 못한 행동을 할 때는 흡족하지 않다. 사람이 자기의 행동이 의로운 것인지 아닌지를 판단하는 방법은 행동한 뒤에 마음에 흡족한지 아닌지를 돌아보면 된다.

다음으로 맹자는 자기의 기 자체를 호연지기로 바꾸는 직접적인 방법을 제시했다. 그 방법은 『삼일신고』에서 설명한 조식(調息)

과 일치한다. 『삼일신고』에서는 기를 맑게 하는 방법으로 조식을 들었다. 사람 몸속에 있는 기는 맑은 기도 있고 탁한 기도 있다. 기가 탁한 것은 방안의 공기가 탁한 것과 같다. 방안의 공기를 맑게 하기 위해서는 창문을 열고 외부의 맑은 공기로 환기하면 된다. 사람 몸속의 탁한 기를 맑게 하는 방법도 이와 같다. 외부의 기와 통하는 사람 몸의 창문은 코다. 코를 통해 바깥의 맑은 기를 몸속 깊이 들이키면 몸 안의 기가 맑아진다. 맹자는 외부의 맑은 기를 호연지기라 정의한다.

조식의 핵심은 호흡할 때의 공기의 양을 고르게 하는 것이다. 들숨 때도 코로 들어가는 공기의 양이 고르게 들어가도록 일정하게 유지하고, 날숨 때도 코에서 나가는 공기의 양이 고르게 나가도록 일정하게 드나들도록 유지하면 된다. 공기의 양이 일정하게 유지하면 들숨과 날숨의 시간이 2초, 3초, 4초 등으로 자꾸 길어진다. 들숨 날숨의 길이와 기가 맑아지는 정도는 비례한다. 이때 주의해야 할 것이 있다. 현재 2초 호흡을 하는 사람이 '일주일 후에 10초 호흡을 하겠다'라는 식으로 미리 작정하는 것은 금물이다. 쉬지 않고 조식을 지속해야 하지만, 호흡의 길이를 늘어뜨리는 것은 특히 금해야 한다. 예를 들면 현재 3초 호흡을 하는 사람이 억지로 호흡을 늘어뜨려 5초 호흡을 하면 뇌에 산소가 부족하여 치료하기 어려운 병이 생긴다. 맹자는 이러한 조식의 내용을 구체적으로 설명한다. '반드시 일삼아야 하지만, 도달할 목표를 미리 설정하지 말아야 한다'라는 말은 쉬지 않고 조식을 해야 하지만, 미리 얼마 후에 어느 정도의 길이로 호흡을 하겠다는 식의 작정을 하지 않아야 한다는 것을 뜻한다. '마음속에서 잠시도 잊지 않아야 하고, 조장하지도 않아야 한다'라는 말은 마음속에서 잠시도 잊지 않고 조식을 계속해야 하지만, 억지로 호흡의 길이를 늘어뜨리지 않아야 한다는 것을 의미한다. 맹자는 곡식의 싹을 빨리 자라도록 뽑아 올린 송나라 사람의 예를 들어 호흡의 길이를 억지로 늘어뜨리는 것의 위험성을 설득력 있게 설명했다.

맹자가 호연지기를 기르는 방법을 설명할 때 조식이라는 말로 설명하지 않은 것은 호연지기를 기르는 방법이 조식이고, 조식이 호연지기를 기르는 방법이기 때문이다. 그리고 조식의 내용인 호흡에 관해 설명하지 않은 것은 그것이 이미 상식이 되어 있었기 때문일 것이다. 맹자의 조식 수련은 남송 때의 주자에게도 계승되었다.

말을 알아서 마음을 바로잡고, 호연지기를 길러 기를 맑게 하는 것이 본래 모습을 회복하는 방법이다. 진리란 참된 삶의 도리이다. 진리란 착한 마음을 가지고 맑은 기로 사는 것이다.

제4절 진리에 이르는 길

맹자가 말하는 학문의 길은 잃어버렸던 한마음을 도로 찾는 것이고, 호연지기를 회복하는 것이다. 맹자는 그 과정을 여섯 단계로 나누어 설명했다.

하고 싶은 마음에 따르는 사람을 선인(善人)이라 하고, 그 마음을 지속시키는 사람을 미더운 사람이라 하며, 그 마음을 가득하게 채운 사람을 미인이라 하고, 마음속에 가득하여 몸 밖으로 환하게 빛이 나는 사람을 대인이라 하며, 대인의 상태를 벗어나 하늘과 통해버린 사람을 성인이라 하고, 성인이 되어서 그의 삶의 방식을 예측할 수 없게 된 사람을 신인이라 한다.[157]

제1항 선인의 단계

맹자는 진리에 이르는 첫 번째 단계로 착한 사람[善人]이 되는 것을 들었다. 착함이란 본래의 마음이 하고자 하는 것을 따르는 것이다. 본래의 마음은 밥을 먹어야 할 때 먹고 싶어지고, 쉬어야 할 때 쉬고 싶어지며, 자야 할 때 자고 싶어지는 마음이므로, 먹고 싶을 때 먹고, 쉬고 싶을 때 쉬며, 자고 싶을 때 자는 것이 모두 착한 것이다. 욕심이 많은 사람은 자기에게 손해가 된다고 판단되는 때는 먹고 싶어도 먹지 않고, 쉬고 싶어도 쉬지 않으며, 자고 싶어도 자지 않는다. 그렇게 하는 것이 악이다. 악은 하늘의 뜻을 어기는 것이다. 부모의 뜻을 어기면 꾸지람을 듣듯이, 하늘의 뜻을 어기면 하늘의 벌을 받는다. 벌을 받으면 고통스럽다. 하늘이 자라고 하는데 자지 않고 밤을 지새우거나, 하늘이 쉬라고 할 때 쉬지 않고 무리를 하면 고통을 받는다. 그런 고통은 하늘에 죄 지어서 받게 된 천벌에서 오는 것이다.

사람들이 하늘의 뜻을 따르려고 하는 순간 '자기 것을 챙기고 싶은 계산'이 끼어들면, 하늘의 뜻을 어긴다. 하늘의 뜻을 계속 어기는 사람은 착한 사람이 아니다. 욕심에 눈이 멀어 하늘의 뜻을

---

157. 可欲之謂善 有諸己之謂信 充實之謂美 充實而有光輝之謂大 大而化之之謂
聖 聖而不可知之之謂神(『孟子』盡心下).

어기는 사람은 욕심 채우는 방향으로 마음을 바꾸기 때문에 믿을 수 없다.

진리를 얻는 첫 번째 단계는 먼저 착한 사람이 되는 것이다. 착하지 않은 사람이 진리를 얻는 경우는 결코 없다.

제2항 신인의 단계

맹자는 진리에 이르는 두 번째 단계로 미더운 사람[信人]이 되는 것을 들었다. 착한 마음은 하늘마음이고 한마음이기 때문에 착한 마음은 변함이 없다. 사람을 믿지 못하는 까닭은 착한 마음을 유지하지 못하고 상실하기 때문이다. 착한 마음을 마음속에 오래도록 간직하고 있는 사람이 있다면 그런 사람은 믿을 수 있다. 사람이 진리에 이르기 위해서는 먼저 착한 마음을 가져야 하고 다음으로 그 착한 마음을 오래도록 유지해야 한다. 그래서 맹자는 진리에 이르는 두 번째 단계로 미더운 사람을 들었다. 미덥지 못한 사람이 진리에 이르는 경우는 결코 없다.

제3항 미인의 단계

맹자는 진리에 이르는 세 번째 단계로 미인(美人)을 들었다. 착한 마음을 지속해서 마음에 간직하면 마음속이 착한 마음으로 채워지고, 착한 마음이 채워지는 만큼 악한 마음이 사라진다. 유리그릇에 흙탕물이 담겨 있으면 유리그릇이 더러워 보이지만, 맑은 물로 채워지면 맑게 보이는 것처럼, 사람의 몸은 거기에 탐욕이 담겨 있으면 추하게 보이지만, 착한 마음이 들어 있으면 아름답게 보인다. 얼굴의 아름다움은 얼굴의 모양에서 나오는 것이 아니라, 마음에서 나오는 것이다. 예쁜 얼굴도 밉게 보일 수 있고, 못생긴 얼굴도 아름답게 보일 수 있다. 참고로 『논어』에 보면 공자가 제자인 자하(子夏)와의 문답을 통해 미인의 내용을 언급한 적이 있다.

> 자하가 물었다. "'교묘한 웃음에 보조개여, 아름다운 눈매에 또렷한 눈동자여, 깨끗한 마음으로 화려한 무늬를 만들었구나'하였으니 무엇을 말한 것입니까?" 공자께서 말씀하셨다. "그림 그리는 일은 흰 바탕이 있어야 가능하다." "예는 나중이군요?" 공자께서 말씀하셨다. "나를 일으키는 자는 상이로다. 비로소 함께 시를 말할 수 있게 되었구나."[158]

미인의 조건 중에 다음의 두 가지가 있다. 첫째는 예쁜 입 모양이다. 입 모양이 예뻐야 미인이다. 양 볼에 볼우물이 파이면 금상첨화다. 그다음은 아름다운 눈 모양이다. 눈이 크고 시선이 은근하면 최고다. 거기다가 눈동자가 또렷하면 더할 나위가 없다. 눈동자는 검은 부분과 흰 부분이 분명하게 나누어져야 또렷하다. 그러나 이런 모습보다 더 중요한 것은 마음씨다. 얼굴이란 '얼 꼴'에서 온 말이다. '얼'은 마음이므로, '얼 꼴'은 '마음 꼴'이란 뜻이다. 사람의 마음은 얼굴에 나타난다. 마음이 선량한 사람은 선량한 얼굴을 하고, 마음이 험악한 사람은 험악한 얼굴을 한다. 마음이 깊은 사람의 얼굴은 신비감이 감돌 정도로 깊지만, 마음이 얄팍

---

158. 子夏問曰 巧笑倩兮 美目盼兮 素以爲絢兮 何謂也 子曰 繪事後素 曰禮後乎 子曰起予者 商也 始可與言詩已矣(『論語』八佾).

한 사람의 얼굴은 보기에도 얄팍하다. 얼굴은 마음을 보는 거울이다. 마음보다 더 좋은 화장품은 없다.

공자는 미인의 내용을 그림 그리는 일에 비유했다. 그림을 그리는 일은 흰 바탕이 있은 뒤에라야 가능하다. 당시에는 종이가 없었으므로 나무판을 먼저 하얗게 칠한 뒤에 그림을 그렸다. 동양화는 흰 바탕이 없으면 그릴 수 없다. 산골짜기나 깊은 물은 물감을 칠하지 않고, 흰 바탕을 그대로 둔다. 칠하지 않은 하얀 골짜기에는 신비감이 감돈다. 칠하지 않은 하얀 부분으로 신비감을 드러내야 아름다운 그림이 되듯이, 사람의 깨끗한 마음이 얼굴에 나타나야 참으로 아름다운 얼굴이 된다.

공자의 말씀을 알아들은 사람은 자하뿐만이 아니다. 맹자도 공자의 말씀을 알아들었다. 아름다운 마음이 깔려 있어야 아름다운 얼굴이 되듯이, 사람이 실천하는 예도 거기에 아름다운 마음이 깔려 있어야 아름다운 예가 된다.

제4항 대인의 단계

맹자는 진리에 이르는 네 번째 단계로 대인(大人)을 들었다. 착한 마음이 몸에 가득해져서 아름다운 얼굴이 된 뒤에도 착한 마음을 계속 채우면, 얼굴에서 환한 빛을 발산한다. 맹자는 이를 "착한 마음이 마음속에 가득 차서 환한 빛을 발한다"라고 표현했다.

얼굴에서 빛을 발한다는 맹자의 설명은 과학적으로 증명이 되었다. 사람의 얼굴을 찍으면 얼굴 밖으로 오로라 같은 빛이 찍혀 나오는 카메라가 발명되었다. 사람의 얼굴을 찍으면 얼굴 밖으로 오라라 같은 빛이 함께 찍혀 나온다. 그 빛은 사람의 마음에 따라 달라진다. 욕심이 가득한 사람의 얼굴에서는 보기 흉한 빛이 뻘 겋게 나온다. 마음이 흉악한 사람의 얼굴에서는 시커먼 빛이 나 온다. 그렇지만, 착한 마음을 가진 사람의 얼굴에서는 하얗고 맑 은 빛이 나오고, 사랑에 충만한 사람의 얼굴에서는 노란빛이 아 름답게 찍혀 나오며, 건강한 사람의 얼굴에서는 푸른빛이 찍혀 나 온다. 착하고 건강하며 사랑으로 가득한 사람의 얼굴에서는 하얗 고 노랗고 푸른빛이 뒤섞여 영롱하게 찍혀 나온다.

맹자는 인의예지가 마음 바탕에 가득할 때 나타나는 빛에 대 해서 다음과 같이 설명하기도 한다.

군자가 본성으로 여기는 인의예지가 마음 바탕에 가득하면 빛 이 발하여 함치르르하게 얼굴에 나타나고, 등줄기도 뿌듯해지 며 사지에도 퍼져나가니, 사지에 말해주지 않아도 사지가 알고 기쁨이 그득해진다.[159]

아름다운 빛은 얼굴에만 나타나는 것이 아니다. 온몸이 마음 을 담고 있는 그릇이므로, 마음의 기쁨이 온몸에 두루 퍼진다.

제5항 성인의 단계

맹자는 진리에 이르는 다섯 번째 단계로 성인(聖人)을 들었다. 사 람의 마음 보따리는 하늘마음과 연결되어 있다. 연결된 통로가

---

159. 君子所性 仁義禮智根於心 其生色也 睟然見於面 盎於背 施於四體 四體不 言而喻(『孟子』盡心上).

잘 통하면 하늘마음이 순조롭게 흘러들어온다. 샘에 지하수에서 흘러들어오는 구멍이 잘 뚫려 있으면 지하수가 순조롭게 흘러들어와 샘에는 맑은 물로 가득해지지만, 도중에 진흙이 섞여 들어가면 흙탕물로 변한다. 흙탕물에도 지하수가 흘러 들어가지만, 흙탕물에는 맑은 물이 보이지 않는다. 사람의 마음도 이와 같다. 욕심이 가득한 사람에게도 하늘마음이 계속 흘러 들어가지만, 욕심에 희석이 되어 하늘마음이 느껴지지 않는다. 하늘마음이 느껴지지 않으면 하늘마음이 내려오는 통로가 막혀버린 것과 같다. 그러다가 착한 마음을 계속 채우면 착한 마음이 가득 차서 팽팽해지다가 갑자기 통로가 뚫려서 하늘마음과 하나로 통하는 순간이 온다. 갑자기 통로가 뚫리는 것을 맹자는 화(化)란 말로 표현했다. 화(化)는 살아 있는 사람을 의미하는 인(亻)과 죽어서 거꾸로 뒤집혀 있는 모습인 비(匕)를 합한 글자이다. 바뀌는 것에는 양이 바뀌는 것과 질이 바뀌는 것의 두 가지가 있다. 양이 바뀌는 것을 변(變)이라 하고, 질이 바뀌는 것을 화(化)라 한다. 크기나 무게 등이 바뀌는 것은 변이지만, 산 사람이 죽는다든가, 알이 부화하여 새가 된다든가, 번데기가 부화하여 나비가 되는 것 등은 모두 화이다.

선인(善人)에서 대인(大人)에 이르기까지는 변이고 성인이 되는 순간은 화이다. 사람이 하늘마음을 가지면 하늘이다. 사람의 몸을 가지고 있으므로 사람으로 보이지만, 하늘마음을 가지고 있으면 하늘이다. 하늘마음을 가진 사람이라야 하늘마음을 가진 사람을 알아본다. 하늘마음을 가진 사람이 성인이다. 성인은 하늘이면서 사람이고 사람이면서 하늘이다.

제6항 신인의 단계

맹자는 진리에 이르는 여섯 번째 단계로 신인(神人)을 들었다. 성인
은 사람이지만, 하늘이다. 사람들은 의식 속에 자기의 삶의 방식
을 넣어놓고 그 방식대로 살기 때문에, 그 사람의 의식 속에 있는
삶의 방식을 알면, 그의 삶의 방식을 예측할 수 있다. 그러나 성인
은 다르다. 성인은 의식 속에 삶의 방식을 가지고 있지 않고, 그때
그때의 느낌으로 하늘마음을 따르기 때문에, 성인의 삶의 방식은
예측할 수 없다. 그러한 경지를 맹자는 신(神)이라는 용어로 표현
했다. 신(神)은 '신 같은 존재'라는 뜻도 되지만, '신통하다', '신비하
다' 등의 뜻도 된다.

다섯 번째 단계인 성인과 여섯 번째 단계인 신인이 다른 것이
아니다. 성인을 거쳐 신인이 되는 것이 아니라, 성인의 삶을 예측
할 수 없으므로 신인이란 수식어를 사용한 것일 뿐이다.

하늘의 마음을 가진 성인은 하늘이 이 세상을 경영하듯이, 세
상의 경영에 나선다. 맹자도 세상 경영에 대해 자세히 설명한 바
있다.

제5절 세상을 경영하는 이론들

학문을 완성한 사람은 일반인들과는 삶의 방식이 다르다. 군자
는 하늘의 뜻에 따라서 산다. 하늘의 뜻에 따라 사는 사람은 하
늘과 하나다. 맹자는 그런 사람을 '위아래로 천지와 함께 흐르는
사람'160이라고 표현했다. 『중용』에서는 그런 사람을 '만물을 낳고

기르는 천지의 일을 돕는 사람'이라고 표현하기도 하고, '하늘과 땅의 일에 참여하여 삼위일체가 되는 사람'이라고 표현하기도 했다.

하늘과 하나인 사람은 다른 사람과도 하나이고, 만물과도 하나이다. 그런 사람은 남의 불행을 보면 우울해진다. 맹자도 우울한 모습을 보였다. 맹자는 세상 사람들을 행복으로 인도하기 위해 노력했다. 세상을 인도하는 방식은 정치이고 교육이며, 경영이었다.

제1항 맹자의 정치사상

맹자의 정치사상에서 보면 정치는 세상 사람들에게 본래의 모습을 되찾도록 유도하는 것이고, 세상을 이상세계로 만드는 것이다. 그렇지 않은 정치는 맹자에게는 정치가 아니다. 사람들에게 참다운 행복으로 인도하지 않는 정치는 정도의 차이가 있을 뿐 잘못된 정치인 점에서는 매한가지이다. 이를 맹자는 오십보백보라는 말로 설명한다.

맹자의 정치는 사람들을 군자가 되도록 인도하는 것이므로, 군자가 아닌 사람은 정치할 수 있는 자격이 없다. 학문을 완성하여 군자가 되고, 성인이 된 사람만이 정치할 자격이 있다. 이를 내성외왕(內聖外王)이라 한다. 내적으로는 성인이 된 사람이라야 외적으로 왕이 될 수 있는 것이다. 성인이 왕이 되어서 하는 정치가 왕도정치이다. 왕은 부모가 자녀를 사랑하고 돌보듯, 백성들을 사랑하며 돌보는 사람이다. 그런 왕이 정치를 하면 왕을 대하는 백성들은 부모를 대하듯 한다. 왕이 사냥을 하면 백성들은 왕의 건강한

---

160. 上下與天地同流(『孟子』盡心上).

모습을 보고 기뻐한다. 왕에게 일이 있으면 백성들은 부모의 일에 달려가듯 달려가 돕는다. 맹자는 문왕이 영대라는 관망대를 지을 때 백성들이 자녀들처럼 와서 돕는 바람에 며칠 가지 않아서 완성되었다는 시를 인용하여 이를 증명한다.

맹자의 왕도정치 사상은 성인이 왕이 되어 정치해야 한다는 사상이다. 맹자의 왕도정치 사상에서는, 만약 성인이 아닌 사람이 왕이 되어 백성을 괴롭힌다면, 그를 축출하고 다시 성인을 왕으로 추대할 수 있다는 혁명사상이 나온다.

정치는 백성을 위해서 필요한 것이다. 맹자는 "가장 존귀한 것이 백성이고, 국가는 그다음이며, 임금이 가볍다"[161]라고 하여, 백성의 중요성을 역설했는데, 이런 내용이 후대에 민본주의라고 일컬어진다. 물론 왕도정치, 혁명사상, 민본주의 등의 용어는 후대에 붙인 용어이다.

제2항 맹자의 교육사상

교육이란 먼저 성을 회복한 자가 그렇지 못한 사람들에게 성을 회복하도록 깨우치는 수단이다. 이러한 면에서 보면 정치와 교육은 동전의 앞뒤와 같다. 정치의 가장 중요한 내용이 교육이고, 교육을 시행하는 것이 정치이다.[162]

---

161. 民為貴 社稷次之 君為輕(『孟子』盡心下).
162. 맹자는 『孟子』「萬章上」에서 이윤의 말을 빌려, "하늘이 백성을 낳아서 선지(先知)에게 후지(後知)를 깨우치게 하고, 선각자에게 후각자를 깨우치게 한다[天之生此民也 使先知覺後知 使先覺覺後覺也]"라고 했다. 이는 정치와 교육의 기능을 동시에 말한 것이다.

백성들에게 시급한 것은 먹는 것이다. 백성들을 굶주리게 해놓고 교육을 한다면 효과를 기대할 수 없다. 그래서 맹자는 정치와 교육에 앞서 백성들의 경제적 안정을 선결 요건으로 삼았다.

맹자가 말하는 교육은 오늘날 실시하고 있는 교육과는 다르다. 맹자가 말하는 교육은 사람들을 행복으로 인도하는 것이고, 군자의 길로 인도하는 것이며, 참된 인간이 되도록 인도하는 것이다. 잃어버린 마음을 되찾는 것이 학문이라는 맹자의 말에서 보면, 교육이란 잃어버린 마음을 되찾도록 유도하는 것이 된다.

제3항 맹자의 경영사상

경영이란 말은 원래 『시경』에 나오는 말인데, 맹자가 『시경』의 말을 인용한 이래 널리 사용되었다. 맹자가 말하는 경영은 한마음 경영이다. 욕심을 채우기 위한 경영은 제대로 된 경영이 아니다. 욕심을 채우기 위한 경영을 하면, 바로 경쟁 상태로 돌입한다. 그러한 경영에서는 나의 성공이 남의 실패를 전제한다. 그런 경영에서는 성공할수록 많은 견제를 당한다. 그러나 한마음 경영은 그렇지 않다. 남을 행복하게 하는 것이 경영의 목적이므로 나의 성공을 모두가 바라고 희망한다. 그러므로 참된 경영은 반드시 성공하게 되어 있다. 욕심을 채우기 위해서 하는 경영은 아무리 잘하더라도 한마음 경영을 당할 수 없다. 이러한 의미에서 맹자는 인자무적(仁者無敵)이라 했다. 맹자에 따르면, 남의 나라를 공격하는 일까지도 나의 이익을 위해서가 아니라, 그 나라의 백성들을 내 몸처럼 아끼는 마음에서 하는 것이어야 한다. 그 나라의 백성들을 아끼는 마음으로 공격하면 그 나라의 백성들이 가뭄에 비를 기다리는 마음으로 맞아줄 것이므로 실패할 일이 없다.

제6절 맹자 사상의 특징과 영향

맹자의 사상은 양주와 묵적의 물질주의를 극복하기 위한 목적이 있었으므로 마음을 중시하는 강한 형이상학적 성격을 띠고 나타났다. 맹자는 사람의 참다운 행복이 한마음을 회복하여 한마음으로 사는 것에 있음을 밝히고, 사람들에게 한마음으로 살도록 설파했다. 맹자의 사상은 전형적인 형상판에서의 사상이다. 맹자의 사상은 동이족의 사상과 일치한다.

전국시대는 오랜 전쟁으로 사람들이 굶주림에서 벗어나지 못한 시대였다. 굶주려 있는 사람들에게 정신적 행복을 강조하는 맹자의 말은 설득력이 약했다. 더욱이 전국시대는 서부 지역의 화하족이 주도하는 시대였으므로 맹자의 사상은 먼 나라의 이야기처럼 들렸을 것이다. 이런 이유로 인해 맹자 사상은 크게 유행하지 못했다. 맹자의 사상이 개화하기 위해서는 다시 천년을 기다려야 했다.

춘추전국시대를 거치면서 많은 사상가가 등장했다. 주요한 사상가로는 노자·공자·양자·묵자·맹자 등이었다. 많은 사상가가 등장했어도 아무도 사람들에게 절대적인 호응을 받지 못했으므로, 세상은 점점 더 혼란해졌다. 그러자 모든 사상가에게 논의의 중단을 요구하는 장자가 등장했다.

장자(莊子: 기원전 369?~286년)는 맹자와 같은 시기인 전국시대 때 사람이다. 장자는 송(宋)나라의 수도 상구(商邱) 부근의 몽(蒙: 지금의 하남과 안휘의 경계)에서 살았다. 그의 성은 장(莊)이고, 이름은 주(周)이다. 그의 생몰연대는 확실하지 않지만, 대체로 기원전 355년경에서 기원전 275년경에 생을 영위했던 사람으로 알려져 있다. 장자는 맹자와 동시대의 인물이지만, 연배가 맹자보다 약간 아래다.

장자는 노자의 사상을 계승했으므로 노자와 장자의 사상을 합쳐 노장사상이라 부른다. 장자의 사상 역시 노자 사상과 마찬가지로 옛 동이족의 사상에서 발원한다.

장자에 따르면, 모든 사상가의 이론이 잘못된 이유는 그들이 참된 진리를 말하지 못하고 모두 자기 처지에서만 말하기 때문이다. 장자는 어떤 사람이 나무를 보고, '이것은 나무다'라고 말했다면 그것은 틀림없는 사실처럼 보이지만, 사실은 그 사람에게만 해당하는 말이라는 것이다. 다른 사람이 보면 '이것은 나무다'가 아니라, '그것은 나무다'라고 해야 한다. 남자들은 미녀를 보고 기뻐하지만, 사슴은 그 미녀를 보고 달아난다. 사람들은 높은 나무에 올라가면 어지러워서 싫어하지만, 그것은 사람들의 입장일 뿐이다. 원숭이는 그런 곳을 더 좋아한다. 사람들은 습한 곳에서 잠자면 허리가 아파서 싫어하지만, 미꾸라지들은 물기가 많은 곳을 좋아한다.

장자에 따르면, 사람들이 자기의 입장에 맞는 잘못된 이론을 강요하므로, 세상이 점점 더 혼란해진다. 차라리 아무 말도 하지 말고 가만히 놓아두는 것이 낫다.

장자에 따르면, 인간은 자연으로 태어났고 자연으로 자랐다. 인간에게 의식이란 원래 없었다. 인간의 의식은 원래 없었던 것이므로 가짜다. 가짜의 의식 속에 '나'라는 것을 만들어 넣고, 나의 삶을 살기 시작하면서, 자연의 모습을 상실했다. 자연의 모습을 상실한 사람은 살아도 진짜의 삶이 아니라 가짜의 삶이다. 가짜의 삶은 꿈같은 삶이고 소꿉장난 같은 삶이다.

사람이 자연의 모습에서 이탈하지 않았을 때는 태어나는 것도 자연이고 자라는 것도 자연이며, 늙는 것도 자연이고, 죽는 것도 자연이므로, 생로병사가 따로 있는 것이 아니라 모두 하나의 자연일 뿐이었지만, 사람이 '나'라는 것을 만드는 순간 자연에서 이탈하여 태어나고 늙고 자라고 죽어야 하는 고통을 받게 되었다. 인간의 모든 고통은 자연에서 벗어난 것에 기인한다. 그러므로 장자의 철학에서는 자연의 본래 모습을 회복하기만 하면 사람의 모든 고통이 사라진다. 세상이 혼란한 근본 원인도 사람이 자연에서 벗어났기 때문이다. 자연에서 벗어나 '나'라는 것을 만드는 순간, '너'가 생기고 '그'가 생겨서 '나'는 그들과 경쟁해야 하고 싸워야 한다. 세상이 혼란하게 된 이유도 그 때문이다.

장자는 사람들에게 개인적인 고통을 해결하기 위해서도 자연성을 회복해야 하고, 세상을 안정시키기 위해서도 자연성을 회복해야 한다고 주장하였지만, 혼란한 세상을 사는 사람들은 장자의 말에 귀 기울일 여유가 없었다. 당시의 주나라는 서부의 화하족이 주도하였으므로, 장자의 사상 역시 먼 나라의 이야기로 들렸을 것이다.

장자의 사상 역시 사람들에게 효과적인 방안이 되지 못하자, 세상을 바로 안정시킬 수 있는 강력한 철학을 가진 순자(荀子)가 등장한다.

제2장
순자의 유학사상

순자(荀子: 기원전 323?~248?년), 성은 순(荀)이고, 이름은 황(況). 조(趙)나라(지금의 山西省 安澤縣)에서 태어났다. 사람들이 그를 존경하여 순경(荀卿)이라고도 불렀다. 춘추전국시대의 사상가 중에서 경으로 불린 사람은 순자뿐이었다. 이를 보면 순자는 제후들과 일반인들에게 많이 지지받았음을 알 수 있다. 훗날 한(漢)나라 선제(宣帝)의 이름을 피하여 손경(孫卿)이라 불리기도 했다.

순자는 50세쯤 되었을 때 많은 학자가 모여 있는 제(齊)나라 직하(稷下, 지금의 山東省 臨淄縣 북쪽)로 가서 좨주(祭酒) 벼슬을 하고 대부(大夫)가 되었다. 좨주란 학자들을 대표하는 존경받는 직책이었다. 훗날 초(楚)나라 재상인 춘신군(春申君)에게 발탁되어 난릉(蘭陵, 지금의 山東省 蒼山縣)의 수령(守令)이 되었다. 춘신군이 암살된 뒤 벼슬에서 물러나 저술에 전념하여 『순자』를 남겼다. 난릉에 그의 무덤이 있다.

맹자는 형상판 철학의 꽃을 피웠고, 순자는 형하판 철학의 꽃을 피웠다. 달리 말하면, 맹자는 동이족 사상을 대변하는 사상가였고, 순자는 옛날 서부 지역에 살았던 화하족 사상을 대변하는 사상가였다. 맹자는 순 임금을 가장 존경했고, 순자는 우 임금을 가장 존경했다.

순자가 등장하기 전에 많은 사상가가 출현하여 세상을 안정시킬 사상을 많이 내놓았으나 효과를 보지 못했기 때문에, 마지막 남은 해결책은 강력한 왕이 출현하여 직접 혼란을 해결하는 것뿐이었다. 순자는 바로 거기에 초점을 맞추고 등장했다.

공자의 사상은 옛날 동이족의 사상과 화하족의 문화를 조화시킨 중용사상이었고, 맹자의 사상은 공자의 정신주의적 성격을 강화한 사상가였으며, 순자는 공자의 물질주의적 성격을 강화한 사상가였다. 판 이론으로 말하면 공자의 사상은 중용판의 사상이고, 맹자의 사상은 형상판의 사상이며, 순자의 사상은 형하판의 사상이다. 공자·맹자·순자를 대표하는 세 유형의 사상은 유학을 대표하는 세 요소가 되었다. 이는 옛날 요·순·우로 대표되던 지역적·사상적 세 요소가 발전된 형태로서 부활한 것이었다.

전국시대 말기에 순자가 가장 많이 지지받게 된 까닭으로 두 가지 이유를 들 수 있다. 하나는 춘추전국시대의 혼란기를 거치면서 몸을 챙길 수 없을 만큼 상황이 급박했기 때문이었고, 다른 하나는 주나라가 중원을 차지한 이래로 줄곧 화하족이 주도하고 있었기 때문이었다.

화하족의 사상에서는 몸을 기준으로 하여 사람을 각각 독립된 개체로 판단하므로, 사람과 사람을 이어주는 '하늘'이라는 존재를 중시하지 않았지만, 동이족에서 발원한 하늘사상은 요순을 거쳐 은나라 말기에까지 이어져 왔으므로, 화하족의 의식 속에도 '하늘'이라는 존재가 저항 없이 자리 잡고 있었고, 그 의식은 춘추전국시대까지 이어져 왔다.

그러나 춘추전국시대를 거치면서 엄청난 혼란이 장기간 지속되자, 사람들은 하늘을 의심하게 되었다. 하늘이 있다면 이 세상을 이렇게 혼란하게 만들지는 않을 것이라는 생각이 들었기 때문이었다. 이러한 시대적 상황을 간파한 순자는 하늘을 정면으로 부

순자

정하는 일대 결단을 내린다. 하늘을 전면적으로 부정하는 것은, 오늘날의 시각으로 보면 별로 이상하지 않다. 오히려 그것이 과학적인 판단이라고 받아들여지는 분위기도 있다. 그러나 당시의 상황에서 본다면, 그것은 사상사적으로 코페르니쿠스적인 일대 전환기를 맞이하는 순간이었다. 그것은 화하족이 중국을 확실하게 주도하게 되었음을 알리는 선포였다.

제1절 천인분리사상과 성악설

제1항 천인분리사상

순자의 철학은 인간존재의 본질로 자리 잡고 있던 하늘을 부정하면서 시작된다.

> 하늘의 운행은 사람의 일과 관계없이 일정한 움직임을 가지고 있다. 요와 같은 임금 때문에 존재하는 것도 아니고, 걸과 같은 임금 때문에 없어지는 것도 아니다. 그러므로 사람이 그 일정한 운행에 잘 맞추어서 잘 다스리면 길하고, 잘 다스리지 못하면 흉하다. 농업과 같은 근본적인 산업에 힘쓰고, 쓰는 것을 절약하면, 하늘이 그를 가난하게 할 수 없고, 봄에는 여름이 올 것에 대비하여 여름 준비를 하고, 여름에는 가을 준비를 하듯이, 미리 준비하여 때맞추어 움직이면, 하늘이 그를 병들게 할 수 없으며, 자연의 운행을 예측하여 마땅히 대비해야 하는 인간의 도리를 잘 닦아서 한결같이 하면, 하늘이 그에게 화를 줄 수

없다. 그러므로 홍수나 가뭄이 그를 굶주리게 하거나 목마르게 할 수 없고, 추위와 너위가 그를 병들게 할 수 없으며, 요괴한 것이 그를 흉하게 할 수 없다. 농업과 양잠 같은 근본 산업이 황폐해지고 쓰임이 사치스러워지면, 하늘이 그를 온전하게 할 수 없으며, 사람이 마땅히 해야 할 인간의 일을 어기고 함부로 행하면, 하늘이 그를 길하게 할 수 없다. 그렇게 되면 홍수나 가뭄이 이르지 아니해도 굶주리게 되고, 추위와 더위가 다가오지 아니해도 병들게 되며, 요괴한 것이 이르지 아니해도 흉하게 된다. 춘하추동 사계절로 운행되는 하늘의 혜택을 받음은 요순 시대와 같은 잘 다스려진 시대와 같지만, 재앙이 일어나는 것은 다스려진 시대와 다르다. 그렇다고 해서 하늘을 원망할 수는 없다. 그 이치가 그러하기 때문이다. 그러므로 하늘과 사람의 경계에 분명한 사람이 최고의 사람이다. 하지 않고도 이루어지고 구하지 않고도 얻어지는 것이 하늘의 일이다. 하늘의 일이 비록 심오하다 하더라도, 최고의 사람은 그러한 것을 더 생각하지 않고, 비록 크다 하더라도 그러한 것을 하려 하지 않으며, 비록 정밀하다 하더라도 더 살피지 않는다. 이를 하늘과 더불어 일을 다투지 않는 것이라 한다. 하늘은 그 자체의 운행 질서를 가지고 있고, 땅은 그 자체의 재물을 가지고 있으며, 사람은 스스로 해야 할 도리가 있다. 이처럼 각각의 일을 해야 전체적으로 어울린다. 이를 놓아두고 하늘과 같아지려고 하는 것은 잘못된 것이다.[163]

163.『荀子』天論篇의 내용을 번역한 것이다.

이는 당시의 상황에서 보면 폭탄선언에 가깝다. 당시의 많은 사람이 하늘에 대해 이러한 생각을 하는 분위기가 되어 있었지만, 막연한 상태라 아무도 그 내용을 꼬집어 말하지 못했다. 그런 상황에서 순자가 등장하여 그 내용을 꼬집어 말한 것이다. 분위기가 무르익었을 때 말을 해주는 것, 그것은 달걀 속의 병아리가 알을 깨고 나오는 순간에 어미 닭이 쪼아주는 것과 같다. 그런 것을 줄탁동시(啐啄同時)라 한다. 때가 무르익었을 때 그것을 꼬집어 말해주면 사람들은 따지지 않고 받아들인다. 그렇게 되면 사람들의 전폭적인 지지를 받아서 하는 일이 모두 성공한다. 아무리 옳은 말이라도, 때가 무르익지 않았을 때 하면, 사람들에게 수용되지 않고, 때가 지난 뒤에 말을 하면 실없는 소리가 된다. 하늘의 일과 사람의 일을 분리하는 순자의 말은 때가 무르익었을 때 나온 말이다. 순자의 천인분리사상은 형하판 철학의 결정판이다. 주나라가 건국된 이래 형상판의 철학과 형하판 철학이 충돌하기 시작했다. 이 충돌이 장기화하면서 춘추전국시대라는 전대미문의 혼란기를 빚어내었다. 전국시대의 말기에 접어들면서 형상판 철학과 형하판 철학의 충돌은 형하판 철학의 승리로 기울었다. 순자의 천인분리사상이 지지를 받았다는 사실은 형하판 철학의 승리가 확실해졌다는 것을 의미한다. 순자의 천인분리사상은 당시의 사람들에게 전폭적인 지지를 받았다. 순자는 그런 사람들에게 다시 설득한다.

하늘을 위대하게 여겨 사모하고 있는 것과 동식물을 잘 길러 다듬고 재배하는 것 중에 어느 것이 더 나은가? 하늘을 칭송하고만 있는 것과 하늘의 움직임을 파악하여 이용하는 것 중에 어느 것이 더 나은가? 때가 오기를 우러러보며 기다리는 것과 때를 잘 응용하여 그것을 잃지 않는 것 중에 어느 것이 더 나은가? 농산물이 자라는 대로 놓아두어 저절로 불어나기를 기다리는 것과 재능을 발휘하여 개량하는 것 중에 어느 것이 더 나은가? 농산물에 대해 깊이 생각한 나머지 그대로 놓아두는 것과 그것을 다스려 잘 자라게 하는 것 중에 어느 것이 더 나은가? 농산물이 생겨나게 하는 하늘의 일을 바라는 것과 그것을 결실하게 하는 사람의 일에 힘쓰는 것 중에 어느 것이 더 나은가? 그러므로 사람의 일을 놓아두고 하늘을 사모하면 만물의 실상을 잃게 된다.[164]

순자의 말에는 맹자와 장자를 비난하는 의도가 들어 있다. 하늘을 기리고 사모하는 것을 부정하는 것은 맹자를 비난하는 것이고, 농산물을 가만히 놓아두는 것을 부정하는 것은 장자를 비난하는 것이다. 혼란기에 다급해진 사람들이 순자의 말을 들으면 이해하기 쉽다. 다급해질수록 사람들은 맹자의 말이나 장자의 말에 대해 깊이 생각할 여유가 없다. 과일나무에 벌레가 많아 농사를 망치게 된 사람에게 뿌리부터 가꾸라고 권유한다면, 잘 이해하지 않지만, 농약을 치라는 말은 쉽게 이해한다. 맹자와 순자의 차이는 그와 같다.

순자는 마지막으로 '사람의 일을 놓아두고 하늘을 사모하면 만

---

164. 『荀子』天論篇.

물의 실상을 잃게 된다'라는 주장으로 결론을 짓는다. 순자의 천
인분리사상(天人分離思想)이 마무리되는 순간이다.

인간과 연결된 하늘의 요소를 인간에게서 제거하면, 인간을 하
나로 연결하는 연결고리가 사라진다. 인간이 하나로 연결되지 않
는다면 '하늘마음'이란 개념도 없어지고 '한마음'이라는 개념도 사
라진다. '하늘마음'이란 개념이 있다면, 가장 먼저 존재하는 것은
하늘마음이고, 사람의 몸은 그 하늘마음에 의해서 생겨나는 것
으로 판단할 수 있다. 그러나 하늘마음이란 개념이 없어지면, 제
일 먼저 생겨나는 것은 사람의 몸이다. 순자는 사람의 몸이 먼저
갖추어진 뒤에 정신이 생기고 정신이 생기면 온갖 감정들이 거기
에 깃든다고 설명한다.

맹자의 설명에서 보면 사람의 마음속에는 한마음과 욕심이 대
립하고 있다. 이 중에서 한마음을 걷어내고 나면 남는 것은 욕심
뿐이다. 사람의 마음이 욕심뿐이라면 사람은 다투게 되어 있다.
순자는 끝없이 다투는 사람들의 모습을 보고, 사람이 본성적으
로 악하다는 성악설을 주장하기에 이르렀다.

제2항 순자의 성악설

순자는 사람은 태어나면서 탐욕을 가지고 태어난다고 하고, 그 구
체적인 내용으로 "배가 고프면 먹으려 하고, 추우면 따듯하기를
바라고, 힘들면 쉬려고 하고, 이익이 되는 것을 좋아하고 손해보
는 것을 싫어하는데, 이는 조건에 따라 그렇게 되는 것이 아니라,
나면서부터 저절로 그렇게 되는 것이라"[165]고 설명한다.

순자의 설명에서 보면, 사람이 타고 나는 본성은 바로 탐욕이

다. 순자에게는 성(性)과 탐욕이 동일한 개념이 된다. 사람의 탐욕이 본질적인 것이므로, 사람은 누구나 탐욕을 채우려 한다. 그러나 탐욕은 무한하고, 채울 수 있는 것에는 한계가 있기 때문에, 사람들은 채우지 못한 탐욕을 채우기 위해 필연적으로 남과의 투쟁을 벌이게 되고 그 결과 파멸로 향하게 된다. 순자는 그러한 현상을 다음과 같이 설명한다.

사람은 태어나면서 욕심을 가지고 있다. 욕심을 채우지 못하면 자꾸 채우려고 하는데, 욕심에는 한계가 없다. 그러므로 다투지 않을 수 없다. 다투면 어지러워지고, 어지러워지면 파멸한다.[166] 사람의 본성은 나면서부터 이익을 좋아한다. 이를 따르기 때문에 싸우고 빼앗는 일이 일어나고 사양하는 마음이 없어진다. 나면서부터 미워하는 마음이 있다. 이를 따르기 때문에 잔악한 사건이 생겨나고 일이 진실하고 미덥게 진행되지 않는다. 나면서부터 눈과 귀의 욕심이 있으므로 좋은 색과 소리를 좋아한다. 이를 따르기 때문에 음란한 일이 생겨나고 예의와 교양이 없어진다. 그러므로 사람의 본성을 따르고 사람의 감정을 따르면, 분수를 어기고 도리를 지키지 못하여, 반드시 싸우고 빼앗는 방향으로 나아가기 때문에 사회가 혼란해지고 난폭해진다.[167]

---

165. 『荀子』榮辱篇.
166. 『荀子』禮論篇.
167. 『荀子』性惡篇.

순자는 사람이 본성적으로 욕심을 가지고 있으므로 반드시 싸우고 빼앗는 방향으로 나아가게 되어 있다고 보았다. 사람이 끝없는 싸움을 되풀이하고 있는 춘추전국시대의 사람들에게 순자의 설명은 매우 설득력이 있었을 것이다. 이러한 내용을 바탕으로 순자는 그의 성악설을 전면적으로 들고나온다.

> 사람의 본성은 굶주리면 배불리 먹고 싶어 하고, 추우면 따뜻해지고 싶어 하며 힘들면 쉬고 싶어 한다. 이것이 사람의 실정이고 본성이다. 그런데 사람이 굶주려도 연장자를 보고 감히 먼저 먹지 못하는 것은 양보하려는 생각이 있기 때문이고, 힘들어도 감히 먼저 쉬지 못하는 것은 대신하려는 마음이 있기 때문이다. 아들이 아버지에게 양보하고 동생이 형에게 양보하며, 아들이 아버지를 대신하고 동생이 형을 대신하는 것, 이 두 가지는 모두 본성에 거스르는 것이고 감정에 어긋나는 것이다. 그런데도 효자가 도리를 다하는 까닭은 예의를 지키려는 교양 때문이다. 그러므로 감정과 본성에 따르면 사양을 하지 않는다. 사양하는 것은 감정과 본성에 어긋난다. 이로써 본다면 사람의 본성이 악한 것은 분명하다. 선을 하는 것은 인위적으로 꾸며서 그런 것이다.[168]

순자는 '사람은 본성적으로 악한 존재'라는 내용의 성악설을 완성했다. 춘추전국시대의 끝없는 전쟁을 보면서 순자는 이를 확

168.『荀子』性惡篇.

신했다. 동서양을 통틀어서 보더라도 순자를 제외하고 성악설을 주창한 사람은 찾아보기 어렵다. 인간을 개체적 존재로 보면 사람들은 본성적으로 다투게 되어 있다고 볼 수밖에 없는데도, 많은 학자나 사상가들은 인간의 개체적 존재를 인정하면서도 성악설을 주창하지 않은 까닭은 다음과 같은 이유 때문일 것이다. 성악설을 받아들이면 받아들이는 사람도 악한 사람이 된다. 사람들은 남들이 악한 사람이라는 것은 받아들이기 쉽지만, 자기가 악한 사람이라는 것은 받아들이기 어렵다. 순자를 제외한 많은 사람이 성악설을 주창하지 않은 것은 이 때문일 것이다. 순자가 성악설을 주창하여 많은 사람으로부터 지지를 받게 된 까닭은 당시 전쟁이 너무나 빈발하여 사람이 도저히 살 수 없는 극한 상황이 되었기 때문일 것이다. 도저히 살 수 없는 극한 상황에서 사람들은 '사람들이 본래 악하지 않다면 이렇게 오랫동안 싸움을 계속할 수는 없을 것이다'라고 생각하게 될 것이고, '나도 악한 사람이다'라는 것조차도 용인할 수밖에 없었을 것이다. 이것이 순자의 성악설이 지지를 받게 된 이유이다.

당시의 사람들은 먼저 순자의 천인분리에 관한 설명을 듣고 이해했다. 사람들은 어떤 사람에게 열광하게 되면 그 사람이 어떤 말을 하더라도 비판 없이 받아들이는 경향이 있다. 이것이 순자의 성악설이 지지받게 된 또 하나의 이유이기도 하다.

후대의 학자 중에는 순자의 말대로 사람이 본성적으로 악하다면 사람이 착해질 수 있는 근거를 찾을 수 없다고 하여, 성악설의 문제점을 지적하는 학자들이 많지만, 이 문제는 순자의 말에서 해결이 된다. 순자는 사람이 선을 하려고 하는 까닭은 본성이 악하기 때문이라고 한다. 순자는 본성이 악하기 때문에 선을 한다는 논증을 두 가지 방법으로 설명한다. 그중의 하나는, 사람들에게는 자기에게 없는 것을 구하는 속성이 있기 때문이라는 것이다. 못생긴 사람은 예뻐지려 하고, 좁은 데 있는 사람은 넓은 곳을 찾으며, 가난하면 부자가 되려 하고, 천하면 귀해지려 하듯이, 사람의 본성이 악하기 때문에 착해지려고 한다는 것이다. 또 다른 하나는, 사람은 누구나 살고 싶어 하는 마음이 있기 때문이라는 것이다. 사람들이 악하기 때문에 그대로 놓아두면 싸우다가 다 못살게 될 것이므로, 살기 위해서는 악을 하지 말고 선을 해야 한다는 결론에 도달한다는 것이다.

순자의 설명에 따르면, 사람이 선을 하게 되는 이유는 간단히 밝혀진다. 그러나 이것으로 성악설의 모순이 다 해결되는 것은 아니다. 성악설의 모순은 다른 데서 찾을 수 있다.

많은 벌레가 나뭇잎을 갉아 먹고 있는 것을 보고, 뿌리를 생각할 겨를도 없이 다급해지자, 벌레가 나뭇잎을 갉아 먹는 것은 뿌리와 관계가 없다고 하고, 그 원인을 다른 데서 찾는다면, 일견 타당할 것 같지만, 그러한 방식으로는 근본 원인을 찾을 수 없다. 근본 원인은 어디까지나 뿌리에 원인이 있다. 그런데도 뿌리와 관계없다고 한다면 그것은 근본적인 오류이다. 순자의 성악설에는 이러한 오류가 들어 있다. 밤낮 싸우고 있는 나뭇잎들을 보고 나뭇잎들이 남남이니까 밤낮 싸우고 있다고 판단한다면 잘못이다. 나뭇잎들이 밤낮 싸우는 까닭은 하나의 뿌리로 연결되어 있다는 사실을 망각했기 때문이다. 사람들이 밤낮 싸우는 까닭은 하나라는 것을 망각했기 때문이고, 형제가 싸우는 것은 부모와 하나임을 망각했기 때문이다. 3촌·4촌·5촌·6촌으로 멀어질수록 하나의 조상으로 이어져 있다는 사실을 망각하기 쉬우므로 싸움이 빈발한다. 싸움이 빈발하는 것을 보고 하나의 조상이 없다고 하면 안 된다. 사람의 마음은 근본적으로 하늘마음에 닿아 있는 것인데도, 사람들이 다투는 것을 보고 그것을 부정하는 것은 근본적인 오류이다.

순자는 또 사람들은 모두가 타고날 때부터 똑같은 욕심을 가지고 태어난다고 주장한다. 같은 욕심을 가지고 있다는 것은 마음이 하나로 연결되어 있다는 것을 전제한다. 하나의 마음을 전제한다면 사람이 하나로 연결되어 있다는 사실을 부정할 수 없다. 욕심이 하나로 연결되어 있다면, 싸움을 주도하고 있는 욕심의 밑바닥에 남을 나로 여기는 착한 마음이 깔려 있다는 사실을 부정할 수 없다. 순자의 철학은 마음의 본질을 놓치고 있다. 그렇지만 순자는 마음의 본질을 파고 들어갈 필요가 없었을 것이다. 다급해진 당시의 사람들은 마음의 본질을 찾기보다는 전쟁이 일어나는 원인이 마음이 악하기 때문이라는 설명에 만족할 수 있었을 것이다. 춘추전국시대는 수많은 사상가가 등장하여 세상을 평화롭게 하기 위한 주제를 놓고 토론을 벌인 시대로 볼 수 있다. 토론자 중에서 순자가 가장 많은 사람의 지지를 받았다. 순자는 그것으로 만족했다. 더는 마음의 본질을 규명할 필요가 없었다.

성악설을 주창한 뒤에 사회를 바라보는 순자의 마음은 더욱 불안할 수밖에 없다. 사람 개개인에게 선을 할 수 있는 가능성이 있다 하더라도, 그것을 믿고 기다리기에는 당시의 사회가 너무나 혼란했다. 그래서 순자는 사람을 사회적 존재로 정의한 뒤, 사람들을 선으로 인도하는 방법을 외부에서 찾았다. 그것은 예법을 제정하여 철저하게 지키도록 하는 것이었고, 그렇게 하기 위해서는 강력한 왕권과 철저한 교육이 필요하다고 보았다.

제2절 예론과 왕권 강화론

제1항 순자의 예론

순자의 설명에 따르면, 사람은 원초적으로 살고 싶어 하는 욕구가 있다. 사람의 본성이 악하다고 주장한 순자가 사람이 사는 방법으로 생각한 것은 악한 본성을 절제하는 것이다. 사람은 생각하고 헤아리는 마음의 기능이 있다. 마음의 기능이 오늘날의 용어로 말하면 이성(理性)이다. 사람이 이성의 힘으로 잘 생각해보면, 인간사회에서 사람이 사는 방법은 악한 본성을 억제하도록 규칙을 만들어 지키는 것뿐이다. 규칙을 지금 만드는 것보다는 오래전에 만들어져 시행해 온 옛 성인의 규칙을 따르는 것이 더 효과적이다. 옛 성인이 만든 규칙은 예로 정리되어 있으므로 사회의 혼란을 해결하는 방안은 결국 선왕이 만든 예를 지키는 것으로 귀결된다.

예는 어떠한 연유로 만들어졌는가. 사람은 태어나면서부터 욕심을 가지고 있다. 욕심이 있는데 그 욕심을 채우지 못하면 욕심을 채우려 한다. 욕심 채우는 것을 절제하지 않으면 다투지 않을 수 없다. 다투면 혼란해지고 혼란해지면 사람이 살 수 없을 정도로 곤란한 사회가 되고 만다. 선왕이 이를 싫어했기 때문에 예의를 만들어 분수를 지키게 함으로써 사람들의 욕심을 알맞게 채워주고, 사람들이 구하는 물질을 충족시켜 주었다. 사람의 욕심을 절제하여 물질을 다 채우려 하지 않게 하고, 물질을 풍부하게 하여 욕심에 의해 다 취해지지 않게 함으로써 욕심과 물질이 서로 조화를 이루게 하였으니, 이것이 예가 생겨난 까닭이다.[169]

사람들이 서로 투쟁하게 되는 원인이 욕심을 다 채울 수 없기 때문이라면, 사람들이 다투지 않게 하는 방법은 욕심을 절제하거나 아무리 욕심을 채워도 물질이 남아돌 만큼 풍족하게 만들면 된다. 묵자는 후자를 택했다. 묵자는 물질을 무한히 풍족하게 만들기 위해 예절을 지키는 데 들어가는 비용을 줄이고, 비생산적인 예술 행위를 삼가며, 생산에 총력을 기울일 것을 주장했지만, 묵자는 사람의 욕심이 채울수록 커진다는 것을 알지 못했기 때문에 묵자의 이론은 실패할 수밖에 없었다. 사람의 욕심은 채우면 채울수록 무한히 커지기 때문에 욕심을 다 채울 수 있을 만큼 물질을 풍부하게 만든다는 것은 영원히 불가능하다. 순자는 묵자의 잘못을 지적하고 묵자를 비판했다. 순자가 택한 것은 욕심을 절제하는 것이었다. 순자에 따르면, 사람이 필요로 하는 물질은 원래 넉넉하다는 것이다. 먹을 것도 넉넉하고 입을 것도 넉넉하지만, 그것이 부족해지는 이유는 욕심을 절제하지 않고 무한히 추구하기

169.『荀子』禮論篇.

때문이므로, 사회를 안정시키기 위해 가장 중요한 것은 예를 지켜서 욕심을 조절하는 것뿐이라는 것이다.

순자의 예는 옛 선왕이 만들어낸 인위적인 것에서 비롯되었다. 맹자의 예는 인에 포함되는 인간의 본성이었으므로 나면서부터 타고 나는 사양하는 마음으로 설명했지만, 순자의 예는 인간이 만들어낸 인위적인 것으로 정의하고, 인·의·지를 모두 예에 포함했다. 인은 예를 지킨 결과 나타나는 편안한 마음 상태이고 의(義)는 예를 지키는 실천원리이며, 지(智)는 예를 지키는 것이 매우 중요하다는 것을 아는 것으로 정의된다.

순자는 예의 기능을 확대하여 질서를 유지하는 것 모두를 예로 보았다. 하늘과 땅, 해와 달이 일정한 질서를 유지하는 것도 예이고, 정치·군사의 기강을 위시한 국가의 모든 기강이 다 예이며, 신분 계급이나 빈부경중(貧富輕重) 등을 구별하기 위한 모든 제도가 다 예의 내용에 포함되었다.

제2항 순자의 왕권 강화론

순자는 사회를 안정시키는 방법으로 예의 중요성을 강조했지만, 아무리 예의 중요성을 강조하더라도 사람들이 지키지 않으면 효력이 없으므로, 예를 지키도록 하는 강제적인 수단이 필요했다. 순자가 강력한 왕권의 필요성을 강조한 이유는 이 때문이었다. 순자는 강력한 권력을 가진 왕이 등장하여 예를 지키지 않는 사람들에게 예를 지키도록 다스리지 않으면 사회의 질서가 유지될 수 없다고 보았다.

강력한 힘을 가진 왕이 등장하여 사회를 혼란하게 하는 사람들을 처단하는 것이 사회를 안정시키는 가장 빠른 방법이다. 그 때문에 사회의 혼란이 계속될수록 사람들은 강력한 지도자의 등장을 원한다. 역사적으로 강력한 왕이 등장하는 것은 왕이 강력해서가 아니라 사람들이 강력한 왕의 출현을 기대하기 때문이었다.

왕권이 약해지는 원인이 사람들이 왕을 가볍게 여기고 혁명을 일으키는 데 있다고 생각한 순자는 왕권을 강화하는 방법으로 혁명을 일으키지 말 것을 주장한다. 순자에 따르면, 왕에게 아무리 잘못이 있다 하더라도 신하가 혁명을 생각해서는 안 된다는 것이다. 순자가 정의를 내리는 신하에는 네 종류가 있다. 능히 임금에게 진언하여 그 진언이 쓰이지 않으면 떠나버리는 간신(諫臣), 능히 임금에게 진언하여 쓰이지 않아도 죽음을 무릅쓰고 간하는 쟁신(爭臣), 지혜와 힘을 합하여 여러 신하와 관리들을 거느리고 임금에게 강요하여 임금을 고쳐 나라의 큰 걱정을 없앰으로써 임금을 높이고 국가를 안전하게 하는 보신(輔臣), 능히 임금의 명에 대항하고 임금의 권위를 훔쳐서라도 임금의 일을 바른 방향으로 돌려놓음으로써 국가의 위태로움을 바로잡고 임금에게 돌아갈 모욕을 제거하여, 국가의 큰 이익을 이루는 필신(拂臣)이 그것이다. 여기에는 어디에도 혁명의 이론이 들어 있지 않다.

순자는 혁명을 반대하는 이론에 설득력을 더하기 위해 공자의 정명사상을 활용한다. 공자의 정명사상은 '임금은 임금다워야 하고, 신하는 신하다워야 하며, 아버지는 아버지다워야 하고, 아들은 아들다워야 한다'라는 것이었다. 이 공자의 정명사상이 맹자에게 계승되면 임금이 임금답지 못할 때는 혁명할 수 있다는 혁명사상이 되지만, 순자에게 계승되면 임금은 임금이고 신하는 신하이기 때문에 신하가 임금이 되려고 해서는 안 된다는 명분론으로 바뀐다. 순자의 명분론은 임금과 신하의 분간을 확실히 해서 신하가 임금이 되려고 하면 안 된다는 이론이다. 순자는 귀천이 분명해지고 같고 다른 것이 뚜렷해져야 마음에 기쁨이 넘치고 일이 순조롭게 된다는 내용으로 명분론을 정리했는데, 이는 왕권을 강화하는데 가장 큰 목적이 있는 것이었다.

제3절 학문과 교육의 내용

제1항 순자의 학문관

순자가 사회의 질서를 확립하는 방법으로 왕권강화론을 제시한 까닭은 왕권을 강화하여 사람들에게 예를 지키도록 인도하기 위한 것이었지만, 그것만으로는 부족하므로 보완 장치가 필요했다. 순자는 공자 이래로 강조해 온 학문과 교육의 기능을 활용했다. 학문과 교육은 동전의 양면과 같다. 가르치는 사람과 배우는 사람의 처지가 다를 뿐, 내용이 다른 것은 아니다.

　사람들을 본래부터 악한 존재로 본다면 사람들을 가만히 놓아두면 안 된다. 악의 방향으로 나아가지 못하도록 끊임없이 교정해야 하고, 교정받아야 한다. 교정된 상태는 자연 상태가 아니라 사람의 의지와 계산으로 만들어진 상태다. 이러한 질서의 상태를 순자는 '인위적으로 만들어진 것'이라는 의미에서 위(僞)라 불렀다. 순자가 바라는 질서의 세계는 모두 이 위(僞)의 세계이다. 인간의 인위적인 노력으로 만들어낸 것 중에 가장 중요한 것이 예이다.

맹자의 예는 사람이 타고난 본성이지만, 순자의 예는 사람이 인위적으로 만든 것이다. 맹자의 예는 마음속에 들어 있는 고유한 것이지만, 순자의 예는 사람이 외부에서 만든 인위적인 것이다. 맹자가 말한 진리는 안에 있고, 순자가 말하는 진리는 밖에 있다. 맹자가 말하는 진리는 변하지 않지만, 순자가 말하는 진리는 때와 장소에 따라서 늘 바뀐다.

옛사람이 만든 예는 오랜 시간 동안 만들고 발전시켜 왔기 때문에 한 사람이 일시에 만든 예보다 훨씬 정비되어 있다. 더구나 옛날 예를 만든 사람들은 탁월한 능력을 갖춘 선왕들이었으므로 더욱 그렇다. 그러므로 사회의 혼란을 안정시키기 위해서 지금 예를 만드는 것보다는 과거에 만들어진 예를 활용하는 것이 훨씬 효과적이지만, 예는 어렵고 복잡하므로 그 예를 알고 실천하기 위해서는 먼저 그 예를 배워야 한다. 예는 옛 선왕들이 시대에 맞게 계속 발전시켜 온 것이므로 옛 선왕들의 예법 중에서 가장 나중에 나온 예를 배우는 것이 중요하다. 순자는 선왕 중에서 제일 나중에 나온 선왕을 후왕(後王)이라 하여, 후왕을 본받는 것을 가장 중요하게 여겼다. 과거의 선왕들인 요·순·우·탕·문·무·주공 중에서 후왕은 주공이므로 순자가 말한 배움의 대상 중에서 으뜸은 주공이었고, 배움의 내용은 주공이 만든 예법이었으므로, 주공 때 나온 주례·의례 등이 제일 중요한 배움의 대상이 된다.

예는 시대에 맞게 계속 변하는 것이므로 예를 배우는 것은 후대로 갈수록 더욱 발전한다. 순자가 권학편(勸學篇)에 있는, "학문은 멈출 수 없다. 푸른색은 쪽으로 만들었지만, 쪽보다 더 푸르고, 얼음은 물이 만든 것이지만, 물보다 더 차다"[170]는 말은 학문이 스승에서 제자로 이어지면서 나날이 발전한다는 점을 밝힌 것이다.

제2항 순자의 교육관

순자가 말하는 학문의 내용은 예를 배우는 것이고, 교육의 내용은 예를 가르치는 것이다. 맹자와 순자가 다 같이 학문과 교육을 강조했지만, 그 내용은 전혀 다른 것이었다. 맹자의 학문은 마음 속에 들어 있는 본래의 마음을 터득하는 것이었고, 교육은 터득한 내용을 가르치는 것이었지만, 순자의 학문은 옛 선왕들이 제정한 예를 배우는 것이었고, 교육은 자기가 배운 예를 가르쳐서 실천하도록 인도하는 것이었다.

　순자가 제시한 인간의 조건은 무리를 지어 산다는 것과 예를 실천하는 것이었다. 순자에 따르면, 사람이 사람으로서 가치가 있는 것은 사회적 동물로서 사회생활을 하면서 예를 실천하기 때문이다. 힘센 것을 존중한다면 사람보다 소와 같은 짐승을 존중해야 할 것이지만, 짐승이 사람처럼 되지 못하는 까닭은 사회생활을 하지 못하고 예를 실천하지 못하기 때문이다. 그러므로 사람이 사람답게 되기 위해서는 예의 실천을 게을리 하면 안 된다. 사람에게 예를 실천하도록 하는 강력한 방법은 정치를 통해서이지만, 정치만으로는 다 해결할 수 없다. 아무리 정치력을 잘 발휘하더라도 예를 실천하지 않는 사람을 다 색출하여 처벌한다는 것은 불가능하다. 가장 좋은 방법은 사람들이 스스로 예를 실천할 수 있도록 철저히 교육하는 것이다.

---

170. 學不可以已 靑取之於藍而靑於藍 氷水爲之而寒於水(『荀子』勸學篇).

사람에게 예를 실천하도록 하는 교육은 사람이 저절로 예를 실천하게 될 때까지 지속해야 한다. 예는 사람의 욕구를 억제하는 것이다. 목이 마를 때 물을 보면 윗사람보다 먼저 마시고 싶어도 윗사람에게 양보하는 것이 예이므로, 예의 실천은 저절로 되는 것이 아니다. 억지로 참고 견디면서 지키는 것이 예이기 때문에 잠시만 방심하면 바로 예를 지키지 못하는 상태로 회귀하고 만다. 예를 지키는 것은 자연에 거스르는 것이다. 그것은 아래로 내려가는 물을 쳐서 위로 올라가게 하는 것과 같다. 잠깐만 게을리 하면 물은 도로 아래로 내려가고 말기 때문에 잠시도 쉬지 않고 계속해서 위로 쳐올리지 않으면 안 된다. 사람이 예를 실천하는 것도 이와 같다. 예를 실천하기 위해서는 잠시도 쉬면 안 된다. 사람이 잠시도 쉬지 않고 애쓰는 것을 성(誠)이라 한다. 사람이 예를 지키기 위해서는 잠시도 쉬지 않고 성실하게 노력하지 않으면 안 된다. 순자가 성(誠)을 강조하는 이유가 여기에 있다. 처음에 예를 배워 실천할 때는 억지로 참으면서 겨우 실천하지만, 성실하게 노력하며 지속해서 실천하다 보면 저절로 실천하게 되는 상태로 서서히 바뀐다. 그런 상태에서 계속 노력하다가 보면 어느 순간 예를 실천하기 위해 억지로 참는 것이 하나도 없어지고 저절로 지키는 상태에 도달하게 된다. 순자는 그렇게 된 사람을 성인(聖人)이라 정의했다.

순자가 꿈꾼 교육의 목표는 사람들이 모두 성인이 되는 것이었다. 사람들이 모두 예를 지키는 자동기계처럼 되어야 이 세상에 완전한 평화가 온다. 교육은 그렇게 될 때까지 계속되어야 한다.

제4절 신 만물일체사상

맹자는 모든 존재가 본질에서 다 같다는 의미에서 만물일체사상을 제시했다. 그에 따르면, 사람이 본질을 회복하기만 하면, 사람은 만물과 하나가 되고, 하늘과 하나가 되며, 우주와 하나가 된다. 그렇게 되는 것이 참된 것이고 그렇게 사는 것이 참된 삶이다.

그러나 순자는 사람이 각각 다르다고 하는 개체주의를 표방함으로써 만물일체사상의 흔적이 사라졌다. 개체로서의 사람은 나약하다. 힘은 소만 못하고, 달리는 능력은 말보다 못하다. 그런데도 소와 말이 사람에게 쓰이는 까닭은 사람은 무리를 지어 살고, 소와 말은 무리를 짓지 못하기 때문이라고 함으로써, 순자는 사람의 사회성을 강조한다. 그리고 늘 사회의 질서와 안정이라는 점에 초점을 맞추어 논의를 전개한다. 사회를 안정시키는 가장 좋은 방법은 그 사회의 구성원 각 개체가 각각의 역할만을 충실히 하는 것이다. 각 개체가 자기에게 분담된 자기의 역할에 충실하면, 나무의 가지와 잎들이 각각의 역할에 충실함으로써 한 그루의 나무가 제대로 자랄 수 있고, 몸의 감각기관이 각각의 역할에 충실하게 작동할 때 몸 하나가 조화를 이루면서 살 수 있는 것처럼, 인간 사회 전체가 한 그루의 나무처럼 원활하게 돌아간다. 사람들이 모두 각각의 역할을 함으로써 사회 전체가 하나의 생명체처럼 되는 것을 순자는 가장 이상적으로 생각했다. 순자의 이러한 사상을 필자는 맹자의 만물일체사상과 대비하여 신 만물일체사상으로 부른다. 맹자의 만물일체사상은 모든 존재가 본질에서 하나라는 사상이지만, 순자의 신 만물일체사상은 사람들 각각이 자동차의 부품처럼 제 역할을 하여 사회 전체가 하나의 자동차처럼 되는 것을 말한다. 맹자의 만물일체사상에서는 사람들 각각이 전체지만, 순자의 신 만물일체사상에서는 사람을 모두 합해서 전체가 된다.

제5절 순자 사상의 특징과 영향

순자가 등장하자 많은 사람이 순자에게 지지를 보냈다. 왕권 강화론을 위시한 순자의 이론은 당시의 제후들에게도 지지를 받았고, 일반 백성들에게도 지지를 받았다. 순자의 이론이 지지를 받게 되면 필연적으로 순자의 이론을 더 강화하는 후계자가 출현하기 마련이다. 순자의 사상을 계승하여 등장한 순자의 으뜸가는 제자가 한비자였다.

순자가 인간의 악한 본성을 억제하기 위해서 제시한 것이 예이지만 예는 강제력이 부족하므로 예를 지키지 않는 사람에 대한 규제가 쉽지 않다. 이러한 예의 부족한 점을 보완한 것이 법이다. 법은 강제력이 있어서 순자의 제자인 한비자는 법치를 제창했다. 그리고 왕권을 강화하는 방안을 더욱 적극적으로 찾아내었다.

유학의 핵심은 중용이고 중용은 인과 예를 양 요소로 내포하고 있다. 유가의 특징은 중용을 바탕으로 하는 것이므로, 인을 말할 때도 예의 요소가 완전히 사라지지는 않고, 예를 말할 때도 인이 완전히 사라지는 것이 아니다. 그러므로 인과 예를 주장하고 있는 경우에는 모두 유가의 범주에 들어간다. 그러나 인보다 정신적 요소를 더 강화해서 중용의 범주를 벗어나도 유가의 범주를 벗어나게 되고, 예보다 법을 더 강화해서 중용의 범주를 벗어나도 유가의 범주에 포함되지 않는다. 장자는 전자에 속하고 한비자는 후자에 속한다. 특히 한비자는 순자의 제자이지만, 유가에서 벗어나 법가의 범주로 들어간 사상가였다.

순자의 사상이 완비됨으로써 공자·맹자·순자가 유학자를 대표하는 삼대 유학자로 확정되었고, 공자의 중용사상, 맹자의 인 사상, 순자의 예 사상이 유학의 삼대 요소로 확립되었다. 공자·맹자·순자의 사상으로 대표되는 유학사상은 중국·한국·일본·베트남 등의 나라에서 철학사상의 주류를 형성하며 오늘날까지 이어져 온다.

유학의 미래

유학의 특징은 집대성에 있다. 집대성이란 각기 다른 악기들의 소리를 하나로 융합하여 조화를 이루는 오케스트라와 같다. 맹자는 공자를 집대성이라고 평했다. 공자의 철학은 그 이전에 있었던 철학을 받아들여 하나의 체계로 융합하여 조화를 이룬 중용철학이다. 공자 이후 중용철학을 추구한 철학자가 주자였지만, 주자는 자신의 편협성과 노장철학과 불교철학을 배척하는 시대적 요구에 편승했으므로, 원만한 중용철학을 만들어내지 못했다.

지금은 지구상의 모든 나라가 옛날의 한 나라처럼 가까워졌으나, 철학이 하나의 체계로 융합하지 못해 사람들이 정신적으로 분열하고 있다. 새로운 중용철학이 나오지 않으면 정신적 분열이 심화하여 사람들이 고통 받게 될 것이다. 이러한 의미에서 기존의 철학들을 하나의 체계로 융합하여 집대성하는 유학의 정신이 이제 큰 역할을 해야 할 때가 되었다. 나무의 가지와 잎들을 하나로 연결하기 위해서는 뿌리에서 출발해야 하는 것처럼, 지금까지의 철학을 하나의 체계로 융합하기 위해서는 각 철학사상의 원초적인 형태를 찾아보는 것이 좋을 것이다.

우리는 이미 유학의 원형을 찾는 과정에서 『천부경』과 『삼일신고』의 존재를 알았다. 『천부경』과 『삼일신고』에는 유학·불교·노장철학·기독교 등을 포괄할 수 있는 '하나사상'과 '한마음사상'이 들어 있다. '하나사상'과 '한마음사상'은 오늘날 다양하게 분류되는 여러 철학을 하나의 체계로 융합하는 바탕이 될 수 있을 것이다.

기존의 철학을 융합하기 위해서는 기존의 철학을 정리해야 한다. 기존의 철학은 긴 역사 속에서 각각 다양한 모습으로 발전해왔으므로, 매우 복잡하다. 이를 다 정리한다는 것은 불가능하다. 또한 기존의 철학은 발전 과정에서 변질된 것이 많으므로, 무엇보다 그 가운데서 핵심을 찾아내는 것이 중요하다. 예를 들면, 복잡하고 방대한 불교 전체를 이해할 것이 아니라 석가모니의 사상만 정확하게 이해하는 것이 중요하고, 기독교사상 역시 기독교 전체를 이해할 것이 아니라, 예수의 사상만 정확하게 이해하는 것이 중요하다. 각각의 사상과 철학의 핵심을 이해하면, 하나로 통하는 진리를 찾아내어 하나의 체계로 융합할 수 있다.

오늘날 학문의 가장 큰 문제점은 진리의 내용을 머리로 이해하는 것으로 일관한다는 것이다. 이런 방법으로는 진리를 얻을 수 없다. 진리란 머리로 이해한 내용을 몸으로 체득해야 도달할 수 있다.

진리는 참된 삶의 원리이다. 참된 삶은 자기의 본질을 얻어 본질에 따라서 사는 것이다. 사람은 몸과 마음의 두 요소가 있다. 마음의 본질은 한마음이고, 몸의 본질은 우주에 퍼져 있는 기(氣)이므로, 한마음을 가지고 우주의 기운으로 사는 것이 참된 삶이다. 사람에게 참된 삶을 회복하는 것보다 더 중요한 것은 없다. 먼저 참된 삶을 회복한 뒤에 정치를 해야 하고, 교육을 해야 하며, 경영을 해야 한다. 정치는 사람들에게 참된 삶을 살도록 인도하는 것이고, 교육은 사람들에게 참된 삶을 깨우치는 것이며, 경영은 참된 삶을 살도록 운영하는 것이다. 그 외 문화예술이나 과학도 예외가 아니다.

기존의 철학을 집대성한 새로운 유학은 유학이란 이름이어야 할 이유가 없다. 유학 또한 기존의 철학 가운데 하나로 이해되기 때문이다. 새로운 유학은 종교·철학·윤리·정치·교육·경제·과학·문화예술 전반을 하나의 체계로 포괄하는 학문일 것이다.

집필을 시작하고 나서부터 많은 시간이 흘렀다. 힘들어 스러질 정도가 되기도 했고, 보람을 느끼기도 했다. 그러나 탈고하고 나니, 미비한 점이 많아 아쉬움이 남는다. 수많은 원전을 직접 다 읽어내지 못하고 2차 자료를 다수 활용했다는 점이 그것이다. 『조선왕조실록』과 『한국문집총간』을 인용할 때는 번역본을 참고하기도 했다. 아마도 하나하나 다 밝히지 못하고 빠트린 부분이 더러 있으리라 생각한다. 일본의 유학에서도 더 다루어야 할 학자들이 많은데도 다 다루지 못한 아쉬움이 남는다. 특히 베트남의 유학에 관한 내용은 너무 소략하다. 베트남 학자들의 문집을 구해 원문을 하나하나 읽은 뒤에 정리했어야 했지만, 그렇지 못했다. 오늘날 유럽과 미국, 동남아 등지에서 연구되고 있는 연구현황에 대해서도 다루지 못했다. 아쉬움이 많지만, 연구 여건이 허락하지 않았다. 다만 전체적인 조망을 할 수 있었다는 것만으로 아쉬움을 달랜다. 부족한 부분은 미래의 학자들에게 기대해본다.

참고문헌

1. 경전

『노자(老子)』, 『논어(論語)』, 『대학(大學)』, 『맹자(孟子)』, 『묵자(墨子)』, 『서경(書經)』, 『순자(荀子)』, 『시경(詩經)』, 『여씨춘추(呂氏春秋)』, 『예기(禮記)』, 『장자(莊子)』, 『주역(周易)』, 『중용(中庸)』, 『춘추(春秋)』, 『한비자(韓非子)』, 『한위총서(漢魏叢書)』, 『환단고기(桓檀古記)』

2. 국내 자료

국사편찬위원회, 『조선왕조실록』

김길락, 『상산학과 양명학』, 예문서원, 1995.

김상기, 『자유의 불꽃을 목숨으로 피운 윤봉길』, 역사공간, 2013.

김성범, 『베트남 사상으로의 초대』, 푸른사상, 2019.

김세진, 『요시다 쇼인(吉田松陰)』, 호밀밭, 2020.

김충렬, 『고려유학사』, 고려대학교출판부, 1984.

다지리 유이치로, 엄석인 옮김, 『야마자키 안사이(山崎闇齋)』, 성균관대학교출판부, 2005.

라오스꽝, 정인재 옮김, 『중국철학사』, 탐구당, 1994.

라이기이치, 『일본의 근세』, 중앙공론사, 1993.

류승국, 『한국유학사』, 성균관대학교출판부, 2009.

모리타 겐지, 한원 옮김, 『정의로운 시장의 조건』, 매일경제신문사, 2020.

박상수 옮김, 『연평답문(延平答問)』, 수류화개, 2019.

송영배, 『중국사회사상사』, 한길사, 1986.

양계초, 이기동·최일범 옮김, 『청대학술개론』, 여강출판사, 1987.

윤사순, 『한국유학사』(상하), 지식산업사, 2013.

응웬 따이 트, 김성범 옮김, 『베트남 사상사』, 소명출판, 2018.

이덕일, 『조선선비당쟁사』, 인문서원, 2018.

이상익, 『한국성리학사론』(Ⅰ,Ⅱ), 심산, 2020.

이시다 바이간 저, 류영진 옮김, 『도비문답(都鄙問答)』, 호밀밭, 2020.

이시다 이치로, 『이토 진사이(伊藤仁齋)』, 길천홍문관, 1960.

이태룡, 『민족지도자 석주 이상룡』, 푸른솔나무, 2018.

이희복, 『요시다 쇼인』, 살림, 2019.

정일성, 『후쿠자와 유키치』, 지식산업사, 2001.

정혜선, 『한국인의 일본사』, 현암사, 2008.

조남욱, 『세종대왕의 정치철학』, 부산대학교출판부, 2001.

진래, 안재호 옮김, 『송명성리학』, 예문서원, 2011.

천인석, 『한국사상의 이해』, 대구한의대학교출판부, 2016.

최석기, 『조선선비의 마음공부 – 정좌』, 보고사, 2014.

최영성, 『한국유학통사』(상중하) 심산, 2006.

판원란, 박종일 옮김, 『중국통사』(상하), 인간사랑, 2009.

펑유란, 박성규 옮김, 『중국철학사』, 까치, 1999.

한국고전번역원, 『한국문집총간』

한국학중앙연구원 『한국민족대백과사전』

현상윤, 『조선유학사』, 민중서관, 1977.

호이트 틸만, 김병환 옮김, 『주희의 사유체계』, 교육과학사, 2010.

3. 중국 자료

『근사록(近思錄)』, 『맹자자의소증(孟子字義疎證)』, 『명이대방록(明夷待方錄)』, 『방언(方言)』, 『상산집(象山全集)』, 『서명(西銘)』, 『성리대전(性理大全)』, 『양명집(陽明集)』, 『이문공집(李文公集)』, 『이정전서(二程全書)』, 『전습록(傳習錄)』, 『정몽(正蒙)』, 『주자대전(朱子大全)』, 『주자어류(朱子語類)』, 『즙산문집(蕺山文集)』, 『태극도설(太極圖說)』, 『태현경(太玄經)』, 『통서(通書)』, 『한퇴지문집(韓退之文集)』

4. 일본 자료

『日本思想大系』(28, 29, 30, 31, 33, 36, 42), 岩波書店, 1973.

『日本倫理彙編』

平田雅彦, 『企業倫理とは何か』, PHP研究所, 2005.

5. 베트남 자료

『견문소록(見聞小錄)』

『黎貴惇的學術與思想』, 대만중앙연구원, 2012.

『黎貴惇的學術與思想』(中國文哲研究所), 『芸臺類語』, 『見聞小錄』, 『聖模賢範錄』(이상 黎貴惇 著, 필사본)

지은이

이기동

경북 청도 출생으로, 성균관대학교 유학과와 동대학원 동양철학과를 졸업하고, 일본 쓰쿠바대학에서 박사학위를 받았다. 성균관대학교 유학대학장과 대학원장을 역임했으며, 2017년 여름 정년을 맞아 명예교수가 되었다.

동양 철학 속에 담긴 삶의 지혜를 '강설'이라는 알기 쉬운 오늘날의 언어로 옮긴 끝에 '사서삼경강설' 시리즈(전6권)를 상재했으며, 『동양 삼국의 주자학』, 『이색-한국 성리학의 원천』, 『이또오 진사이』, 『공자』, 『노자』, 『장자』 등의 동양 사상서와 『하늘의 뜻을 묻다-이기동 교수의 쉽게 풀어 쓴 주역』, 『한마음의 나라 한국』, 『장자, 진리를 찾아 가는 길』 등의 교양서를 비롯해 다수의 저·역서가 있다.

유학 오천 년(제1권)
유학의 발원과 완성

1판 1쇄 발행 2022년 6월 30일
1판 2쇄 발행 2022년 12월 30일

지 은 이 이기동
펴 낸 이 신동렬
펴 낸 곳 성균관대학교출판부
등   록 1975년 5월 21일 제1975-9호
주   소 03063 서울특별시 종로구 성균관로 25-2
전   화 02)760-1252~4 팩스 02)762-7452
홈페이지 http://press.skku.edu

ISBN 979-11-5550-541-0 03150
     979-11-5550-540-3 세트

ⓒ 2022, 이기동

값 20,000원
*잘못된 책은 구입한 곳에서 교환해 드립니다.